# 珞珈管理评论
# Luojia Management Review

2011 年卷　第 1 辑(总第 8 辑)

武汉大学经济与管理学院主办

武汉大学出版社

**图书在版编目(CIP)数据**

珞珈管理评论.2011 年卷.第 1 辑(总第 8 辑)/武汉大学经济与管理学院主办 .
—武汉:武汉大学出版社,2011.5
ISBN 978-7-307-08710-1

Ⅰ.珞…　Ⅱ.武…　Ⅲ.企业管理—文集　Ⅳ.F270-53

中国版本图书馆 CIP 数据核字(2011)第 072002 号

责任编辑:辛　凯　　　责任校对:刘　欣　　　版式设计:詹锦玲

出版发行:武汉大学出版社　　(430072　武昌　珞珈山)
　　　　　(电子邮件:cbs22@ whu.edu.cn 网址:www.wdp.com.cn)
印刷:军事经济学院印刷厂
开本:889×1194　1/16　印张:11.25　字数:322 千字
版次:2011 年 5 月第 1 版　　2011 年 5 月第 1 次印刷
ISBN 978-7-307-08710-1/F·1510　　　定价:30.00 元

# 《珞珈管理评论》
# 顾问及编委名单

# 珞珈管理评论

## 2011年卷　第1辑（总第8辑）

### 武汉大学经济与管理学院主办

## 热 烈 祝 贺

### 武汉大学MBA和EMBA项目获得国际MBA协会（AMBA）

## 认 证

# 目　　录

## 六　管理科学与工程

## 七　组织行为与管理理论

# CONTENTS

## 5　Investment

## 6　Management Science and Engineering

## 7　Organization Behavior and Management Theory

# 组织和团队的公仆型
# 领导氛围对员工的服务质量的影响[*]

● 凌　茜[1]　汪纯孝[2]

（1　华南师范大学旅游管理系　广州　510631；2　中山大学服务性企业管理研究中心　广州　510080）

【摘　要】通过在 34 个服务性组织的 203 个团队进行的一次实证研究，本文采用多层次线性模型分析方法，检验了组织、团队和个人层次的公仆型领导风格对员工的服务质量的影响。多层次中介分析结果表明，组织的公仆型领导氛围浓度会通过团队的公仆型领导氛围浓度，间接影响员工的服务质量；员工感知的组织负责人的公仆型领导风格会通过员工感知的团队负责人的公仆型领导风格，间接影响员工的服务质量。多层次调节效应分析结果表明，组织的公仆型领导氛围浓度会调节员工的服务导向行为对他们的服务质量的影响；组织和团队的公仆型领导氛围强度分别调节员工感知的组织和团队负责人的公仆型领导风格对他们的服务质量的影响；团队的公仆型领导氛围强度还调节员工感知的交往公平性和员工的服务导向行为对他们的服务质量的影响。

【关键词】公仆型领导氛围浓度　公仆型领导氛围强度　服务质量　多层次线性模型

## 一、研究目的

改革开放以来，我国企业管理学者引进欧美学者的管理学理论，研究我国企业管理理论问题，取得了丰硕的成果。但是，我国学者根据我国的社会制度和文化背景，探讨具有社会主义特色的领导学理论的研究成果却比较少见。尽管我国党政领导人非常强调领导者应全心全意为人民服务，自觉地做人民的公仆的领导观念，但我国企业管理学者却极少探讨公仆型领导风格的含义与维度，更少研究公仆型领导风格在企业管理工作中的重要作用。

近年来，国内外学者开始重视公仆型领导理论的研究，对公仆型领导风格的作用也进行了一些理论探讨，但他们在这个领域的实证研究成果却极少。在现有的领导学理论研究文献中，学术界较多从员工层次研究其感知的领导风格对员工的工作绩效的影响，较少采用多层次理论，研究团队成员集体感知的管理人员的领导风格（领导氛围）对员工的工作绩效的影响；较多探讨中、基层管理人员的领导风格的作用，较少探讨高层管理人员的领导风格的作用。在本次研究中，我们采用多层次理论，同时从组织、团队和个人层次，探讨服务性企业各级管理人员的公仆型领导风格对员工的服务质量的影响，为企业管理学术界进一

＊　本文是教育部人文社会科学研究青年基金项目"正面领导理论及其在服务性企业中的应用"（项目批准号：10YJC630140）、广东省自然科学基金博士启动项目"正面领导风格对员工和团队工作结果的影响"（项目批准号：10451063101005234）的阶段性研究成果。

步深入探讨我国企业管理人员的公仆型领导风格的作用提供实证依据，并为服务性企业管理人员提高领导效果、改进服务质量管理工作提供实用的建议。

## 二、文献综述

### 1. 公仆型领导风格的含义与维度

1970 年，美国学者 Greenleaf 在《扮演公仆角色的领导者》一文中首次论述公仆型领导理论。他主要从领导者动机的角度论述公仆型领导者与传统的领导者之间的差异。根据 Greenleat 的观点，传统的领导者的主要动机是领导他人，而公仆型领导者的主要动机是为他人服务。公仆型领导者认为领导职位是为他人服务、帮助他人发展的机会，而不是表明自己具有某种地位或身份[①]。因此，他们会尽力满足服务对象的需要。

从 20 世纪 90 年代初期起，欧美学者对公仆型领导风格的维度进行了一些研究。澳大利亚企业管理学者 Sendjaya 的定性研究结果表明，公仆型领导风格包括自愿的服从、真诚的自我、与员工建立盟约性关系、负责的精神、崇高的信仰、变革性影响等六个维度[②]。美国著名企业管理学者 Liden 等人的实证研究结果表明，公仆型领导风格包括安抚员工情感、为社区创造价值、概念化思考能力、授权、帮助员工发展和成功、员工第一、遵守道德准则等七个维度[③]。

近年来，我国企业管理学术界开始探讨公仆型领导风格的含义和维度。中山大学汪纯孝、凌茜和张秀娟(2009)在文献研究和定性研究的基础上，指出公仆型领导者是有崇高的理想、高尚的道德品质、强烈的事业心，全心全意为员工、组织和社会服务，带领广大员工不断提高企业的社会效益和经济效益的领导者。他们编制了一个由 44 个计量项目组成的公仆型领导量表，从领导者构思愿景、开拓进取、承担社会责任、指导员工工作、尊重员工、关心员工、帮助员工发展、授权、平易近人、甘于奉献、清正廉洁等十一个方面计量管理人员的公仆型领导风格。他们的数据分析结果表明，这个量表具有较好的内部一致可靠性、会聚有效性和鉴别有效性。

### 2. 公仆型领导风格的作用

不少欧美学者认为，管理人员的公仆型领导风格会对员工的工作态度和工作行为产生积极的影响。美国学者 Winston(2003)认为，管理人员关心员工的生活、把员工的利益放在首位，他们尊重员工、信任员工、授予员工工作自主权、为员工提供指导和服务，这样有助于增强员工对管理人员的正面情感、对管理人员的心理承诺与员工的自我效能感，从而激发员工的内在工作动力，激励员工关心管理人员的利益，为管理人员提供服务。员工关心管理人员的利益、为管理人员服务，也会激发管理人员对员工的关爱，激励管理人员采用公仆型领导风格。美国服务营销学家 Berry 等人(1994)指出，优质服务需要公仆型领导。他们认为，公仆型领导者相信员工的工作能力，他们为员工指明工作方向，制定优质服务标准，支持员工的优质服务行为，授予员工适当的工作自主权，激励员工努力做好服务工作，提高服务质量。

尽管欧美学者已对公仆型领导风格的作用进行了一些理论探讨，但他们在这个领域的实证研究成果却比较少见。现有的少量研究成果主要存在以下不足之处：

---

① Smith, Brien N., Ray V. Montagno, and Tatiana N. Kuzmenko. Transformational and servant leadership: Content and contextual Comparisons[J]. Journal of Leadership and Organizational Studies, 2004, 10(4): 80-91.

② Sendjaya Sen, James C. Sarros, and Joseph C. Santora. Defining and measuring servant leadership behaviour in organizations[J]. Journal of Management Studies, 2008, 45(2): 402-424.

③ Liden, Robert C., Sandy J. Wayne, Hao Zhao, and David Herderson. Servant leadership: Development of a multidimensional measures and multilevel assessment[J]. The Leadership Quarterly, 2008, 19(2): 161-177.

(1)研究人员较多研究个人层次的公仆型领导风格的作用,较少研究团队层次的公仆型领导风格的作用,更少同时探讨个人层次和团队层次的公仆型领导风格的作用。管理人员的领导行为既包括他们针对整个组织的领导行为(组织成员集体感知的领导行为,即领导氛围),也包括他们针对员工个人的领导行为(员工个人感知的领导行为)①。员工集体和个人感知的领导行为都会影响员工的工作态度和工作行为。因此,研究人员同时探讨个人层次和团队层次的公仆型领导风格对员工的工作绩效的影响,才能更全面、准确地揭示管理人员的公仆型领导风格在企业管理工作中的作用。

(2)研究人员较多探讨中、基层管理人员的公仆型领导风格对员工的工作态度和行为的影响,较少探讨高层管理人员的公仆型领导风格的作用。不少欧美学者指出,各个管理层次的领导者都会影响员工的工作态度、工作行为和工作绩效②。但是,不同管理层次的领导者扮演不同的角色,发挥不同的作用。因此,他们影响员工态度和行为的途径也会不同。美国心理学者 Mayer 等人(2009)认为高层管理人员的领导行为会对员工的工作行为产生"垂滴效应",即高层管理人员的领导行为会通过较低层管理人员的领导行为,间接影响员工的工作行为。他们认为,高层管理人员的领导行为会对整个组织产生比较广泛的影响,他们的领导行为既会影响较低层管理人员的行为,也会影响普通员工的行为。基层管理人员与普通员工之间的关系更密切,他们的领导行为会作为中介传递高层管理人员的领导行为对员工行为的影响。我们认为,企业高层管理人员的公仆型领导风格会对员工的工作绩效产生"垂滴效应"。然而,迄今为止,企业管理学术界尚未对高层管理人员的公仆型领导风格的"垂滴效应"做过实证检验。

(3)组织氛围的浓度与强度是组织氛围的两个重要指标。组织氛围的浓度指同一个组织的员工对组织氛围看法的平均数;组织氛围的强度指同一个组织的员工对组织氛围看法的差异。在早期的组织氛围理论研究中,学术界往往只探讨组织氛围浓度的作用,却忽视了组织氛围强度的作用。近年来,欧美企业管理学者开始研究组织氛围强度的作用。他们认为,研究人员根据团队成员对组织氛围的平均评分,计量组织氛围,会忽视团队成员感知的组织氛围之间的差异③。即使不同团队的成员对某类组织氛围的平均评分是相同的,各个团队的成员对组织氛围的看法却可能存在不同的组内差异。因此,要探讨组织氛围与组织和个人层次的后承变量之间的关系,研究人员还应考虑组织成员对组织氛围的不同看法④。然而,在现有的文献中,企业管理学术界极少研究公仆型领导氛围强度与后承变量之间的关系,也就无法全面揭示公仆型领导氛围的作用。

(4)研究人员侧重研究公仆型领导风格对员工工作绩效的直接效应,却较少探讨公仆型领导风格与员工工作绩效的中介变量。我们认为,研究人员识别管理人员的公仆型领导风格与员工工作绩效之间的中介变量,才能揭示管理人员的公仆型领导风格如何影响员工的工作绩效。

## 三、概念模型和假设

在文献研究和定性研究的基础上,我们提出如图 1 所示的概念模型。

---

① Walker, Alan G., James W. Smither, and David A. Waldman. A longitudinal examination of concomitant changes in team leadership and customer satisfaction[J]. Personnel Psychology, 2008, 61(3): 547-577.

② Waldman, David A., and Francis J. Yammarino. CEO charismatic leadership: Level-of-management and level-of-analysis effects[J]. Academy of Management Review, 1999, 24(2): 266-285.

③ Lindell, Michael K., and Christina J. Brandt. Climate quality and climate consensus as mediators of the relationship between organizational antecedents and outcomes[J]. Journal of Applied Psychology, 2000, 85(3): 331-348.

④ González-Romá, Vicente, José M. Peiró, and Núria Tordera. An examination of the antecedents and moderator influences of climate strength[J]. Journal of Applied Psychology, 2002, 87(3): 465-473.

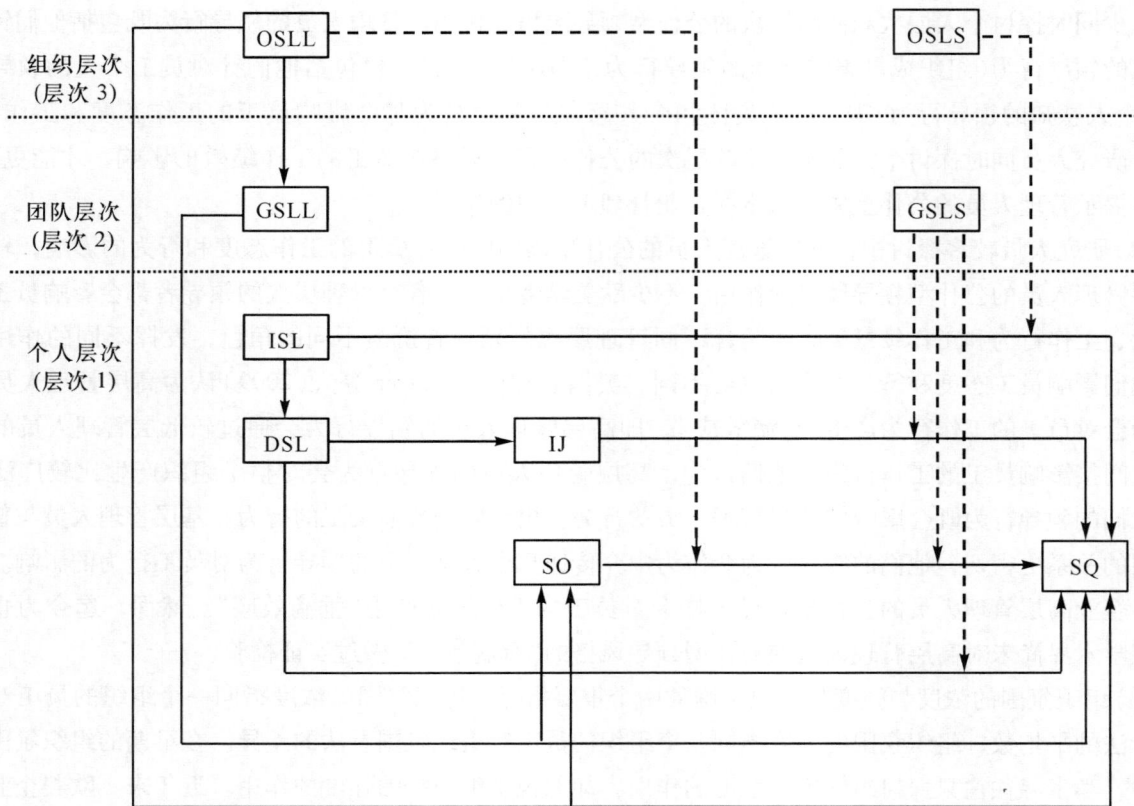

图1 概念模型

注：①组织层次的变量：OSLL = 组织的公仆型领导氛围浓度，OSLS = 组织的公仆型领导氛围强度；
②团队层次的变量：GSLL = 团队的公仆型领导氛围浓度，GSLS = 团队的公仆型领导氛围强度；③个人层
次的变量：ISL = 员工感知的组织负责人的公仆型领导风格，DSL = 员工感知的团队负责人的公仆型领导
风格，IJ = 员工感知的交往公平性，SO = 员工的服务导向行为，SQ = 员工的服务质量。

——→ 表示主效应，---→ 表示调节效应

1. 团队负责人的公仆型领导风格对组织负责人的公仆型领导风格与员工的服务质量的中介效应

根据 Mayer 等人（2009）的"垂滴效应"模型，高层管理人员的领导行为会通过中、基层管理人员的领
导行为，间接影响员工的工作行为。美国学者 Chen 和 Bliese（2002）认为，与高层管理人员相比较，中、
基层管理人员更可能经常与服务第一线员工直接交往。因此，与高层管理人员相比较，中、基层管理人员
的领导行为对员工的感受、态度和行为会有更直接的影响。我们认为，组织负责人采用公仆型领导风格，
为团队负责人树立公仆榜样，团队负责人就更可能仿效组织负责人的领导风格，全心全意为员工服务，从
而激励员工为顾客提供优质的服务。因此，组织负责人的公仆型领导风格会通过团队负责人的公仆型领导
风格，间接影响员工的工作绩效。根据上述论述，我们假定，H1：员工感知的团队负责人的公仆型领导
风格会中介员工感知的组织负责人的公仆型领导风格对员工的服务质量的正向影响。H2：团队的公仆型
领导氛围浓度会中介组织的公仆型领导氛围浓度对员工的服务质量的正向影响。

2. 员工感知的交往公平性对团队负责人的公仆型领导风格与员工的服务质量的中介效应

Mayer 等人认为，公仆型领导行为有助于增强员工的公平感，满足员工在自主、胜任工作、人际交往
等方面的需要，进而增强员工的工作满意感。他们的实证研究结果表明，公仆型领导行为会通过员工的总

体公平感与总体需要满足感，间接影响员工的工作满意感①。我们认为，员工的公平感不仅会影响员工的工作满意感，而且会影响员工的服务质量。因此，员工的公平感不仅会中介公仆型领导风格对员工的工作满意感的影响，而且会中介公仆型领导风格对员工的服务质量的影响。根据上述论述，我们假定，H3：员工感知的交往公平性会中介员工感知的团队负责人的公仆型领导风格对员工的服务质量的正向影响。

3. 员工的服务导向行为对公仆型领导氛围浓度与员工的服务质量的中介效应

员工的服务导向行为指员工为了顾客的利益而不断努力提高服务质量的行为。根据组织行为学理论，组织环境会影响员工的工作态度和工作行为，进而影响员工的工作绩效。在公仆型领导氛围比较浓厚的组织里，广大员工普遍认为管理人员具有较强的公仆意识，关心他们的利益和需要，愿意为他们提供优质的内部服务。因此，他们往往会效仿管理人员的公仆型领导行为，愿意为顾客的利益而努力工作，为顾客提供优质的外部服务。根据上述论述，我们假定，H4：员工的服务导向行为会中介组织的公仆型领导氛围浓度对员工的服务质量的正向影响。H5：员工的服务导向行为会中介团队的公仆型领导氛围浓度对员工的服务质量的正向影响。

4. 公仆型领导氛围浓度对员工的服务导向行为与他们的服务质量的调节效应

根据服务利润链理论（Heskett，Sasser，Jr. 和 Schlesinger，1997），管理人员为员工提供优质的内部服务，为员工创造良好的工作环境，是员工为外部顾客提供优质服务的先决条件。在公仆型领导氛围比较浓厚的组织里，员工能得到管理人员的关心、尊重、支持和帮助。在这类组织里，员工较易做好服务工作、提高服务质量。但是，在公仆型领导氛围比较淡薄的组织里，员工较难从管理人员那里获得必要的支持。在这类组织里，员工个人的服务导向行为会对他们的服务质量产生较大的影响。因此，我们假定，H6：组织的公仆型领导氛围浓度与员工的服务导向行为对员工的服务质量有显著的交互效应。在公仆型领导氛围比较浓厚的组织里，员工的服务导向行为与服务质量没有显著的相关关系；在公仆型领导氛围比较淡薄的组织里，员工的服务导向行为与服务质量存在显著的正相关关系。

5. 公仆型领导氛围强度对员工感知的公仆型领导风格、交往公平性和员工的服务导向行为与员工的服务质量的调节效应

美国著名服务管理学者 Schneider 等人（2002）指出，在组织氛围既好又强的情况下，员工会表现出最一致的正面行为；在组织氛围既差又强的情况下，员工会表现出最一致的负面行为；在组织氛围极弱的情况下，无论组织氛围较好还是较差，员工都不会表现出一致的行为。美国学者 Lindell 和 Brandt 也指出，在组织氛围较弱的情况下，组织成员会因目标和角色冲突、缺乏相互协作而降低团队的工作效率。因此，较弱的组织氛围会对组织的绩效产生不利的影响②。根据上述观点，我们认为，与公仆型领导氛围较弱的组织相比，在公仆型领导氛围较强的组织里，广大员工更可能表现出比较一致的优质服务行为。在公仆型领导氛围较弱的组织里，员工的工作绩效更可能会受他们个人的感知、情感和态度的影响。因此，我们假定，H7：组织的公仆型领导氛围强度与员工感知的组织负责人的公仆型领导风格对员工的服务质量有显著的交互效应。在公仆型领导氛围较强的组织里，员工感知的组织负责人的公仆型领导风格与员工的服务质量没有显著的相关关系；在公仆型领导氛围较弱的组织里，员工感知的组织负责人的公仆型领导风格与员工的服务质量存在显著的正相关关系。H8：团队的公仆型领导氛围强度与员工感知的团队负责人的公

① Mayer，David M.，Mary Bardes，and Ronald F. Piccolo. Do servant-leaders help satisfy follower needs？An organizational justice perspective[J]. European Journal of Work and Organizational Psychology，2008，17(2)：180-197.

② Sowinski，David R.，Kristen A. Fortmann，and Daniel V. Lezotte. Climate for service and the moderating effects of climate strength on customer satisfaction，Voluntary turnover，and profitability[J]. European Journal of Work and Organizational Psychology，2008，17(1)：73-88.

仆型领导风格(H8a)、员工感知的交往公平性(H8b)和员工的服务导向行为(H8c)对员工的服务质量有显著的交互效应。在公仆型领导氛围较强的团队里,员工感知的团队负责人的公仆型领导风格、交往公平性和员工的服务导向行为与员工的服务质量没有显著的相关关系;在公仆型领导氛围较弱的团队里,员工感知的团队负责人的公仆型领导风格、交往公平性和员工的服务导向性行为与员工的服务质量存在显著的正相关关系。

## 四、问卷设计与调研过程

我们根据相关的文献和国内外学者的研究成果,确定各个概念的操作定义与计量项目。(1)公仆型领导者是有崇高的理想,高尚的道德品质,强烈的事业心,全心全意为员工、企业和社会服务,带领广大员工不断提高企业的社会效益和经济效益的领导者。①员工感知的组织和团队负责人的公仆型领导风格分别指员工个人对组织和团队负责人的公仆型领导风格的看法。②组织和团队的公仆型领导氛围浓度分别指员工对组织和团队负责的公仆型领导风格评分的平均数;组织和团队的公仆型领导氛围强度分别指员工对组织和团队负责的公仆型领导风格评分的变异性)。我们使用汪纯孝、凌茜和张秀娟(2009)的公仆型领导风格量表,从领导者构思愿景、开拓进取、指导员工工作、承担社会责任、甘于奉献、清正廉洁等六个方面(24个计量项目),计量组织负责人的公仆型领导风格;从领导者尊重员工、关心员工、帮助员工发展、授权、平易近人、甘于奉献、清正廉洁等七个方面(28个计量项目),计量团队负责人的公仆型领导风格。(2)员工感知的交往公平性指员工对管理人员是否公平对待组织成员的看法。我们选用美国学者Roch和Shanock(2006)的5个交往公平性计量项目,计量员工感知的交往公平性。(3)员工的工作满意感指员工对工作的总体满意感。我们使用美国学者Smith等人(1969)的5个工作满意感计量项目,计量员工的工作满意感。(4)员工对组织的情感性归属感指员工对组织的依恋程度。我们选用美国学者Mowday等人(1979)的6个情感性归属感计量项目,计量员工对组织的情感性归属感。(5)员工的服务导向行为指员工为了顾客的利益而不断努力提高服务质量。我们使用英国学者Peccei和Rosenthal(1997)的服务导向行为量表,计量员工的服务导向行为。(6)员工的服务质量指管理人员对员工工作实绩的评估。我们使用英国学者Johnston(1995)的五个服务质量计量项目,计量员工的服务质量。

在本次研究中,我们采用"变换参照对象之后的共识模型",计量组织和团队的公仆型领导氛围浓度;使用标准差指标(标准差与-1的乘积),计量组织和团队的公仆型领导氛围强度①。

2008年4月至8月,我们在江苏、上海、浙江、四川、福建、广东、澳门、海南等地的宾馆、餐馆、医院、工程监理公司、客运站等服务性企业收集问卷。我们请基层员工评估组织负责人(宾馆总经理、餐馆总经理、医院院长、监理公司总经理、客运站客运部经理)和团队负责人(宾馆服务部门的经理、餐馆服务班组的班组长、医院科室主任或护士长、监理公司项目监理部总监、客运部服务班组的班组长)的公仆型领导风格,他们的交往公平感、工作满意感、情感性归属感和服务导向行为(员工问卷);请主管人员评估下属员工的服务质量(主管问卷)。我们从两类调查对象收集数据的目的是尽量减少数据的同源误差。我们共发放问卷2549套,并从34个组织(包括10家宾馆、3家餐馆、16家医院、1家工程监理公司和4个客运站的客运部)的203个团队收回有效员工问卷1950份(有效问卷回收率为76.5%),主管问卷1911份(有效问卷回收率为75.0%),配对问卷1431套(配对率为56.1%)。在我们的样本中,女性员工占68.1%,16~34岁的员工占80.0%,大专及以下学历的员工占68.0%,个人月收入在4000元及以下

---

① 凌茜,汪纯孝,张秀娟等. 公仆型领导对服务氛围与服务质量的影响[M]. 广州:中山大学出版社,2009:174-179,188-190.

的员工占 70.9%，合同工占 54.6%，10 年以下工龄的员工占 87.3%。在数据分析过程中，我们删除了那些在各个组织工作时间不足 6 个月的答卷者与实习生的数据，以及答卷者人数少于 3 人的团队数据之后，使用 184 个团队的 1317 名员工数据，进行三个层次的多层次线性模型分析（即层次 1 的样本量为 1317，层次 2 的样本量为 184，层次 3 的样本量为 34）。各个组织答卷的员工人数为 11 至 120 人，平均人数为 38.74 人；各个组织的团队数为 2 至 21 个，平均团队数为 5.41 个；各个团队答卷的员工人数为 3 至 22 人，平均人数为 7.16 人。

## 五、数据分析结果

### （一）数据质量分析

我们使用 SPSS 14.0 软件，计算各个概念的计量尺度的内部一致性系数。计算结果表明，Cronbach α 值在 0.88 与 0.98 之间，即各个概念的计量尺度都是可靠的。

我们使用 LISREL 8.8 软件，进行确认性因子分析。分析结果表明，各个概念的计量指标有较高的会聚有效性与判别有效性[①]。

### （二）数据聚合的依据

在多层次数据分析中，学术界采用组内一致性系数（$r_{wg}$）、组内相关系数（ICC（1）和 ICC（2））等指标，判断个人层次的变量是否可聚合为团队层次的变量。学术界普遍认为，如果①$r_{wg}$ 值大于 0.6 或 0.7，②研究人员使用单向方差分析方法，计算 ICC（1）指标，F 检验结果表明组内方差是显著的，③ICC（2）系数大于 0.7，那么研究人员才能把个人层次的变量聚合为团队层次的变量。

我们分别计算同一个组织的员工对组织负责人的公仆型领导风格和同一个团队的员工对团队负责人的公仆型领导风格评分的 $r_{wg}$ 系数、ICC（1）系数和 ICC（2）系数。计算结果表明，①在 34 个组织里，员工对组织负责人的公仆型领导风格评分的 $r_{wg}$ 值的平均数和中位数分别为 0.77 和 0.80；ICC（1）系数为 27.50%（p = 0.000）；ICC（2）系数为 93.54%。②在 184 个团队里，员工对团队负责人的公仆型领导风格评分的 $r_{wg}$ 值的平均数和中位数分别为 0.82 和 0.87；ICC（1）系数为 42.30%（p = 0.000）；ICC（2）系数为 83.97%。因此，我们可以把员工个人对组织和团队负责人的公仆型领导风格的评分分别聚合为层次 3 和层次 2 的变量值。我们把这两个聚合后的变量分别称为"组织的公仆型领导氛围浓度（OSLL）"和"团队的公仆型领导氛围浓度（GSLL）"。

### （三）多层次线性模型分析

在我们的多层次线性模型中，（1）层次 1（个人层次）控制变量包括员工的性别、年龄、学历、个人月收入、用工类别和本组织工龄。自变量包括员工感知的组织和团队负责人的公仆型领导风格、员工感知的交往公平性、员工的工作满意感、情感性归属感和服务导向行为，因变量为员工的服务质量。（2）层次 2（团队层次）控制变量为团队类别（虚设变量），使用以下编码方法：I1（宾馆服务团队）= 1 0 0 0 0，I2（医疗服务团队）= 0 1 0 0 0，I3（客运服务团队）= 0 0 1 0 0，I4（监理服务团队）= 0 0 0 1 0，I5（餐馆服务团队）= 0 0 0 0 0。自变量包括团队的公仆型领导氛围浓度和强度。（3）层次 3（组织层次）控制变量包括组织

---

① 凌茜，汪纯孝，张秀娟等. 公仆型领导对服务氛围与服务质量的影响[M]. 广州：中山大学出版社，2009：251-252.

的所有制(0 = 民营,1 = 国营)和所在地。自变量包括组织的公仆型领导氛围浓度和强度。

### 1. 多层次调节效应分析

我们按照荷兰学者 de Jonge 等人(1999)、美国学者 Joshi 等人(2006)的分析方法,使用 HLM 6.08 软件的 HLM 3 程序,采用以下步骤,进行三个层次的多层次线性模型分析。我们首先对因变量进行单向方差分析(模型 1);然后使用随机系数模型,分析层次 1 的控制变量和自变量与因变量之间的关系(模型 2 和模型 3);使用"截距为结果的模型",分析层次 2 的控制变量和自变量与因变量的关系(模型 4 和模型 5),再使用"斜率为结果的模型",分析层次 2 变量对层次 1 自变量与因变量的调节效应(模型 6);最后分别使用"截距为结果的模型"和"斜率为结果的模型",分析层次 3 的控制变量和自变量与因变量的关系(模型 7 和模型 8)以及层次 3 变量对层次 1 自变量与因变量的调节效应(模型 9)。数据分析结果见表 1。

如表 1 所示,我们的数据分析结果表明:(1)员工的性别、年龄、学历、月收入、用工类别、工龄等层次 1 控制变量与员工的服务质量都没有显著的相关关系。(2)员工感知的团队负责人的公仆型领导风格和员工的服务导向行为对他们的服务质量有显著的正向影响。(3)不同类别的服务团队员工的服务质量没有显著差异。(4)团队的公仆型领导氛围浓度对员工的服务质量有显著的正向影响,团队的公仆型领导氛围强度对员工的服务质量没有显著的影响,团队的公仆型领导氛围浓度与强度对员工的服务质量没有显著的交互效应。(5)与民营组织相比较,国营组织主管对员工服务质量的评价较高。(6)组织的公仆型领导氛围浓度对员工的服务质量有显著的正向影响,组织的公仆型领导氛围强度对员工的服务质量没有显著的影响,组织的公仆型领导氛围浓度与强度对员工的服务质量没有显著的交互效应。

我们控制层次 1 和层次 2 变量的主效应之后,团队的公仆型领导氛围强度与员工感知的团队负责人的公仆型领导风格、交往公平性和员工的服务导向行为对员工的服务质量都有显著的交互效应(模型 6):$\gamma_{810} = -0.07(p < 0.1)$,$\gamma_{910} = 0.11(p < 0.01)$,$\gamma_{1210} = -0.08(p < 0.05)$ $\chi^2$ 检验结果表明,与模型 5 相比较,模型 6 与数据的拟合程度较高(在 0.01 显著性水平时,两个模型的 $\Delta\chi^2$ 是显著)。我们的简单斜率检验结果表明,如图 2 所示,在公仆型领导氛围较强(团队的公仆型领导氛围强度的总均值 + 标准差)的团队里,员工感知团队负责人的公仆型领导风格对他们的服务质量没有显著的影响:简单斜率 = -0.01,$T(180) = -0.17(p > 0.1)$;在公仆型领导氛围较弱(团队的公仆型领导氛围强度的总均值 - 标准差)的团队里,员工感知的团队负责人的公仆型领导风格对他们的服务质量有显著的正向影响:简单斜率 = 0.12,$T(180) = 2.71(p < 0.01)$,支持 H8a。如图 4 所示,在公仆型领导氛围较强的团队里,员工的服务导向行为对他们的服务质量没有显著的影响:简单斜率 = 0.03,$T(180) = 0.47(p > 0.1)$;在公仆型领导氛围较弱的团队里,员工的服务导向行为对他们的服务质量有显著的正向影响:简单斜率 = 0.19,$T(180) = 3.24(p < 0.01)$,支持 H8c。我们在 H8b 中假定,在公仆型领导氛围较强的团队里,员工感知的交往公平性与他们的服务质量没有显著的相关关系;在公仆型领导氛围较弱的团队里,员工感知的交往公平性与他们的服务质量存在显著的正相关关系。但是,我们的简单斜率检验结果表明,在图 3 所示的公仆型领导氛围较强的团队里,员工感知的交往公平性对他们的服务质量有显著的正向影响:简单斜率 = 0.14,$T(180) = 2.94(p < 0.01)$;在公仆型领导氛围较弱的团队里,员工感知的交往公平性对他们的服务质量没有显著的影响:简单斜率 = -0.08,$T(180) = -1.53(p > 0.1)$,不支持 H8b。我们认为,在公仆型领导氛围较强的团队里,员工对团队负责人的公仆型领导风格的看法比较一致。广大员工认为团队负责人有较强的公仆意识,乐于为他们服务,也就更可能向团队负责人学习,自觉地为顾客提供优质服务。在这类团队里,员工越认为团队负责人能公平地对待广大员工,就越可能尽力做好服务工作。在公仆型领导氛围较弱的团队里,员工对团队负责人的公仆型领导风格的看法有较大差异。员工普遍认为团队负责人缺乏公仆意识,不愿为他们服务,也就不会尽力为顾客提供优质服务。在这类团队里,与公平感较弱的员工相比较,公平感较强的员工也许更可能与团队负责人保持良好的关系,却并不会尽力做好服务工作,他们感知

表1

多层次调节效应分析结果

| | 模型1：虚模型 | 模型2：随机系数回归模型（增加层次1控制变量） | 模型3：随机系数回归模型（增加层次1自变量） | 模型4：截距为结果的模型（增加层次2控制变量） | 模型5：截距为结果的模型（增加层次2自变量） | 模型6：斜率为结果的模型（增加层次2与层次1交互项） | 模型7：截距为结果的模型（增加层次3控制变量） | 模型8：截距为结果的模型（增加层次3自变量） | 模型9：斜率为结果的模型（增加层次3与层次1交互项） |
|---|---|---|---|---|---|---|---|---|---|
| 截距 ($\gamma_{000}$) | 5.68** | 5.67** | 5.68** | 5.68** | 5.73** | 5.73** | 5.75** | 5.71** | 5.71** |
| SEX ($\gamma_{100}$) | | -0.04 | -0.03 | -0.03 | -0.03 | -0.03 | -0.03 | -0.04 | -0.03 |
| AGE ($\gamma_{200}$) | | 0.03 | 0.02 | 0.02 | 0.02 | 0.01 | 0.02 | 0.02 | 0.02 |
| EDU ($\gamma_{300}$) | | -0.02 | 0.01 | 0.02 | 0.02 | 0.02 | 0.02 | 0.03 | 0.03 |
| SAL ($\gamma_{400}$) | | 0.06 | 0.03 | 0.03 | 0.03 | 0.02 | 0.02 | 0.01 | 0.02 |
| EC ($\gamma_{500}$) | | -0.03 | -0.02 | -0.02 | -0.02 | -0.02 | -0.02 | -0.02 | -0.02 |
| OT ($\gamma_{600}$) | | 0.07 | 0.05 | 0.05 | 0.05 | 0.06 | 0.06 | 0.07+ | 0.06+ |
| ISL ($\gamma_{700}$) | | | 0.04 | 0.05 | 0.05 | 0.05 | 0.05 | 0.04 | 0.07* |
| DSL ($\gamma_{800}$) | | | 0.10+ | 0.09 | 0.06 | 0.06+ | 0.06+ | 0.06+ | 0.06+ |
| IJ ($\gamma_{900}$) | | | 0.02 | 0.02 | 0.01 | 0.03 | 0.03 | 0.03 | 0.03 |
| JS ($\gamma_{1000}$) | | | 0.05 | 0.05 | 0.05 | 0.04 | 0.04 | 0.04 | 0.05 |
| OC ($\gamma_{1100}$) | | | -0.03 | -0.03 | -0.05 | -0.04 | -0.04 | -0.04 | -0.04 |
| SO ($\gamma_{1200}$) | | | 0.12* | 0.13* | 0.13* | 0.11* | 0.12* | 0.11+ | 0.10* |
| I1 ($\gamma_{010}$) | | | | 0.06 | 0.06 | 0.06 | 0.41+ | 0.39+ | 0.40+ |
| I2 ($\gamma_{020}$) | | | | -0.01 | -0.03 | -0.03 | 0.37 | 0.41+ | 0.43+ |
| I3 ($\gamma_{030}$) | | | | -0.23 | -0.13 | -0.13 | 0.02 | 0.10 | 0.13 |
| I4 ($\gamma_{040}$) | | | | -0.03 | -0.20* | -0.19 | -0.31 | -0.05 | -0.10 |
| GSLL ($\gamma_{050}$) | | | | | 0.32** | 0.32** | 0.34** | 0.27** | 0.28** |
| GSLS ($\gamma_{060}$) | | | | | 0.30 | 0.16 | 0.20 | 0.15 | 0.12 |
| GSLSL ($\gamma_{070}$) | | | | | -0.05 | -0.03 | -0.03 | -0.03 | -0.02 |
| GSLS×DSL ($\gamma_{810}$) | | | | | | -0.07+ | -0.06+ | -0.06+ | -0.07* |
| GSLS×IJ ($\gamma_{910}$) | | | | | | 0.11** | 0.11** | 0.11** | 0.10** |
| GSLS×SO ($\gamma_{1210}$) | | | | | | -0.08* | -0.08* | -0.08* | -0.07* |

9

| | 模型 1：虚模型 | 模型 2：随机系数回归模型（增加层次 1 控制变量） | 模型 3：随机系数回归模型（增加层次 1 自变量） | 模型 4：截距为结果的模型（增加层次 2 控制变量） | 模型 5：截距为结果的模型（增加层次 2 自变量） | 模型 6：斜率为结果的模型（增加层次 2 与层次 1 交互项） | 模型 7：截距为结果的模型（增加层次 3 控制变量） | 模型 8：截距为结果的模型（增加层次 3 自变量） | 模型 9：斜率为结果的模型（增加层次 3 与层次 1 交互项） |
|---|---|---|---|---|---|---|---|---|---|
| 截距 ($\gamma_{000}$) | 5.68** | 5.67** | 5.68** | 5.68** | 5.73** | 5.73** | 5.75** | 5.71** | 5.71** |
| OWN ($\gamma_{001}$) | | | | | | | 0.53** | 0.49* | 0.51* |
| PRO ($\gamma_{002}$) | | | | | | | −0.01 | 0.01 | 0.00 |
| OSLL ($\gamma_{003}$) | | | | | | | | 0.26* | 0.23+ |
| OSLS ($\gamma_{004}$) | | | | | | | | 0.63 | 0.91+ |
| OSLSL ($\gamma_{005}$) | | | | | | | | −0.13 | −0.17+ |
| OSLS×ISL ($\gamma_{701}$) | | | | | | | | | 0.11** |
| OSLL×SO ($\gamma_{1201}$) | | | | | | | | | −0.14* |
| D(NP) | 3079.26(4) | 2992.64(10) | 2792.77(30) | 2790.78(34) | 2765.13(37) | 2752.25(40) | 2744.37(42) | 2737.19(45) | 2725.75(47) |
| $\Delta\chi^2$($\Delta$df) | | 86.62(6)** | 199.87(20)** | 1.99(4) | 25.65(3)** | 12.88(3)** | 7.88(2)* | 7.18(3)+ | 11.44(2)** |

注：SEX = 员工的性别，AGE = 员工的年龄，EDU = 员工的学历，SAL = 员工的月收入，EC = 员工的情感性归属感，OT = 员工的用工类别，OC = 员工的本组织的工龄，JS = 员工的工作满意感，OC = 员工对组织的情感性归属感，I1 = 膳食服务团队，I2 = 医疗服务团队，I3 = 客运服务团队，I4 = 监理服务团队，GSLSL = 团队的公仆型领导氛围浓度与强度的交互项，OWN = 组织的所有制，PRO = 组织的所有制，OSLSL = 组织的公仆型领导氛围浓度与强度模型的偏差平方和估计的参数数量，其他变量代码的含义同图 1。D 和 NP 分别指模型的偏差平方和估计的参数数量，$\Delta\chi^2$ 和 $\Delta$df 分别指两个模型的偏差平方和之差和自由度之差。** 表示 $p$ 值在 0.01 显著性水平时显著，* 表示 $p$ 值在 0.05 显著性水平时显著，+ 表示 $p$ 值在 0.1 显著性水平时显著。

**10**

的交往公平也就不会对他们的服务质量产生显著的影响。

我们控制层次1、层次2和层次3变量的主效应之后，组织的公仆型领导氛围强度与员工感知的组织负责人的公仆型领导风格、组织的公仆型领导氛围浓度与员工的服务导向行为对员工的服务质量都有显著的交互效应（模型9）：$\gamma_{701}=0.11(p<0.01)$，$\gamma_{1201}=-0.14(p<0.05)$。$\chi^2$检验结果表明，与模型8相比较，模型9与数据的拟合程度较高（在0.01显著性水平时，两个模型的$\Delta\chi^2$是显著）。我们的简单斜率检验结果表明，如图6所示，在公仆型领导氛围比较浓厚（组织的公仆型领导氛围评分的总均值＋标准差）的组织里，员工的服务导向行为对他们的服务质量没有显著的影响：简单斜率＝0.02，$T(30)=0.25(p>0.1)$；在公仆型领导氛围比较淡薄（组织的公仆型领导氛围评分的总均值－标准差）的组织里，员工感知的组织负责人的公仆型领导风格对他们的服务质量有显著的正向影响：简单斜率＝0.19，$T(30)=3.05(p<0.01)$，支持H6。我们在H7中假定，在公仆型领导氛围较强的组织里，员工感知的组织负责人的公仆型领导风格与他们的服务质量没有显著的相关关系；在公仆型领导氛围较弱的组织里，员工感知的组织负责人的公仆型领导风格与他们的服务质量存在显著的正相关关系。但是，我们的简单斜率检验结果表明，在图5所示的公仆型领导氛围较强（组织的公仆型领导氛围强度的总均值＋标准差）的组织里，员工感知的组织负责人的公仆型领导风格对他们的服务质量有显著的正向影响：简单斜率＝0.19，$T(30)=3.51(p<0.01)$；在公仆型领导氛围较弱（组织的公仆型领导氛围强度的总均值－标准差）的组织里，员工感知的组织负责人的公仆型领导风格对他们的服务质量没有显著的影响：简单斜率＝-0.05，$T(30)=-0.98(p>0.1)$，不支持H7。

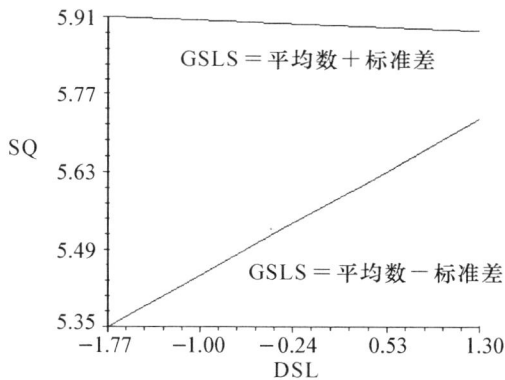
图2　GSLS与DSL对SQ的交互效应

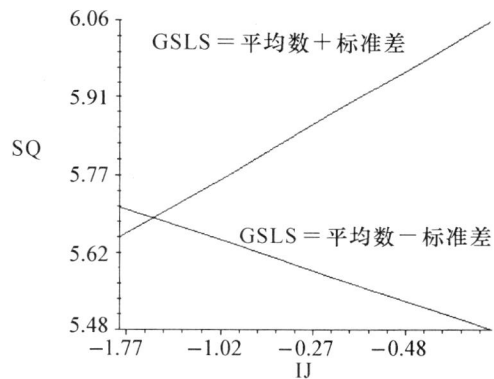
图3　GSLS与IJ对SQ的交互效应

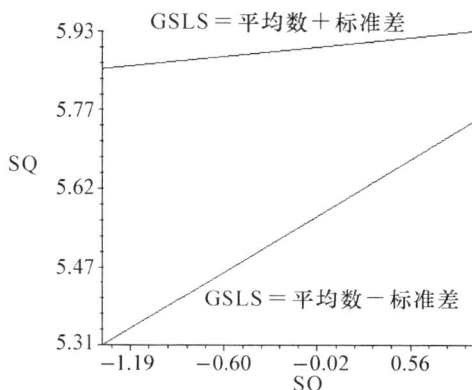
图4　GSLS与SO对SQ的交互效应

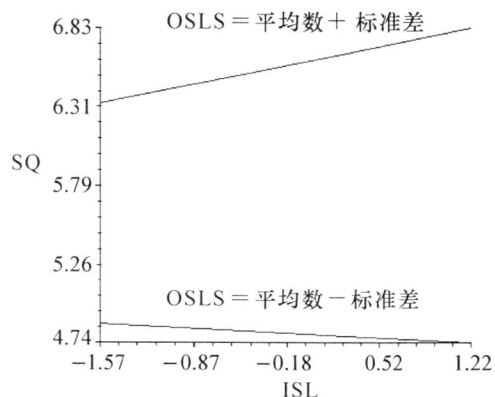
图5　OSLS与ISL对SQ的交互效应

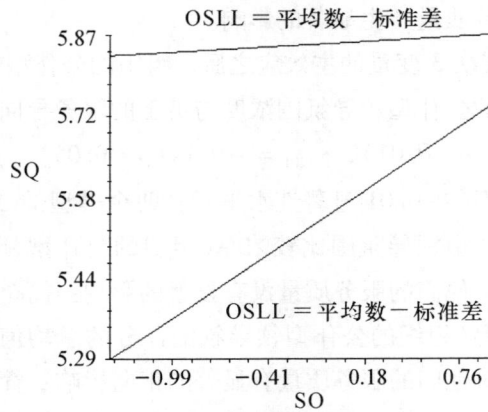

图 6    OSLL 与 SO 对 SQ 的交互效应

### 2. 多层次中介效应分析

根据美国心理学者 Baron 和 Kenny(1986)的论述,研究人员可采用以下步骤,进行中介分析:①分析自变量 $x$ 对因变量 $y$ 的影响;②分析自变量 $x$ 对中介变量 $m$ 的影响;③分析中介变量 $m$ 对因变量 $y$ 的影响。$x$ 对 $y$、$x$ 对 $m$、$m$ 对 $y$ 的影响都是显著的,表明 $m$ 是 $x$ 与 $y$ 的中介变量;④同时分析自变量 $x$ 和中介变量 $m$ 对因变量 $y$ 的影响。如果 $x$ 对 $y$ 不再有显著的影响,则表明 $m$ 完全中介了 $x$ 对 $y$ 的影响;如果 $x$ 对 $y$ 仍然有显著的影响,但回归系数减少,则表明 $m$ 部分中介了 $x$ 对 $y$ 的影响。

我们按照 Baron 和 Kenny(1986)的论述,采用以下步骤,进行多层次中介效应分析。我们控制各个层次的控制变量和前项变量之后,①使用 HLM 6.08 软件的 HLM 3 程序,检验自变量对因变量(服务质量)的影响,②检验自变量与中介变量之间的关系(使用 HLM 6.08 软件的 HLM 2 程序,检验层次 3 自变量与层次 2 中介变量之间的关系),③检验中介变量与因变量之间的关系,④在第三步的模型中增加自变量之后,检验自变量对因变量的影响。我们按照美国社会统计学者 Sobel 论述的中介效应检验方法,检验间接效应的显著性①。数据分析结果见表 2。

表 2    多层次中介效应分析结果

| 中介效应<br><br>分析步骤 | (1) DSL 对 ISL 与 SQ 的中介效应 | (2) IJ 对 DSL 与 SQ 的中介效应 | (3) GSLL 对 OSLL 与 SQ 的中介效应 | (4) SO 对 OSLL 与 SQ 的中介效应 | (5)SO 对 GSLL 与 SQ 的中介效应 |
|---|---|---|---|---|---|
| 第 1 步:自变量对因变量的影响 | 0.20** | 0.16** | 0.53** | 0.29** | 0.28** |
| 第 2 步:自变量对中介变量的影响 | *0.66(0.04)** | 0.66(0.02)** | 0.93(0.16)** | 0.16(0.05)** | 0.00(0.04) |
| 第 3 步:中介变量对因变量的影响 | 0.19(0.02)** | 0.13(0.03)** | 0.38(0.08)** | 0.14(0.05)** | 0.14(0.05)** |
| 第 4 步:自变量和中介变量对因变量的影响 — 自变量对因变量的影响 | 0.10** | 0.14** | 0.29** | 0.23** | 0.27** |
| 第 4 步:自变量和中介变量对因变量的影响 — 中介变量对因变量的影响 | 0.16** | 0.05 | 0.28** | 0.13* | 0.13* |
| 索伯尔 Z 值 | 8.05(p<0.01) | 3.77(p<0.01) | 4.11(p<0.01) | 1.93(p<0.05) | 0.12(p>0.1) |

注:表中变量代码的含义同表 1。*第一个数值为回归系数,括号内数值为标准误。** 表示 $p$ 值在 0.01 显著性水平时显著,* 表示 $p$ 值在 0.05 显著性水平时显著。

---

① 凌茜,汪纯孝,张秀娟,等. 公仆型领导对服务氛围与服务质量的影响[M]. 广州:中山大学出版社,2009:153.

**12**

如表 2 所示，我们的数据分析结果表明：（1）员工感知的团队负责人的公仆型领导风格部分中介了组织负责人的公仆型领导风格对员工的服务质量的正向影响，支持 H1。（2）员工感知的交往公平性部分中介了他们感知的团队负责人的公仆型领导风格对员工的服务质量的正向影响，支持 H3。（3）团队的公仆型领导氛围浓度部分中介了组织的公仆型领导氛围浓度对员工的服务质量的正向影响，支持 H2。（4）员工的服务导向行为部分中介了组织的公仆型领导氛围浓度对员工的服务质量的正向影响，支持 H4。（5）员工的服务导向行为没有中介团队的公仆型领导氛围浓度对员工的服务质量的影响，不支持 H5。

## 六、讨论与结论

1. 本次研究的结论与贡献

（1）在企业管理学术界，我们首次采用三个层次的多层次线性模型分析方法，同时检验组织、团队和个人层次的公仆型领导风格对员工的服务质量的影响，并得出了"员工感知的团队负责人的公仆型领导风格部分中介组织负责人的公仆型领导风格对员工的服务质量的正向影响"，以及"团队的公仆型领导氛围浓度部分中介组织的公仆型领导氛围浓度对员工的服务质量的正向影响"的研究结论，填补了企业管理学术界在领导氛围的垂滴效应这个研究领域中的空白。我们认为，服务性企业的高层管理人员应增强公仆意识，以身作则，为中、基层管理人员树立公仆型领导的榜样，激励他们为员工提供优质的内部服务，进而激励员工为顾客提供优质的外部服务。

（2）在企业管理学术界，我们首次同时检验公仆型领导氛围浓度和强度的作用。我们发现，组织的公仆型领导氛围浓度与员工的服务导向行为对员工的服务质量有跨层次交互效应。在公仆型领导氛围比较浓厚的组织里，广大员工更可能做好服务工作，他们个人的服务导向行为对他们的服务质量并没有显著的影响；在公仆型领导氛围比较淡薄的组织里，员工的服务导向行为对他们的服务质量则有显著的正向影响。此外，组织的公仆型领导氛围强度与员工感知的组织负责人的公仆型领导风格、团队的公仆型领导氛围强度与员工感知的团队负责人的公仆型领导风格、交往公平性和员工的服务导向行为对员工的服务质量都有显著的交互效应。与公仆型领导氛围较弱的组织或团队相比较，在公仆型领导氛围较强的组织或团队里，员工更可能为顾客提供优质的服务。根据上述的研究结果，我们认为，服务性企业各级管理人员都应采用公仆型领导风格，在企业内部营造既浓又强的公仆型领导氛围，激励广大员工做好服务工作，提高服务质量。

（3）在本次研究中，我们还对员工感知的交往公平性和员工的服务导向行为对公仆型领导风格与员工的服务质量的中介效应进行了实证检验。我们的研究结果表明，组织的公仆型领导氛围会通过员工的服务导向行为，间接影响员工的服务质量；员工感知的团队负责人的公仆型领导风格会通过员工感知的交往公平性，间接影响员工的服务质量。

这些创新的研究成果深化了公仆型领导理论，为企业管理学术界进一步深入探讨企业各级管理人员的公仆型领导风格的作用提供了实证依据，有助于服务性企业管理人员理解公仆型领导风格对员工的服务质量的影响，以便他们采取恰当的管理措施，改进领导方式，提高领导效果，激励员工做好服务工作。

2. 本次研究的局限性和今后的研究方向

本次研究存在以下局限性：（1）尽管我们既向员工又向主管人员收集数据，尽力减少相同调研方法引起的误差，但员工感知的组织和团队负责人的公仆型领导风格、员工感知的交往公平性、员工的工作满意感、情感性归属感和服务导向行为数据都是员工提供的。因此，本次研究仍然存在相同调研方法引起的误差。今后，研究人员应尽力减少相同数据收集方法引起的误差。（2）我们采用横断调研法进行本次研究。因此，我们无法确证各个概念之间的因果关系。此外，我们采用方便样本，收集数据。我们的样本可能缺乏代表性。今后，研究人员应采用纵断调研法和随机抽样法，对本次研究结果进行重复性检验。（3）不少欧美企业管理学者认为，公仆型领导者是员工喜爱的领导者，却是对企业有害的领导者。公仆型领导者尽力为员工服务，却不会尽力实现企业的目标，提高企业的经济收益①。我们认为，公仆型领导者既是广大员工的公仆，也是企业和社会的公仆。他们更能提高企业的长期社会效益和经济收益。在本次研究中，我们只检验了管理人员的公仆型领导风格对员工的服务质量的影响。今后，研究人员应对公仆型领导与企业和团队的经营绩效之间的关系进行实证检验，以便更全面、准确地揭示公仆型领导在企业管理工作中的作用。（4）我们根据员工对组织和团队负责人，而不是根据他们对管理团队的公仆型领导风格的评价，计量组织和团队的公仆型领导氛围，也就无法揭示高层和中层管理团队的公仆型领导风格的作用。今后，研究人员应对管理团队的公仆型领导风格与后承变量之间的关系进行实证检验。

（作者电子邮箱：lingqian219@ yahoo. com. cn）

## 参考文献

［1］汪纯孝，凌茜，张秀娟. 我国企业公仆型领导量表的设计与检验［J］. 南开管理评论，2009，12(3).

［2］Winston, Bruce E.. Extending patterson's servant leadership model: Explaining how leaders and follows interact in a circular model［C］. Paper Presented at the Servant Leadership Research Roundtable at Regent University, Virginia Beach, VA. 2003.

［3］Berry, Leonard L. A. Parasuraman, and Valarie A. Zeithaml. Improving service quality in America: Lessons learned［J］. Academy of Management Executive, 1994, 8(2).

［4］Mayer, David M., Maribeth Kuenzi, Rebecca Greenbaum, Mary Bardes, and Rommel Salvador. How low dose ethical leadership flow? Test of a trickle-down model［J］. Organizational Behavior and Human Decision Process, 2009, 108(1).

［5］Chen, Gilad, and Paul D. Bliese. The role of different levels of leadership in predicting self and collective efficacy: Evidence for discontinuity［J］. Journal of Applied Psychology, 2002, 87(3).

［6］Heskett, James L., W. Earl Sasser, Jr., and Leonard A. Schlesinger. The service profit chain: How leading companies link profit and growth to loyalty, Satisfaction and value［M］. New York: The Free Press, 1997.

［7］Schneider, Benjamin, Amy Nicole Salvaggio, and Montse Subirats. Climate strength: A new direction for climate research［J］. Journal of Applied Psychology, 2002, 87(2).

［8］Roch, Sylvia G., and Linda R. Shanock. Organizational justice in an exchange framework: Clarifying organizational justice distinctions［J］. Journal of Management, 2006, 32(2).

［9］Smith, Patricia Cair, Lome M. Kendall, and Charles L. Hulin. The measurement of satisfaction in work and retirement: A strategy for the study of attitudes［M］. Chicago, IL: Rand-McNally, 1969.

［10］Mowday, Richard T., Richard M. Steers, and Lyman W. Porter. The measurement of organizational commitment［J］. Journal of Vocational Behavior, 1979, 14(2).

［11］Peccei, Riccardo, and Patrice Rosenthal. The antecedents of employee commitment to customer service: Evidence from an UK service context［J］. The International Journal of Human Resource Management, 1997,

---

① Andersen, Jon Aarum. Your Favourite Manager is an Organizational Disaster［J］. European Business Review, 2009, 21 (1): 5-16.

8(1).

[12]Johnston, Robert. The determinants of service quality: Satisfiers and dissatisfiers[J]. International Journal of Service Industry Management, 1995, 6(5).

[13]De Jonge, Jan, Gerard J. P. Van Breukelen, Jan A. Landeweerd, and Frans J. N. Nijhuis. Comparing group and individual level assessments of job characteristics in testing the job demand-control model: A multilevel approach[J]. Human Relations, 1999, 52(1).

[14] Joshi, Aparna, Hui Liao, and Susan E. Jackson. Cross-level effects of workplace diversity on sales performance and pay[J]. Academy of Management Journal, 2006, 49(3).

[15] Baron, Reuben M. , and David A. Kenny. The moderator-mediator variable distinction in social psychological research: Conceptual, Strategic, and statistic considerations[J]. Journal of Personality and Social Psychology, 1986, 51(6).

# The Effects of Organizational and Group Servant Leadership Climates on Employees' Service Quality

Ling Qian[1]   Wang Chunxiao[2]

(1 Tourism Management Department of South China Normal University, Guangzhou, 510631;

2 Center for Tourism Planning & Research of Sun Yat-sen University, Guangzhou, 510275)

**Abstract**: The authors have done an empirical study in 184 work groups of 34 service organizations to test the effects of organizational level, group level, and individual level servant leadership on individual level employee service quality. The results of HLM analysis indicate that organizational servant leadership climate has indirect effects on employees' service quality through group servant leadership climate, and employees' perception of organizational servant leadership has indirect effects on employees' service quality through employees' perception of group servant leadership. The results also indicate that organizational servant leadership climate level moderates the relationship between employees' service oriented behavior and their service quality, organizational servant leadership climate strength moderates the relationship between employees' perception of organizational servant leadership and their service quality, group servant leadership climate strength moderates the relationship between employees' perception of group servant leadership, their perception of interactional justice, their service oriented behavior and their service quality.

**Key words**: Servant leadership climate level; Servant leadership climate strength; Service quality; Hierarchical linear modeling

# 就业核心能力、就业环境与就业绩效关系实证研究*

## ——以江浙沪大学生为样本

● 张　炜[1]　唐　京[2]

（1，2　杭州电子科技大学管理学院　杭州　310018）

【摘　要】在我国高等教育持续扩张的背景下，大学生就业能力和就业绩效日益成为学术界关注的焦点。本研究运用多层次个体行为问卷对大学生就业核心能力的多维结构特征进行了实证测度，并检验了就业核心能力、就业环境与就业绩效的关系，研究指出就业核心能力和就业环境对大学生就业绩效具有显著的积极效应。

【关键词】就业核心能力　就业绩效　就业环境

21世纪，处于全球化经济条件下的人类社会所面临的主要问题就是充分就业和持续的经济增长（ILO，2000），就业能力因而成为一个与经济和政治生活都密切相关的概念。就业能力理论和社会实践调查表明，我国大学生就业难的主要原因是大学生就业能力与社会需求程度的不匹配，即就业绩效取决于就业能力结构和就业环境。

### 1. 就业能力与就业绩效相关研究回顾

"就业能力"一词的使用频率非常高，然而国内外学者有关就业能力的概念尚未形成统一的定义。Wangerg（1997）认为就业能力是确保个体在未来的经济生活中得到和保持工作的能力，强调个体态度和行为要素。国际劳动组织将就业能力定义为个体获得和保持工作，在工作中进步，以及应对工作中出现的变化的能力（ILO，2000）。英国教育与就业委员会认为，就业能力是获得和保持工作的能力（DFEE，2000）。Fuguate（2001）认为就业能力指的是个体在其职业期间确认和实现在组织内部和外部职业机会的能力。Fuguate等①研究者提出以个性为中心的心理—社会性建构就业能力结构模型，就业能力主要包括职业生涯识别、个人适应性以及社会和人力资本等三个维度。Yorke和Knight提出了USEM就业能力模型，指出个性特征、技能、学科理解力和元认知能力是构成就业能力的重要维度结构。郭志文，等②提出无边界职业生涯时代的就业能力概念。Pool和Sewell③提出了简单就业能力模型，认为就业能力与个体的自我效

---

＊　本文是浙江省社科规划一般项目（项目批准号：09CGGL010YB）和杭州电子科技大学高教研究重点项目（项目批准号：ZD0804）的阶段性成果。

①　Fuguate, Mel., Kinicki, A. J., and Ashforth, B. E. Employability：A psycho-social construct, its dimensions, and applications［J］. Journal of Vocational Behavior, 2004, 65：14-15.

②　郭志文，等. 无边界职业生涯时代的就业能力：一种新的心理契约［J］. 心理科学，2006，29（2）：485-486.

③　Pool, L. D., and Sewell, P. The key to employability：Developing a practical model of graduate employability［J］. Education Training, 2007, 49（4）：277-289.

能、自尊和自信等三个本质要素密切相关。从总体来看，就业能力概念理解包括以技能为核心的就业能力和以个体特质为中心的就业能力。就业绩效的概念测量则相对简单。Wangerg，Watt 和 Rumsey [1]以能否就业为就业过程研究的结果变量。时勘[2]等国内研究者以找到工作后的满意感作为就业绩效的衡量标准。文晓凤（2004）的研究提出了获得绩效和持续绩效两个就业绩效维度。王苑（2006）的研究检验了大学生职业价值观、就业能力和就业绩效之间的关系，表明职业价值观和就业能力均显著影响就业绩效和就业决策。吴满桂、吴道友和文晓凤[3]的实证研究检验了就业能力、求职强度和就业绩效之间的关系效应。由上述文献可知，以往研究对大学生就业能力结构要素和就业绩效要素的界定尚不清晰，而就业能力、就业环境与就业绩效之间的关系机制也有待深入探讨。

2. 研究目的

本研究力图在清晰界定大学生就业能力和就业绩效概念和结构的基础上，有效测度大学生的就业能力结构和水平，并实证检验两者之间的关系效应，同时考察分析大学生所处的家庭环境、组织环境和市场环境对大学生就业绩效的影响。

3. 研究假设

本研究运用半结构化访谈、多层次组织行为问卷和多元统计方法，对大学毕业生进行了就业能力、就业环境和就业绩效的实证测度。研究假设如下：

假设 1：大学生核心就业能力结构主要包括个体自我效能、团队精神、情绪稳定性、沟通合作和自我管理能力等五个要素，就业绩效结构主要包括获得绩效、满意绩效和持续绩效等三个要素。

假设 2：大学生核心就业能力对就业绩效具有显著的积极效应，不同就业能力要素对就业绩效的影响效应显著不同。

假设 3：处于不同就业环境（包括家庭环境、组织环境和市场环境）的大学生在就业绩效方面存在显著差异。

4. 实证研究

（1）研究取样和样本特征。

本研究主要在江浙沪区域内随机选取高校毕业生作为测量样本，以验证和测度大学生就业核心能力和就业绩效的结构维度及其效应关系。研究共计发放 480 份问卷，回收 385 份问卷，除去 32 份无效问卷，得到有效问卷 353 份，有效回收率 73.5%。问卷主要由毕业两年以内的大学生填写，以反映大学生的就业能力和就业绩效特征。

（2）研究测量。

在借鉴前述文献和"大五"职业个性特征模型的基础上，本研究认为大学生就业核心能力是指大学生个体长期获得、保持工作以及应对工作变化的内隐胜任能力，而不包括一般的专业知识和工作技能，具体涵盖了个体自我效能、团队精神、情绪稳定性、沟通合作和自我管理能力五个维度，由 21 个测量项目组成。就业绩效是指个体能否顺利地找到工作、找到工作的满意程度以及找到工作之后能否持续下去的一系列行为和活动，具体包括获得绩效、满意绩效和持续绩效三个维度，由 10 个测量项目组成。研究采用 Likert 式 7 点量表进行评价，从 1～7 计分，表示从"完全不符合"到"完全符合"等七个等级变化选择。

---

① Wangerg, C. R., Watt, J. D., and Rumsey, D. J. Individuals without jobs：An empirical study of hob-seeking behavior and reemployment[J]. Journal of Applied Psychology, 1996, 81：76-87.

② 时勘，宋照礼，张宏云. 下岗职工再就业心理行为及辅导模式研究[J]. 人类工效学，2001，4：1-5.

③ 吴满桂，吴道友，文晓凤. 就业能力、求职强度与就业绩效关系研究[J]. 技术经济，2007，5：61-66.

（3）统计方法。

数据分析主要采用统计软件 SPSS17.0 for Windows 软件进行。统计方法主要运用了因子回归分析、方差分析、路径分析和多元层次回归分析。

5. 研究结果分析

（1）就业核心能力和就业绩效的因素分析。

本研究对大学生就业核心能力量表进行了探索性因素分析，采用主成分分析法和方差最大旋转法抽取因子，以辨别不同的就业能力。运用凯泽标准和卡特尔陡阶检验法，按照特征值（Eigenvalue）大于 1，且项目因素荷重不低于 0.5 的标准，一共抽取了四个关键因子。得到了一个具有四个维度，分别包括 7 个项目、6 个项目、4 个项目和 2 个项目，共计 19 个项目的就业核心能力量表。作为检验量表测量项目内部同质性的标准，Cronbach $\alpha$ 值越大表示信度越高，本文以不低于 0.6 为限。对于样本数据适用性，采用 KMO 样本检测法，本研究统计数据的 KMO 值为 0.899，适合作因子分析。因素分析结果见表 1：

表 1　　　　　　　　　　就业核心能力量表探索性因素分析结果（N=353）

| 测量项目 | 因素 1 | 因素 2 | 因素 3 | 因素 4 |
|---|---|---|---|---|
| 因素 1：团队合作与沟通　　　$\alpha$ 系数 =.91 | | | | |
| V29 我愿意和他人一起工作 | .802 | | | |
| V30 我能够理解团队的目标，并努力为其工作 | .799 | | | |
| V31 我认为团队的多样性是非常重要的 | .767 | | | |
| V28 大多数人认为我是一个好的交谈对象 | .720 | | | |
| V27 我能够比较好地与人沟通 | .689 | | | |
| V18 我自己愿意对团队的行为负责 | .626 | | | |
| V19 工作出现问题时，我会主动想办法解决 | .597 | | | |
| 因素 2：自我效能感　　　$\alpha$ 系数 =.86 | | | | |
| V14 做任何事我都能清晰地了解自己的目标 | | .753 | | |
| V12 我总是具备准确的判断力 | | .737 | | |
| V16 我能够针对问题，提出相应的解决方案 | | .701 | | |
| V11 我是一个自信的人 | | .683 | | |
| V13 我总是有能力去完成各种工作任务 | | .650 | | |
| V15 在做事之前，我会估计风险并管理风险 | | .640 | | |
| 因素 3：自我管理　　　$\alpha$ 系数 =.77 | | | | |
| V34 我能够合理地安排自己的金钱 | | | .766 | |
| V33 我能够合理地安排自己的时间 | | | .706 | |
| V35 我知道什么该做，什么不该做 | | | .663 | |
| V32 我能够发现自己的问题所在 | | | .606 | |
| 因素 4：情绪稳定性　　　$\alpha$ 系数 =.64 | | | | |
| V21 在各种情况下，我都可以有序地工作 | | | | .896 |
| V22 我通常不会表现出不满、愤怒或沮丧 | | | | .617 |
| 特征根值 | 4.59 | 3.80 | 2.47 | 1.42 |
| 各因素解释变异的百分比 | 24.1 | 20.1 | 13.0 | 7.46 |
| 累计可解释变异的百分比 | 24.1 | 44.2 | 57.2 | 64.7 |

根据因素抽取内容的分析，分别对四个因子命名后，本研究认为，就业核心能力包括团队合作与沟通、自我效能感、自我管理和情绪稳定性等内容。四个因素的内部一致性系数分别是 .91、.86、.77、.64，显示了较好的内部一致性，证明了本研究量表的同质性信度较高。因素分析结果还显示，团队精神与沟通合作能力合并为一个因子，这说明团队精神主要是体现在沟通合作能力当中。该统计结果基本支持了研究假设1。

本研究进一步对大学生就业绩效量表进行了探索性因素分析，采用主成分分析法和方差最大旋转法抽取因子，以辨别不同层次的就业绩效。运用凯泽标准和卡特尔陡阶检验法，按照特征值（Eigenvalue）大于1，且项目因素荷重不低于0.5的标准，一共抽取了三个关键因子。得到了一个具有三个维度，分别包括3个项目、3个项目和4个项目，共计10个项目的就业绩效量表。对于样本数据适用性，采用KMO样本检测法，本研究统计数据的KMO值为0.899，适合做因子分析。因素分析结果见表2：

表2　　　　　　　　　　　　就业绩效量表探索性因素分析结果（N＝353）

| 测量项目 | 因素1 | 因素2 | 因素3 |
|---|---|---|---|
| 因素1：获得绩效　　α系数＝.90 | | | |
| V50 我总是很快就找到工作 | .914 | | |
| V51 我能够比较容易地找到一份工作 | .877 | | |
| V49 我在找工作时一直比较顺利 | .853 | | |
| 因素2：满意绩效　　α系数＝.87 | | | |
| V54 我在目前单位工作得相当愉快 | | .884 | |
| V53 这份工作与我的能力和职业兴趣基本匹配 | | .872 | |
| V52 我对自己目前的工作比较满意 | | .809 | |
| 因素3：持续绩效　　α系数＝.69 | | | |
| V58 我总是没办法在企业工作长久 | | | .835 |
| V57 我总是非常频繁地跳槽 | | | .829 |
| V55 在未来的一年内，我有可能会离开现在的公司 | | | .646 |
| V56 我离开公司往往是被动的 | | | .576 |
| 特征根值 | 3.65 | 2.16 | 1.21 |
| 各因素解释变异的百分比 | 24.9 | 23.7 | 21.6 |
| 累计可解释变异的百分比 | 24.9 | 48.6 | 70.3 |

根据因素抽取内容的分析，分别对三个因子命名后，本研究认为，就业绩效包括获得绩效、满意绩效和持续绩效等内容。三个因素的内部一致性系数分别是 .90、.87、.69，显示了较好的内部一致性，证明了本研究量表的同质性信度较高。统计结果基本支持了研究假设1。

（2）大学生就业核心能力对就业绩效的回归分析。

本研究中，笔者将检验就业核心能力对就业绩效的影响效应。研究运用多元回归分析方法进行，以就业核心能力的四个因子作为多元自变量，以就业绩效的三个维度作为因变量，采用全部进入方式，对就业绩效构建多元线性回归方程。回归分析结果见表3：

表3　　　　　　　　就业核心能力对就业绩效的回归分析（N＝353）

| 自变量 | 获得绩效 | | 满意绩效 | | 持续绩效 | |
|---|---|---|---|---|---|---|
| | $\beta$ 系数 | T 值 | $\beta$ 系数 | T 值 | $\beta$ 系数 | T 值 |
| 团队合作与沟通 | .27 | 2.41* | −.07 | −.64 | −.09 | −.72 |
| 自我效能感 | .44 | 4.06*** | .16 | 1.47 | .07 | .64 |
| 自我管理 | .25 | 2.47* | .16 | 1.57 | −.10 | −.91 |
| 情绪稳定性 | .01 | .95 | .22 | 2.68** | .05 | .64 |
| 校正后的 $R^2$ | .19 | | .12 | | −.01 | |
| 方程 F 值 | 9.75*** | | 6.15*** | | .64 | |

注：$^*p<.05$，$^{**}p<.01$，$^{***}p<.001$，$\beta$ 系数为标准回归系数。

　　由表3的回归分析结果可以看出，就业核心能力的不同要素对于就业绩效的影响效应明显不同。其中，自我效能感、自我管理能力以及团队合作与沟通能力对就业获得绩效具有显著的正效应，而情绪稳定性对获得绩效没有显著影响；情绪稳定性对就业满意绩效具有显著的正效应，而自我效能感、自我管理能力以及团队合作与沟通能力等对满意绩效没有显著影响；就业核心能力的各个要素对就业持续绩效均没有显著影响。上述统计结果表明，大学生就业核心能力对于就业绩效具有不同程度的积极效应，基本支持了研究假设2。

　　（3）不同就业环境下大学生就业绩效的差异分析。

　　本研究将大学生就业环境区分为家庭环境、组织环境（包括公司环境和大学环境）和市场环境。通过大学生对家庭环境、公司环境、大学环境和市场环境的定量评价，以判断处于不同就业环境下的大学生在就业绩效方面是否存在显著差异。首先，笔者以就业环境的四个要素个体环境、公司环境、大学环境和市场环境作为聚类变量，采用两阶段（Two Step）聚类分析法，对150名大学生的就业环境评价样本进行了聚类分析，将就业环境分为有利就业环境和不利就业环境两类。聚类分析结果见表4：

表4　　　　　　　　大学生就业环境聚类分析表（N＝353）

| 就业环境要素 | 有利就业环境 | 不利就业环境 |
|---|---|---|
| | 聚类均值 | 聚类均值 |
| 家庭环境 | 4.76 | 3.91 |
| 公司环境 | 5.50 | 3.85 |
| 大学环境 | 5.71 | 4.10 |
| 市场环境 | 5.42 | 3.43 |
| N | 97 | 53 |

根据聚类分析结果，我们对处于不同就业环境的大学生样本进行了单因素多元方差分析，方差分析结果见表5。方差分析结果显示，处于有利就业环境的大学生在就业获得绩效和就业满意绩效方面显著高于处于不利就业环境的大学生，这说明在家庭环境、公司环境、大学环境和市场环境优良情况下，大学生的就业绩效的水平也越高，充分表明就业环境对就业绩效具有积极影响效应。处于有利就业环境和不利就业环境的大学生在就业持续绩效方面没有显著差异，这说明所有样本大学生的就业持续绩效水平都不是很高，基本上反映了现代大学生的高工作流动性和高离职率的真实情况。

表5         不同就业环境下大学生就业绩效的差异分析（N = 353）

| | N | 获得绩效 | | 满意绩效 | | 持续绩效 | |
| --- | --- | --- | --- | --- | --- | --- | --- |
| | | M | SD | M | SD | M | SD |
| 有利就业环境 | 97 | 5.06 | 1.49 | 5.03 | 1.29 | 4.81 | 1.25 |
| 不利就业环境 | 53 | 3.74 | 1.21 | 3.83 | 1.27 | 4.73 | 1.14 |
| F 值 | | 33.81*** | | 29.13*** | | .18 | |

注：*** $p < .001$.

### 6. 研究小结与讨论

本研究在多层次行为问卷调查的基础上，通过因素分析、多元回归分析和方差分析等方法提取了大学生就业核心能力和就业绩效的因素结构，检验了就业核心能力、就业环境与就业绩效的关系效应。本研究价值主要体现在两个方面：

（1）初步验证了大学生就业核心能力和就业绩效的多维结构特征。

本研究基于以往文献编制了大学生就业核心能力和就业绩效多维结构特征量表，并通过因子分析提取了团队合作与沟通、自我效能感、自我管理和情绪稳定性四个就业核心能力要素，以及获得绩效、满意绩效和持续绩效等三个就业绩效要素，基本支持了研究假设1。

（2）实证检验了大学生就业核心能力、就业环境影响就业绩效作用机制。

本研究运用多元统计分析方法，检验了大学生就业能力结构、就业环境和就业绩效之间的关系机制。统计结果表明，团队合作与沟通、自我效能感、自我管理和情绪稳定性等能力要素，以及有利的就业环境对就业获得绩效和就业满意绩效均具有不同程度的显著的积极效应，表明就业核心能力和就业环境对就业绩效具有正向的支持作用，基本支持了研究假设2和研究假设3。本研究指出，自我效能感、团队合作与沟通、自我管理能力和情绪稳定性是就业核心能力的最显著特征，对于提升就业获得绩效和满意绩效具有重要意义，而就业核心能力和就业环境对就业持续绩效则没有显著影响。

（作者电子邮箱：zhangwei@hdu.edu.cn）

## 参考文献

[1]文晓凤. 就业能力与就业绩效的关系研究[D]. 浙江大学硕士学位论文，2004.

[2]王苑. 大学生职业价值观及就业能力与就业绩效关系研究[D]. 浙江大学硕士学位论文，2006.

[3] Wangerg, C. R.. Antecedents and outcomes of coping behaviors among unemployed and reemployed individuals[J]. Journal of Applied Psychology，1997，82.

[4] Fuguate. The role of employability in how people cope with organizational change[C]. Dissertation Abstract, 2001.

# An Empirical Research on the Relationship between Employment Core Competence, Employment Environment and Employment Performance

Zhang Wei[1]    Tang Jing[2]

(1, 2 College of Management of Hangzhou Dianzi University    Hangzhou    310018)

**Abstract**: The academic community is concerned with employment core competence and employment performance of undergraduate in university enrollment expansion setting. The study validates the structural dimensions of employment core competence via multilevel individual behavioral questionnaires, and verifies the relationship between employment core competence, employment environment and employment performance. It points out that employment core competence and employment environment have remarkably positive effect on employment performance.

**Key words**: Employment core competence; Employment environment; Employment performance

# 转型期工作偏差行为的诱发机理及治理策略*

● 陈建安[1] 毛冠凤[2]

（1 武汉大学经济与管理学院 武汉 430072；2 中南民族大学管理学院 武汉 430074）

【摘 要】随着社会经济不断发展和科学技术日新月异，员工工作偏差行为的外延是不断发展的。从表现内容、表现方式、参与主体和危害程度，重新认识了转型期工作偏差行为的特征；按照刺激—认知—情感—行为的思路，提炼工作偏差行为的心理诱发机制；从事前、事中和事后视角分别提出工作偏差行为的预防、矫正和补救策略，实现全面治理。

【关键词】转型期 工作偏差行为 诱发机制 全面治理

在转型期，由于日益激烈竞争带来的压力以及多元化价值观的影响，员工在工作中有意或无意的偏差行为日益增多。尤其是近年来员工连续跳楼事件、集体辞职事件和持续罢工事件等现象接二连三地发生，更是说明了员工—组织之间的互相信任已经遭到破坏，信任的破坏导致工作偏差行为的产生概率大幅度提升。国外的相关调查表明，33% ~75% 的员工可能会出现诸如偷窃、计算机诈骗、盗用公款、故意破坏、怠工以及缺勤等偏差行为（Harper，1990）；尤其是85% 的受访前线员工承认曾有过偏差行为，90% 的人认为偏差行为是每天都会发生的，并且全部受访对象表示曾经目睹过偏差行为（Harris & Ogbonna，2002）。员工的工作偏差行为给企业带来负面影响。国外的相关研究甚至发现，工作偏差行为每年会给各级各类组织带来 60 亿至 2000 亿美元的经济损失（Murphy，1993）。尤其是前线员工的偏差行为不利于服务企业，其不仅会影响顾客满意度，而且也影响顾客继续使用该企业服务的意愿（Harris & Ogbonna，2006）。从而，如何控制和减少员工的工作偏差行为越来越成为企业普遍关心的问题。由于员工内心活动的复杂性及工作偏差行为的相对性，很多企业在突然发现重大问题浮出水面才加以处理工作偏差行为，往往难以挽回已造成的损失。因此，迫切需要再认识工作偏差行为的特征，揭示工作偏差行为的诱发机制，以期预防和减少工作场所中偏差行为的发生。

## 一、工作偏差行为特征的再认识

长期以来，员工偏差行为被认为是自发的、故意的，并且违反重要的组织规范，给组织以及组织成员

＊ 本文研究得到国家社会科学基金青年项目"社会契约理论视角下的人力资源管理创新研究"（项目批准号：10CGL009）和教育部人文社会科学研究青年项目"大学生创业者人力资本、社会资本和心理资本的协同开发研究"（项目批准号：09YJC630175）的资助。

的利益带来负面影响的行为(Robinson & Bennett, 1995)。但是,工作行为与非工作行为可以按照时间、地点或行为目的等标准加以区分,从而在不同的组织、不同的时空,工作偏差行为的界定标准会有所不同,并没有所谓"绝对偏差"的观点。因此,工作偏差行为的外延是不断发展的,维度和种类也会随着环境的变化而不断丰富。随着网络信息技术的普及和价值观念的多元化,工作方式、行为方式和思想观念的深刻变化对工作偏差行为带来许多新特征。

1. 表现内容日益多元化

工作偏差行为从最初的攻击行为开始,发展到攻击、敌对、偷盗、破坏、缺勤等行为,进而不断发展到更加系统的内容,包括生产型偏差行为、财产型偏差行为、政治型偏差行为和攻击型偏差行为(Robinson & Bennet, 1995)。但是,在不同的时期、不同的企业,不同对象所表现的偏差行为具体内容存在差异,并且日益丰富化。

尤其是知识工作的不断涌现,出现了一些与知识工作本身相关的偏差行为形式。在知识共享和知识利用方面,工作偏差行为表现为恣意储存和垄断知识,抵制组织提倡的知识共享,或者故意阻碍他人获取知识,甚至破坏组织共享系统和工具①。在知识创造方面,工作偏差行为则表现为学术造假和抄袭等学术不端行为,影响了组织声誉和创新能力。例如,从贺海波论文造假事件到医学论文连环抄袭门,都是集中在知识创造方面的偏差行为。

并且,知识员工的工作越来越离不开网络和信息技术,工作偏差行为也出现了一些与新技术有关的具体形式。在工作时间上网浏览与工作无关的网站,获取与工作无关的资讯活动,从事虚拟世界的沟通活动,如上网聊天、BBS论坛、撰写博客、收发私人邮件等,甚至在上班时间玩游戏。

2. 表现方式日趋隐蔽化

工作偏差行为在表现形式上,依据偏差行为的频率和公开程度可以分为:偶发—私下型、偶发—公开型、惯例—私下型及惯例—公开型(Harris & Ogbonna, 2002)。知识工作往往没有固定的流程和步骤,呈现很大的随意性和主观支配性,工作成果常常以思想、创意、技术发明、管理创新的形式出现。并且,许多知识创新和科研成果的形成需要团队协同合作,以及信息技术和先进的通信手段,从而工作偏差行为更趋便捷化和隐蔽化②。工作偏差行为的隐蔽化,主要表现为此类行为隐蔽性强,无表象特征。尤其是那些每天利用互联网和计算机作为工作工具的知识员工,工作正常行为和偏差行为的界限难以清晰划分。例如,上班时间炒股、沉迷网游、无序上传下载占用带宽资源等非常规上网行为,员工上网操作完成后,关闭窗口便无据可查。

3. 参与主体日趋群体化

根据勒温的群体动力理论,个体行为受群体环境的影响。一方面,任何偏差行为会在组织内部迅速地蔓延和感染,直接影响整个组织的工作氛围;另一方面,如果群体的"游戏规则"本身就是反生产力的,或者群体一直在挑战组织的正式规则,那么更多的个体将在群体压力之下表现出工作偏差行为(陈春花和刘祯, 2010)。因此,工作偏差行为由零散的个人行为转变为群体行为,呈现群体化趋势。工作偏离行为者可以被划分为"鹰"、"驴"、"秃鹫"和"狼"(Mars, 1974),其中狼类偏离行为者就体现了参与主体群体化的特征。例如,东航从个别飞行员不满公司管理和待遇提出辞职而被巨额索赔的事件,发展到云南分公司一天之内从昆明飞往大理、丽江、西双版纳、芒市、思茅和临沧六地的18个航班因人为因素集体返航。

4. 危害程度日趋严重化

按照危害程度和危害方式,偏差行为可以分为四类:直接—轻微型、间接—轻微型、直接—严重型、

① 赵书松,喻冬平. 绩效考核导致的员工反生产行为及其控制[J]. 中国人力资源开发, 2009, 11: 36-38.
② 张建卫,刘玉新. 企业反生产行为: 概念与结构解析[J]. 心理科学进展, 2009, 5: 1059-1066.

间接—严重型（Robinson & Bennett，1995；Harris & Ogbonna，2002）。一般来说，迟到早退、有意拖延工作时间、偷窃贪污、散布谣言、性骚扰、语言谩骂等偏差行为是零散的、个别的，给组织直接带来的损害相对较小。随着环境的不确定性增强，市场竞争非常激烈，工作偏差行为的弊端日益突出，带来的损害也在逐渐增大。当员工通过 QQ、MSN 等网络聊天工具相互沟通的时候，有意识或者无意识地透露与企业机密相关的信息，可能给企业带来巨大的损失。传播谣言，用沉默来对付同事，上班做自己的事等，虽然直接破坏力不大，但其造成的间接损失无法估量①。并且，单一偏差行为衍生出一连串互为因果的偏差行为，甚至引来灾难性的后果。例如，1992—1994 年期间，巴林银行新加坡分行总经理里森（Nick Lesson）从事日本大阪及新加坡交易所之间的日经指数期货套期对冲和债券买卖活动，最终导致巴林银行破产。造成巴林银行灾难性厄运的原因是，里森身兼巴林银行新加坡分行的交易员和结算员，便利地伪造了存款和其他文件，把期货交易带来的损失瞒天过海，最终造成不可收拾的局面。

## 二、工作偏差行为的诱发因素及产生机理

工作偏差行为的预防和补救是一项异常沉重而艰辛的系统工程。需要阐明工作偏差行为的产生机理，了解工作偏差行为的诱发因素及行为偏差者的心理特征，才能为探索有针对性的偏差行为干预提供依据。总体而言，目前关于工作偏差行为的产生机理有两类基本的研究范式：第一类研究范式是"行为 = F（心境）"，即行为是心境的结果；第二类研究范式是"行为 = F（环境）"，即行为是环境的结果（陈春花和刘祯，2010）。其实，按照勒温的群体动力理论，工作偏差行为是员工个体和外在环境共同作用的结果。学者们所关注的工作偏差行为前因变量主要包括个人变量和情境变量（Martinko，Gundlach & Douglas，2002；张燕和陈维政，2008），以及诱导因素/抑制因素（如压力、公平感等诱发变量；正直性、组织文化等抑制变量）（Marcus & Schuler，2004）。鉴于工作偏差行为是经由个人主观认知所产生的一种反应，从而工作偏差行为的产生并非简单的刺激—行为反应传导机制，存在员工心理的计量过程。相关研究也表明，偏差行为的发生有一些必要的要素：（1）肇事者；（2）有一定的意图；（3）选择目标；（4）对目标产生行为；（5）导致的结果等五项②。因此，借鉴刺激—认知—情感—行为序列模型对员工偏差行为的形成机制进行分析，如图 1 所示。其中，"认知加工"和"情绪反应"是偏差行为发生机制中的关键环节。③

1. 刺激因素

员工偏差行为的背后有着深刻的经济原因、利益动因和心理诱因（毛军权，2003）。刺激因素使员工情感唤醒，产生强烈的正面或负面情绪，然后诱发工作偏差行为。例如，建龙集团参与通钢集团的第一次重组始于 2005 年，结束于 2009 年 3 月，从同床异梦到不欢而散。已经退出重组的建龙集团于 2009 年 7 月卷土重来再次入股通钢集团，建龙集团与通钢集团上下员工从冤家路窄、狭路相逢到刀兵相见，引起轩然大波导致群体性事件发生。一般来说，工作条件的限制程度、工作场所员工感受到的角色压力、组织公正程度等刺激因素都与工作场所反生产行为发生的几率呈显著的负相关关系（Spector & Fox，2002）。取消福利是容易直接激怒员工的手段之一，感到愤怒的员工失去努力工作的动力，甚至产生报复行为。例如，谷歌公司在 2008 年改变日托政策，大幅增加日托费用，闻此变化，员工纷纷表示不满；苏州联建科技由于公司内误传取消 2009 年度年终奖，造成员工不满，加上公司管理层和员工沟通不畅，引发 2000 多名员

① 皮永华，宝贡敏. 西方组织报复行为理论研究述评[J]. 外国经济与管理，2006，28(3)：40-44.

② Robinson, S. L. and Greenberg, J.. Employees behaving badly：Dimensions，determinants and dilemmas in the study of workplace deviance[J]. Journal of Organizational Behavior，1998，5：1-30.

③ 林玲，唐汉瑛，马红宇. 工作场所中的反生产行为及其心理机制[J]. 心理科学进展，2010，1：151-161.

工集体抗议。尤其是员工受到不公平待遇而感到生气和不开心时，便产生情绪耗竭①，进而可能导致工作偏差行为的产生。其中，分配公平与人际偏差行为呈负相关关系，工作不满意与人际偏差行为、组织偏差行为成正相关关系②。

2. 情境因素

不同的变量可以解释不同类型的工作偏差行为的产生原因。例如，对上司的攻击行为可能主要由上司不恰当的领导行为以及不公正的做法引起，对同事的攻击行为则可能主要由具体情境因素引起（Hershcovis et al., 2007）。情境是解释员工偏差行为的重要因素之一，包括任务性质、组织控制系统和组织文化等。尤其是随着网络信息技术的普及，工作本身从确定性向不确定性，从重复性向创新性，从个人工作向团队工作的转变，工作外显行为特征逐步被任职者的内在思维过程和思维创新所取代，易诱发员工产生偏差行为。

正式控制对工作偏差行为的抑制和约束作用往往是通过非正式控制间接实现的。比较而言，非正式控制对员工工作偏差行为的抑制作用更为明显。③ 员工感知的组织文化内容和力量对员工偏差行为的影响不可忽视。例如，倒闭前安然公司员工已经意识到公司在金融方面的危机，由于存在"员工对于公司金融问题的言论会受到威胁"的组织文化，但是却不敢表达他们的担心，从而加速了安然公司的破产。一般来说，员工个体的工作偏差行为水平与组织中非正式群体的工作偏差行为水平呈显著正相关。主要原因在于，如果员工感觉到其他同事不赞成自己的行为，就会自动减少实施工作偏差行为的次数。

3. 个体特质

刺激因素和情境因素对员工产生刺激，使其形成心理认知偏差。心理认知偏差是一种主观性认知，受到员工价值观取向的影响。"挫折事件—消极情感—攻击行为"认知联结模式（Berkowitz，1989）表明并非所有面对刺激的员工都会产生心理认知偏差，具有偏离行为倾向特质的员工更容易形成心理认知偏差。因此，内控系统能够有效减少工作场所偏离行为，但是这一系统依赖员工的自我意识、自我控制和自我形象。并且，相关实证研究也表明，个人道德标准对工作偏差行为的影响会比组织情境认知对偏差行为的影响更为显著④。

当然，工作场所中的心理认知偏差只是为偏差行为的发生提供了心理上的可能。很多的行为偏差的原因都可以追溯到消极情绪上，从而这种心理认知偏差对偏差行为的影响通常需要通过负性情绪反应的中介作用实现。个性差异（如控制点差异）会引起不同的情感和行为反应，尤其是责任意识、冲动性、消极情绪等个性特征与工作偏离行为有密切的联系。具有负面情绪、外控型等人格特质的员工在工作场所中更容易感知到心理认知偏差和产生偏离行为⑤。蔡佳颖（2008）的研究也证实：亲和性、情绪稳定性与人际偏差行为呈现负相关，情绪稳定性、审慎性与组织偏差行为呈现负相关。例如，富士康自杀死者年龄在18～23岁，入职富士康不久，容易感知到心理认知偏差和实施偏差行为。

---

① Rupp, D. E., and Spencer, S.. When customers lash out: The effects of customer interactional injustice on emotional labor and the mediating role of discrete emotions[J]. Journal of Applied Psychology, 2006, 91(4): 971-978.

② 曹羽男. 组织情境认知、个人道德标准与员工偏差行为之关系[D]. 台湾科技大学企业管理系硕士学位论文, 2005.

③ Hollinger, R. C., and Clark, J. P.. Formal and informal social controls of employee deviance[J]. The Sociological Quarterly, 1982, 23(2): 333-343.

④ 曹羽男. 组织情境认知、个人道德标准与员工偏差行为之关系[D]. 台湾科技大学企业管理系硕士学位论文, 2005.

⑤ Skarlicki, D. P., Folger. R. and Tesluk, P.. Personality as a moderator in the relationship between fairness and retaliation[J]. Academy of Management Journal, 1999, 42(1): 100-108.

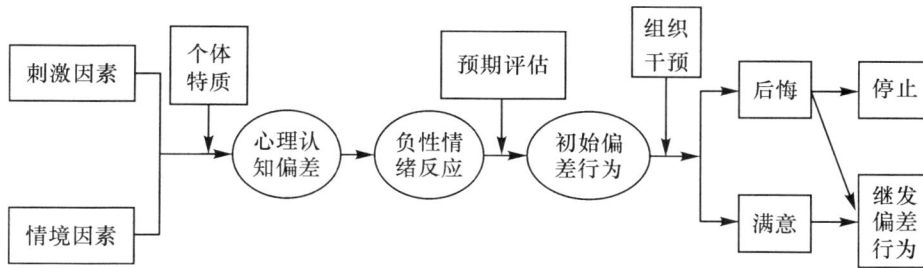

图 1　工作偏差行为的形成机制

**4. 预期评估**

矫正组织内偏差的行为通常是惩罚性质的，惩罚的可能性会影响到工作偏差行为的产生（Fox & Spector，1999）。高水平负性情绪的员工在权衡评估偏差可能带来的预期利弊后（即预期评估），决定是否实施初始偏差行为。知觉处罚可能性具有调节负性情绪反应与工作偏差行为的关系，即对于知觉处罚可能高的员工来说，负性情绪反应与工作偏差行为的关联度较低。

**5. 组织干预**

当负性情绪反应得到爆发时，员工经过预期评估后会对组织或个人产生负面行为。偶尔爆发的偏差行为一旦得手之后，员工的侥幸心理便得到强化，从而把这一类偏差行为进一步延续下去，出现继发偏差行为。或者当员工发生工作偏差行为之后，虽然对组织的检讨声浪四起，但是组织仅召开检讨会、通报事件及公布规定，而没有考虑员工真正的心理知觉，员工无法认同组织的能力、行为和规范等，此时可能会因个人原有负面情绪反应的程度变高，进而产生较高频率的工作偏差行为。另外，偏差行为发生之后，透过观察组织的各种政策和措施，员工可能将因信任组织或遭受惩罚等对自己的偏差行为感到后悔，并且预期继发偏差行为的后果是使自己陷入不利状态，则会停止偏差行为的再次发生。

以东航集体返航事件为例，可以剖析员工偏差行为的产生机理。从东航曾经爆出的高层贪污丑闻，到机长郑志宏 1257 万元的天价索赔官司，尤其是"云南飞行员上缴个税要突然增加 20% ~ 30%"导致飞行员感到非常不公平，从而产生了心理认知偏差，体现在对高层管理者始终抱有深深的怀疑。由于负面情绪集中爆发，云南分公司的飞行员们有过两次抗议式的集体行动，如集体请假，但均以失败告终，而负面情绪并没有得到缓解。并且，"从技术上说，返航是机长的权力，甚至是绝对不容干涉的权力"被飞行员们视做尚方宝剑，从而飞行员们预期评估，返航作为"安全"的反抗方式，不会受到终身禁飞的严厉惩罚。最后，东航飞行员运用集体返航发泄心里不满的强烈负性情绪。东航集体返航事件发生之后，东航公司前后两次不同的声明引起全社会高度关注和强烈抗议。最后，东航公司严肃追究了当事人和相关领导人员的责任，分别给予停飞、开除党籍、取消资格、党内警告或免去职务的处分，有效地震慑了飞行员们再次实施类似的偏差行为，达到员工自我控制和组织干预的协同治理目的。

## 三、工作偏差行为的治理策略

工作偏差行为具有极大的危害性，组织应该采取措施对工作偏差行为进行有效的控制。工作偏差行为管理是一项系统工程，有一个事前预防、事中处理、事后化解的过程。当然，任何管理措施各有利弊，在面对不同类型的工作偏差行为时应采用不同的管理措施。并且，不同的管理措施往往需要混合运用才能获得最佳效果。

27

1. 偏离前员工工作行为的预防策略

工作偏差行为的组织控制分为外在控制和内在控制。其中，外在控制通过一系列外在的制度、技术和方法来控制个人、团体和组织的行为，内在控制则强调通过影响员工的动机、思想和观念等内在方面来控制员工的行为①。在预防策略中，外在控制和内在控制是相互补充的，共同遏制工作偏差行为的发生。

(1) 标准化任务流程实现运作集成

任务标准化流程能高效率地避免员工行为偏差，从源头上杜绝偏差的出现。按不同岗位，将每名员工一个工作日内所有的工作分解成若干步骤，分析每一步骤中可能产生的行为偏差，每一步行为偏差可能产生的危险。在此基础上，针对这些偏差，提出正确的操作方法或预防措施。员工在既定的标准化流程中工作，自然规避了由于个人差异性因素造成的偏离行为。例如，海尔集团经过多年的探索，有效地解决了员工惰性难题，并不断发展完善形成了其独特的日清管理系统。

(2) 构建共享知识库实现智力集成

如果员工处于对知识库信息没有或不充分共享的处境，则会产生挫败感，缺乏安全感甚至没有归属感。因为共享知识是在各成员和公司在广泛、灵活的协作下积累起来的，所以企业通过共享知识库实现关系集成智力集成，能形成模块式的团队合作，建立起高度的信任，从而大大降低偏差行为产生的几率。例如，在得克萨斯州奥斯汀的 Metric 12 生产线上，每个工位装有监控器，并配有完整的说明和提示。当装配工需要帮助时，有关该产品的装配说明就显示在工位的计算机屏幕上。并且，在生产线测试阶段发现的错误立即被传送到网络计算机，然后发送给所有测试人员及装配员工。最后，就这个问题向其他装配线发出警告，促使他们立即学习应该注意什么，以避免发生同样的错误。

(3) 签订集体绩效契约实现关系集成

通过集体绩效契约的模式能有效地规避员工在工作的行为出现偏差。一方面，集体绩效契约能够创造正面情绪的工作团队文化。由于集体效应，员工会受到集体目标和期望的影响而产生积极健康的生产工作理念。例如，托马斯·沃森在创办 IBM 公司时设立了"尊重个人，尽可能给予顾客最好的服务和追求优异的工作表现"的行为准则。这些准则一直牢记在每位员工的心中，任何一个行动及政策都直接受到行为准则的影响。另一方面，同事对组织偏差行为的态度对于不当督导与情感承诺及组织偏差行为的关系具有调节作用，② 会自觉地遏制负面偏差的出现或在偏差即将出现的时候通过集体环境效应来对个人偏差作出修正。例如，工商银行山东分行营业部倡导全体员工签订"员工行为自律协议"，以防范道德风险和各类案件事故的发生。

(4) 创造共同目标实现情感集成

员工觉得自己满足了组织的要求之后却没有得到相应的回报，会感到颇为不公，可能产生心理契约的违背行为。心理契约的违背导致员工对组织的信任感、责任感和忠诚度下降，工作满意度降低，在极端的情况下实施对组织的报复，如消极怠工、偷窃和攻击行为等偏差行为。因此，把员工发展和企业发展统一起来，将帮助员工成功纳入到企业文化的核心理念当中，创造共同目标，有助于预防偏差行为的发生。例如，沃尔玛公司将员工视为"合伙人"。合伙人政策体现为利润分享计划、雇员购股计划和损耗奖励计划。

(5) 淘汰具有偏差行为倾向特质的员工

在招聘新员工时，企业应当注重测试应聘人员的人格特征，包括诚信测验、16PF 人格测验、加利福尼亚心理测验等。这些测验对工作绩效有较好的预测力，具有积极的应用价值。通过这些测验，预测应聘

---

① 高日光，杨杰，王碧英．预防和控制工作场所越轨行为[J]．中国人力资源开发，2008(5)：44-46.

② Tepper, B. J., Henle, C. A., Lambert, L. S., Giacalone, R. A., and Duffy, M. K.. Abusive supervision and subordinates' organization deviance[J]. Journal of Applied Psychology, 2008, 93(4): 721-732.

人员实施工作偏差行为的可能性，从而为员工录用决策提供参考依据，将那些具有偏差行为倾向特质的员工排除在企业之外。例如，自从"自杀门"事件之后，华为集团人力资源部门在人的心理测试方面非常严格，在面试环节就把那些可能有性格缺陷或者心理偏执以及抗压能力低下的人排除在外。

**2. 偏离中员工工作行为的矫正策略**

工作中出现偏差常常是不可避免的，关键在于及时获取偏差信息并采取有效的措施，加以矫正处于偏离状态的行为。

（1）以信息管理识别行为偏离

利用信息管理来实现对员工的动态管理，能有效且及时地处理出现偏差的员工行为和对正在发生的偏差进行纠正。目前，金盾等公司开发的上网行为管理系统，能实现对网络带宽分配、上网行为监控等功能。当员工的行为偏离组织所期望的表现后，相关的领导就应该在第一时间内与员工谈话，给予反馈，让员工了解到他的行为已经偏离，对组织的目标与发展会产生负面的效应，而且必须让员工了解企业决不能接受这种行为的偏离及发展。例如，四川资阳移动分公司部署上网行为管理系统，实现对员工上网行为进行监控的目的。

（2）以绩效考核促进自我纠偏

组织管理中的绩效考核显著地影响员工行为，并促使其产生各种行为反应。行为偏差的自我纠正是指在绩效考核过程中，管理者对员工行为结果进行考核，防止员工为获得奖励而不择手段采取有损企业长远利益的行为。绩效管理中的处罚措施不仅仅是让员工知道工作偏差给个人带来的后果，而且同时给其他员工起到警示作用。例如，中信重机在2005年开始建设诚信体系，强力实施岗位诚信管理，归纳了292条岗位不诚信行为，制定了员工岗位诚信量化考评标准，把员工岗位诚信度转化为可操作、可衡量的评价指标，并为每个员工建立了个人岗位诚信档案。

（3）以改进计划促进追踪辅导

对于员工在工作中出现偏离后的反馈性挽救可以通过归因理论迅速找出症结，并通过分析得出偏差的性质和危害，最终寻求相应的引导员工纠正的措施。偏差产生的原因错综复杂，往往互为因果，相互纠缠，管理者与员工必须溯本求源，共同协商确定改进计划，包括偏差行为的原因、改进办法。并且，在计划执行过程中，管理者持续追踪和评估员工行为的转化情况。例如，云南三环化工股份有限公司从2003年起推行自我管理的"诚信自律"班组活动，出现不符合自律的行为，首先听取偏差人员的陈述，包括事发的经过、原因和改进办法，并共同帮他认识自己的行为，自觉接受班组的处罚。

**3. 偏离后员工工作行为的补救策略**

在工作偏差行为结束之后，对于其他员工来说偏差效应会起到连锁反应。从而，对一个人偏差行为的纵容带来的后果就是批量偏差行为的出现。因此，为了避免原来的初级偏差行为发展到继发偏差行为和群体偏差行为，一旦识别偏离目标的行为，就需要采取补救措施。

（1）加强惩罚力度及措施完善

在工作过程中的个人因素造成集体损失会影响集体工作绩效，员工会根据行为偏差员工受到管理层的相应处理来权衡自己在企业中下一段时间的预期工作方向。如果管理人员对偏差行为不惩戒，则将会导致这些偏离行为在企业中泛滥。O'Leary-Kelly，Griffin 和 Glew（1996）的研究也证实：当成员观察到个体在某种情境下实施越轨行为而没有受到惩罚，甚至得到奖励时，这名成员在相似的情境下就会同样实施类似的越轨行为。所以，杜绝已经发生的行为偏差的蔓延是企业管理者在员工偏差行为发生之后的首要补救策略。其中，杜绝措施包括对当事人给予惩罚，修订和完善管理制度等。例如，东航集团经过对"3·31"返航事件认真调查，对所认定的11次人为返航的13名飞行人员进行了严肃处理。其中，对返航事件中情节较重的1名机长停飞，给予开除党籍处分；3名飞行教员分别停飞1～2年，给予留党察看处分；2名飞行教员和2名机长分别取消教员和机长资格、降为副驾驶，并给予党内严重警告或警告处分；其他5名参与返航情节较轻的飞行人员暂停飞行，经教育整顿和严格检查后重新认定从业任职资格。并且，东航严肃追究了8名相关领导人员的责任，分别给予了党内警告或免去职务的处分。

（2）消除不公平感的源头

不公平感的累积和蔓延对组织的破坏性非常之大，其中员工的偷窃、怠工等各种偏离行为可能是对组织决策不公正的反应。一旦出现员工自感不公平的迹象，需要及时采取措施消除影响。研究证明：分配公平、程序公平和交互公平可以作为员工越轨行为的预测因子，其中交互不公平感对越轨行为的预测比其他两种不公平感更准确[1]。因此，在某些情景下，管理者仅仅通过对决策的过程进行解释就可以增加员工的组织公正感，改善员工的偏离行为。例如，因为公司内传言取消2009年度年终奖造成员工不满，加上公司管理层和员工沟通不畅，苏州联建（中国）科技有限公司2000多名员工聚集在厂内进行抗议，破坏厂内设施并打砸企业车辆。联建公司负责人承诺将在近期发放年终奖，并解决日常管理中存在的劳资纠纷问题，最终劳资纠纷事件得以平息。

（3）加强反偏差行为的培训

对于员工出现行为偏差之后采取的应急补救措施，消除员工偏差行为的不良影响，引导员工并通过对归因结果的分析以进一步杜绝在员工中再次发生相同行为偏差。例如，深圳天音公司要求全体员工每天总结成功经验和失败教训，并设专门工作团队每天进行汇总和提炼，反馈给各个工作平台分享。针对偏差行为，组织可以开展有关制度的学习或技术交流，加强反偏差行为的自制力和防御力。又如，三菱公司正在实行的反骚扰政策规定，员工每两年必须参加一次反性骚扰培训。

（4）引入EAP计划

工作压力与员工偏差行为呈显著正向关系，社会支持对于工作压力与员工偏差行为之间的关系具有缓冲效果[2]。因此，通过人力资源管理措施，加强同事、下属、上级等对员工的社会支持和组织支持。员工援助计划（简称EAP计划）作为为员工设置的一套系统的、长期的援助与福利项目，通过专业人员对组织的诊断、建议和对员工及其直系亲属提供的专业指导、培训、咨询，帮助解决员工及其家庭成员的各种心理和行为问题。颜芝怡（1999）通过实证研究也发现，劳资关系变动与工作偏差行为有显著的负相关关系，但是受到员工援助方案和劳资关系协调方案的干扰影响[3]。因此，为减少工作偏差行为，企业应注重员工援助方案和劳资关系实务的实施。具体实施方式有开通热线电话、建立网上沟通渠道、开辟咨询室等，使员工能够顺利、及时地在出现心理问题时便可获得心理干预或治疗。例如，陷入自杀门事件的华为公司实施了一系列措施，包括设立主管开放日，让员工直接和主管对话；建立荣誉专家，员工在心理、生活和工作方面的疑惑可以请教荣誉老专家；设立首席员工健康与安全官，完善员工保障与职业健康。通过这些措施的实施，成功地化解了员工自杀门事件，有效地预防工作偏差行为的重复上演。

## 四、结束语

随着工作偏差行为新特征的出现，企业对员工偏差行为的预防和补救是一项异常沉重而艰辛的系统工

① 李艳华，凌文辁．谈组织公平与工作场所中越轨行为的关系[J]．商业时代，2006，16：45，53．

② 邱健榕．工作压力与员工偏差行为之关系：人格特质及社会支持之调节效果[D]．台湾科技大学企业管理研究所，2006．

③ 颜芝怡．劳资关系与职场偏差行为之关系：以员工协助方案与劳资关系实务为干扰变项[D]．台湾中山大学硕士学位论文，1999．

程，需要深入探讨的问题很多。首先，工作偏差行为管理策略有很多种，这些策略的有效性因情境的不同而有所差异，那么在怎样的环境和背景下，什么策略对工作偏差行为是更有效的，哪些策略能够产生持久的效果。其次，如何发挥员工个体主观能动性和组织管理系统的协同作用，提高工作偏差行为的治理效果。然后，随着知识工作的大量涌现，知识员工的工作偏差行为既可能是一种消极行为，对生产率、组织效率、经营成本等都会造成负面影响，也可能具有建设性作用，能够对组织或其成员产生贡献(Galperin，2003)，如导致组织管理方式的改进与效率的提高，因此以后的研究可以探讨如何合理利用员工的偏差行为，发挥其对组织的有益作用，克服消极影响。最后，需要突破目前学术界缺乏对工作偏差行为的长期追踪研究，分阶段进行纵向对比分析，更能揭示工作偏差行为的产生机理，尤其需要注重中国文化价值观背景下工作偏差行为治理的独特性研究。

（作者电子邮箱：cja_ 818@126. com）

## 参考文献

[1]蔡佳颖. 人格特质与员工偏差行为之关系：权力距离与传统性的调节效果[D]. 台湾科技大学管理学硕士学位论文，2008.

[2]陈春花，刘祯. 反生产力工作行为研究述评[J]. 管理学报，2010，6.

[3]毛军权. 企业员工越轨行为及其组织控制的经济学分析[J]. 管理现代化，2003，4.

[4]张燕，陈维政. 员工工作场所偏离行为的形成原因和控制策略[J]. 经济管理，2008，11.

[5]Berkowitz, L.. Frustration-aggression hypothesis：Examination and reformulation[J]. Psychological Bulletin，1989，106(1).

[6]Fox, S., and Spector, P. E.. A model of work frustration-aggression[J]. Journal of Organizational Behavior，1999，20(6).

[7]Harper, D.. Spotlight abuse-save profits[J]. Industrial Distribution，1990，79(10).

[8]Harris, L. C., and Ogbonna, E.. Exploring service sabotage：The antecedents, types and consequences of frontline, deviant, antiservice behaviors[J]. Journal of Service Research，2002，4(3).

[9]Harris, L. C., and Ogbonna, E.. Service sabotage：A study of antecedents and consequences[J]. Journal of the Academy of Marketing Science，2006，34.

[10]Hershcovis, M. S., Turner, N., and Barling, J.. Predicting workplace aggression：A meta analysis[J]. Journal of Applied Psychology，2007，92(1).

[11]Marcus, B., and Schuler, H.. Antecedents of counterproductive behavior at work：A general perspective[J]. Journal of Applied Psychology，2004，89(4).

[12]Mars, G.. Dock pilferage. in：Rock, P., and McIntosh, M. (Eds). Deviance and social control[M]. London：Tavistock Publications，1974.

[13]Martinko, M. J., Gundlach, M. J., and Douglas, S. C.. Toward an integrative theory of counterproductive workplace behavior：A causal reasoning perspective[J]. International Journal of Selection and Assessment，2002，10.

[14]Murphy, K. R.. Honesty in the workplace[M]. Belmont, C. A.：Brooks/Cole publishing，1993.

[15]O'Leary-Kelly, A. M., Griffin, R. W., and Glew, D. J.. Organization-motivated aggression：A research framework. Academy of Management Review，1996，21(1).

[16]Robinson, S. L., and Bennett, R. J.. A typology of deviant work place behaviors：A multidimensional

scaling study. Academy of Management Journal, 1995, 38(2).

[17] Spector, P. E. , and Fox, S. . An emotion-centered model of voluntary work behavior: Some parallels between counterproductive work behavior(CWB)and organizational citizenship behavior. Human Resources Management Review, 2002, 12(2).

[18] Galperin, B. L. . Can workplace deviance be constructive? In: Sagie S. Stashevsky, and Koslowsky, M. . Misbehavior and dysfunctional attitudes in organizations[M]. Hampshire: Palgrave Macmillan, 2003.

# Induced Mechanism and Governance Policy
# about Workplace Deviance Behavior in Transformation Period

Chen Jian – an[1]    Mao Guanfeng[2]

(1 Economics and Management School of Wuhan University, Wuhan, 430072;

2 College of Management of South-Central University for Nationalities, Wuhan, 430074)

**Abstract**: with society and economics developing further and the scientific technologies changing quickly, the denotative meaning of employee's workplace deviance behavior tend to change. From content, type, participant and damage degree, the paper recognized the character of workplace deviance behavior in transformation period. According to the thinking from incentive, cognition, emotion to behavior, the induced mechanism was brought out of employee's workplace deviance behavior. From the before, during and after a event, the paper gave some advices for the measures to prevent, precorrect and remedy against workplace deviance behavior, to reach total government.

**Key words**: Transformation period; Workplace deviance behavior; Induced mechanism; Total governance

# 财务违规、审计风险识别与审计定价*
## ——基于中国证券市场违规处罚公告的证据

● 吕　凡[1]　余玉苗[2]

（1　贵州大学管理学院　贵州　550025；2　武汉大学经济与管理学院　武汉　430072）

【摘　要】本文考察了监管机构对上市公司发出的违规处罚公告对审计定价的潜在影响。我们发现对于正常公司，审计定价的影响因素符合传统的实证研究；而对于违规公司①，部分传统模型中显著的变量变得不再显著或者显著性降低。在研究中，我们量化了监管机构违规处罚公告中的信息，并将其加入到传统的审计定价模型中。进一步的研究发现，对于违规公司，监管机构级别、违规行为持续时间、违规涉及的公司公告数量、被处罚人数与会计师事务所的审计定价存在相关关系。

【关键词】财务违规　违规处罚公告　审计风险　审计定价

## 一、问题的提出

制约我国证券市场健康发展的核心问题是上市公司诚信不够，财务违规行为频频发生。一系列严重违规行为的发生沉重打击了投资者信心，破坏了证券市场的正常运行秩序。为维护证券市场秩序，保护投资者合法权益，上市公司监管机构依据《公司法》、《证券法》等相关法律，对上市公司的违规行为立案调查，并向证券市场公开发布违规处罚公告。曾被处罚过的上市公司其财务报表的错报风险较高，从而注册会计师的审计风险自然很高。对于被评估为高风险的公司，一方面，注册会计师理应增加审计资源投入，改进审计程序，以将审计风险降低到可以接受的水平；另一方面，则应在审计定价时争取获得风险溢价，以补偿因发生审计失败可能遭受的损失。余玉苗和刘颖斐（2005）认为，风险溢价是对剩余审计风险的整体估价，是宏观、微观及心理因素综合影响的结果。宏观因素反映的是众多微观个体受到的共同影响、体现的共同特征，其中一部分能在微观载体上得到具体识别，具有内在化的可能性，在审计定价模型中能够用量化的个体特征和市场特征体现其影响。那么，在中国证券市场上，注册会计师是能否识别蕴含在监管机构

＊　本文的研究得到国家自然科学基金"人力投入与风险溢价决定的我国上市公司审计定价模型研究"（项目批准号：70572063）和"基于 DEA 的相对审计效率测度与审计竞争战略选择研究"（项目批准号：70702018）的资助。

①　本文所指的违规公司是以监管机构发出正式违规处罚公告的时间作为认定的依据，因为监管机构的公告中除认定公司违规行为外，还包含了大量的公司在正式财务报告中未披露的信息以及监管机构对违规行为处理的信息，有利于事务所在审计定价时评估审计风险。为行文方便，对于监管机构公告认定存在违规行为的公司，以下简称违规公司，其余公司简称正常公司。

发布的违规处罚公告中的风险信号，并最终体现在审计定价之中的呢？国内尚缺乏这方面的研究。本文试图以此为切入点，为更深入地研究我国审计市场上会计师事务所的行为特征和定价模式提供经验证据。

## 二、文献回顾

Simunic 最早运用多元线性回归模型考察了可能影响审计定价的因素，其实证研究发现上市公司的资产规模是决定审计定价最重要的因素，而控股子公司个数、应收项目占资产的比重、存货占资产的比重、近三年的盈亏状况、审计意见类型等因素与审计定价存在显著正相关关系。总的来看，审计定价与会计师事务所的人力资源投入和风险补偿要求密切相关，由于人力资源投入较容易计量，风险补偿自然逐渐成为理论界研究审计定价的焦点，在投资者法律保护力度大、审计诉讼风险高的美国尤其如此。Beatty 专门论述了诉讼风险和审计定价的关系，他指出，随着诉讼风险的提高，审计收费也将随之提高。Pratt 和 Stice 对当时"六大"会计师事务所中的四家进行了问卷调查，通过分析 101 位项目经理和 130 位合伙人的反馈数据，发现审计定价与会计师事务所预估的诉讼风险显著正相关。Beaulieu 通过对加拿大 63 位会计师事务所合伙人的调查发现，客户的诚信会对注册会计师的风险评估产生直接的影响，当注册会计师认为客户的诚信在标准以下，会产生潜在的风险时，注册会计师会实施追加的审计程序并提高审计收费。Bell，Landsman 和 Shackelford 研究了客户经营风险与审计定价之间的关系。通过对某国际会计公司 1989 年的 422 例美国公司审计业务的实证检验，研究发现：随着项目经理对客户经营风险评估水平的提高，审计收费水平显著提高。他们认为在竞争性均衡的审计市场，会计师事务所的审计定价包含了会计师事务所对潜在风险的预期。Seetharaman，Gul 和 Lynn 对在美国上市的英国公司的审计费用进行了研究，结果发现，在美国上市的英国公司向其注册会计师支付了更多的审计费用，而同时在美国以外的其他资本市场上市的英国公司向其注册会计师支付的审计费用与仅在英国本土上市的公司并无显著差异。这一结果可能是由于美国证券市场的高诉讼风险在审计定价过程中产生了重要影响。Johnstone 和 Bedard 研究了盈余操纵（earnings manipulation）与公司治理对审计定价的影响。研究发现，高的盈余操纵会使得会计师事务所增加人力资源投入，具体表现为工作时间和每小时收费标准的增加，会计师事务所因此会要求较高的审计收费。公司治理状况与注册会计师工作时间和每小时收费标准的关系在一般情况下并不显著；只有当公司的盈余操纵迹象较明显时，公司治理状况与注册会计师工作时间和每小时收费标准才显著正相关。Lyon 和 Maher 对收集的 82 个涉及"不恰当行为"公司的案例进行剖析，发现由于客户公司的"不恰当行为"（misconduct）会对客户本身和会计师事务所带来较高的风险，如果客户公司在财务报表中披露了这类行为，那么会计师事务所会对这类客户收取较高的审计费用。Abbott，Parker 和 Peters 通过实证研究发现由于诉讼风险的影响，正向盈余管理和负向盈余管理对审计定价的影响程度是不对称的。Hogan 和 Wilkins 发现会计师事务所对存在内部控制缺陷的公司的审计定价明显高于不存在内部控制缺陷的公司，并且审计定价与内部控制问题的严重程度存在正相关关系。

由于中国证监会 2001 年才正式要求上市公司披露审计费用信息，因而国内学术界对审计定价与审计风险的实证研究起步较晚，但也有不少学者从审计风险的角度研究了会计师事务所的审计定价行为。伍利娜探讨了上市公司盈余管理行为对审计费用的影响，但并没发现净资产收益率处于"保配"区间对于审计费用有显著影响，她认为可能是由于中国审计市场的低层次激烈竞争导致会计师事务所竞相压价，从而客户公司对达到客户意愿的审计结果也只支付了市场"平均"价格，对未能达到客户意愿的审计结果支付了显著更低的价格。朱红军和章立军发现，由于历史的原因，我国政府对不同经济类型的经济实体通常采用不同的监管政策和优惠条件，民营上市公司的审计费用水平明显高于非民营上市公司，他们认为是注册会计师在评估审计风险时充分考虑到了经济类型的影响，民营企业的审计风险要高于非民营企业，从而在审计收费上得以体现。郝振平、桂璇指出，在我国的审计定价中，往往只视被审计公司的资产规模、拥有的子公司数和经营活动所跨行业数等表象指标，而对审计风险重视不够，这与审计市场成熟的西方国家的通行做法不一致。蔡吉甫研究了公司治理、审计风险与审计费用的关系，发现会计师事务所对大股东适度持股的国有控股公司，CEO与董事长两职合一或管理层适度持股的非国有控股公司收取了较低的审计费用，从而认为有效率的公司治理结构不仅能够控制公司的代理问题，还可以减少会计师事务所收取的审计费用。潘克勤从另外一个角度研究了同样的问题，他以2002年度"中国上市公司治理100佳"的公司治理指数作为公司治理质量的替代变量，分析公司治理指数、审计风险、注册会计师规模与审计定价的关系。结果显示，公司治理指数越高，审计定价越低；随着公司治理指数提高，国际四大和本土五大会计师事务所明显降低了审计定价，而除国际四大和本土五大之外的其他会计师事务所的审计定价却没有明显下降，说明审计定价受到公司治理风险的影响，国际四大及本土五大会计师事务所对源于公司内部治理的风险更加敏感。

## 三、研究设计

### 1. 样本与数据

从公司开始实施违规行为到监管机构认定并正式发出违规处罚公告之间存在一定的时滞，可能会使距离现在较近年份的公司违规行为尚未得到监管机构的正式认定，影响样本数量，因此我们选择2005—2006年非金融业的A股上市公司为研究样本。数据主要来源于CSMAR数据库，其中在收集中国证监会、上交所、深交所的违规处罚公告过程中，主要依赖于CSMAR数据库公司研究系列下的上市公司违规处罚数据库，年报子公司数量根据巨潮资讯网站的公开年报信息逐家整理取得。部分缺失数据由中国证监会网站、上海证券交易所网站、深圳证券交易所网站信息手工整理获得。剔除数据不全的公司，我们共收集到样本公司1850家，其中违规公司87家。数据处理运用STATA10.0完成。

### 2. 研究假设

会计师事务所审计违规公司将面临更高的审计风险。通过增加人力资源投入和要求更高的风险补偿，会计师事务所可以将审计风险降低到可以接受的程度，两种途径都会导致审计收费的提高，使得传统审计定价模型可能不再适用于违规公司。以往对审计风险和审计定价关系的实证研究中，对审计风险的反映主要是从公司最终控制人类型、公司盈余管理状况、审计师意见和公司治理情况等角度，这些因素实质上是对审计风险的一种间接反映。而借助于违规处罚公告，我们可以收集直接反映公司违规行为严重程度的变量，并研究直观的审计风险与审计定价之间的内在关系。以科龙为例，证监会在2006年专门为该案件发布了证监字[2006]4号，[2006]15号，[2006]16号，[2006]30号四份文件，涉及违规处罚公告10份，四种违规行为累计违规时间10年，共计处罚公司管理层40人；而同期被处罚的古井贡(证监罚字[2006]9号)涉及违规处罚公告1份，违规持续时间2年，处罚公司管理层1人。我们认为审计师对科龙和古井贡的违规处罚公告所感知的风险绝对不应该等同，违规性质的严重程度可以直接反映审计风险的大小，在传统模型中加入描述违规严重程度的变量可以更好地拟合审计费用与各解释变量，因此本文提出如下假设：

H1：对于违规公司，审计定价与实施处罚的监管机构级别正相关

H2：对于违规公司，审计定价与违规行为持续时间正相关

H3a：对于违规公司，审计定价与违规行为涉及的公司对外披露公告数量正相关

H3b：对于违规公司，审计定价与违规行为涉及的公司对外披露公告数量负相关

H4：对于违规公司，审计定价与监管机构处罚人数正相关

## 3. 模型与变量

借鉴前述文献回顾中的国内外研究，第一步，我们将总体样本分为正常公司的样本1和违规公司的样本2，我们把对审计定价影响最显著的几个变量纳入到基本模型（1）中，对样本1和样本2分别进行回归，研究两个回归模型之间的差异。第二步，我们在模型（1）的基础上，进一步将描述公司违规特征的变量也纳入模型。我们整理了CSMAR数据库公司研究系列下的上市公司违规处罚数据库，变量具体含义见表1，将违规变量加入到基本模型中形成模型（2），对样本2分年度进行回归。对于一年内多次被公告违规的公司，我们把变量vltyear，pbtype，supbcnt加总计量；对于虚拟变量supvsor，我们按违规行为较严重的一次计量，如果每次违规程度相同，我们直接取任意一次违规时该变量的值①。此外，我们加入控制变量cf。回归变量如表1所示。

$$\ln fee_{it} = \beta_0 + \beta_1 \ln Asset_{it} + \beta_2 Sqs_{it} + \beta_3 Lev_{it} + \beta_4 Inv_{it} + \beta_5 Rec_{it} + \varepsilon_{it} \tag{1}$$

$$\ln fee_{it} = \beta_0 + \beta_1 \ln Asset_{it} + \beta_2 Sqs_{it} + \beta_3 Lev_{it} + \beta_4 Inv_{it} + \beta_5 Rec_{it} + \beta_6 Supvsor_{it} + \beta_7 supbcnt_{it} +$$
$$\beta_8 vltyear_{it} + \beta_9 pbtype_{it} + \beta_{10} cf_{it} + \varepsilon_{it} \tag{2}$$

表1　　　　　　　　　　　　　　　　　　　回归变量

| 变量名称 | 变量定义 |
| --- | --- |
| Fee | 审计费用 |
| Asset | 总资产 |
| Sqs | 子公司数量的平方根 |
| Lev | 资产负债率 |
| Inv | 存货占总资产比例 |
| Rec | 应收项目占总资产比例 |
| Supvsor | 虚拟变量，如果对违规公司的处理单位为证监会为1，如果处理单位为上交所或者深交所为0 |
| Vltyear | 违规行为持续的时间，以违规行为持续的年度衡量 |
| Pbtype | 违规行为涉及的公司公告数量② |
| Supbcnt | 被处罚的人数③ |
| cf | 虚拟变量，如果违规公司在一年内被监管机构多次公告违规为1，如果一年内只被公告一次为0 |

## 四、研究结果及分析

### 1. 描述性统计

表2列示了回归中所有变量的均值和标准差。我们首先针对的是全样本观测值，然后分别是样本1和样本2。如表2的最后一列所示，两类样本的大部分变量存在显著差异。其中，总资产、资产负债率、存

---

① 同一年度多次违规的公司在违规样本中比较少，且同一年违规次数一般为2次。对于虚拟变量Supvsor如果每次违规严重程度相同，我们没有因为公司重复违规改变虚拟变量Supvsor的值，我们直接取任意一次违规时该变量的值；如果每次违规严重程度不同，我们以违规行为较严重的一次计量。

② 违规涉及的公告包括年度报告、中期报告、季度报告、临时公告、招股说明书、上市公告、配股增发说明书。

③ 监管公告中对违规公司高层管理人员进行通报批评、公开谴责和经济处罚人数总和，我们在统计时将公告中处罚的前任高层管理人员数量也计算在内，以准确反映公司违规行为的严重程度。

货占总资产比重、应收项目占总资产比重在1%的水平上显著，只有子公司数量之间的差异不显著，这可能是因为公司是否违规与子公司数量并无直接的联系。从均值上看，正常公司与违规公司最主要的特征差异在于资产负债率（54.4%对比117%）。我们认为，资产负债率是投资者最为看中的财务指标之一，当公司的这个指标显著恶化时，公司实施违规行为的可能性较大，因此两类公司资产负债率的均值存在明显差异；此外根据我们的统计，违规公司资产平均为11.735亿元，明显低于正常公司40.385亿元，合理的解释是大公司由于内部公司治理较完善，外界关注度较高，发生财务违规可能性较小，审计风险较低；而规模较小的公司则与之相反，发生财务违规的可能性较大，审计风险较高，这与lys和watts结论一致。但与我们先前预想不一致的是，两类样本的审计费用并未显现出较大差异，我们对样本进行了分年度比较，发现两类样本审计费用的差异仍然不显著。我们初步判断可能是由于审计师在对违规公司的审计定价时并未将风险溢价考虑进去，或者这种风险溢价占审计费用的总体比例并不高，因而两类样本的审计费用总体差异并不大，审计师在定价时对哪一种违规变量可能较为敏感还需要进一步研究。

在进行多元回归分析之前，我们先对模型中所涉及的变量进行相关系数检验。相关系数统计表（限于篇幅，未报告）表明，各个解释变量之间的相关系数均小于0.5，自变量间不存在严重的共线性问题。违规变量的分年度描述性统计见表3。

表2　　　　　　　　　　　　　　　　式(1)中各变量描述性统计

| 变量 | | 全样本<br>（N=1850） | 正常公司<br>（N=1763） | 违规公司（N=87） | t-stat(mean) |
|---|---|---|---|---|---|
| Ln(Fee) | Mean | 5.668 | 5.670 | 5.630 | 1.539 |
| | Std. Deviation | 0.233 | 0.234 | 0.200 | |
| Ln(Asset) | Mean | 9.240 | 9.255 | 8.938 | 8.362*** |
| | Std. Deviation | 0.445 | 0.445 | 0.338 | |
| Sqs | Mean | 2.739 | 2.744 | 2.644 | 0.825 |
| | Std. Deviation | 1.489 | 1.507 | 1.082 | |
| Lev | Mean | 0.574 | 0.544 | 1.170 | -4.467*** |
| | Std. Deviation | 0.513 | 0.418 | 1.303 | |
| Inv | Mean | 0.170 | 0.172 | 0.124 | 4.430*** |
| | Std. Deviation | 0.144 | 0.146 | 0.097 | |
| Rec | Mean | 0.197 | 0.192 | 0.289 | -5.404*** |
| | Std. Deviation | 0.126 | 0.234 | 0.164 | |

注：*** 表示在1%水平上显著。

表3　　　　　　　　　　　　　　违规变量的分年度描述性统计

| 变量 | 2005年（N=51） | | 2006年（N=36） | |
|---|---|---|---|---|
| | Mean | Std. Deviation | Mean | Std. Deviation |
| Supvsor | 0.607 | 0.493 | 0.388 | 0.494 |
| Vltyear | 2.647 | 1.659 | 2.666 | 2.056 |
| Pbtype | 1.784 | 0.901 | 1.944 | 1.584 |
| Supbcnt | 8.117 | 5.014 | 7.888 | 7.509 |
| Cf | 0.117 | 0.325 | 0.111 | 0.318 |

## 2. 回归结果

在表4中，我们分别对正常公司和违规公司进行了回归。从F统计量和Adjusted $R^2$来看，两个模型均有显著统计意义，所有的方差膨胀因子都小于4，回归不存在严重的共线性问题。但样本1的F值（325.25）明显高于样本2的F值（9.13），样本1的Adjusted $R^2$值（0.52）也明显高于样本2的Adjusted $R^2$值（0.36）。回归结果表明传统的审计定价模型对正常公司拟合效果好于违规公司。除存货占总资产比例外，正常公司各变量都显著，这与已有的研究成果一致；而对于违规公司，资产负债率与审计定价之间的关系不再显著，并且子公司数量和应收项目占总资产比例的显著性也在下降。我们认为，对于存在财务违规的上市公司，传统的审计定价模型可能遗漏一些重要变量而导致部分变量不显著或显著性降低，同时也使得拟合后的F值和Adjusted $R^2$值明显低于样本1的回归结果。

表4　　　　　　　　　　　　　　　　　式（1）的回归结果

| 变量 | 预期符号 | 正常公司（N = 1763） | | 违规公司（N = 87） | |
| --- | --- | --- | --- | --- | --- |
| | | Coeff. | t-stat | Coeff. | t-stat |
| Ln(Asset) | + | 0.312*** | 31.32 | 0.330*** | 5.16 |
| Sqs | + | 0.039*** | 13.81 | 0.039* | 2.21 |
| Lev | + | 0.041*** | 4.41 | 0.023 | 1.50 |
| Inv | + | −0.020 | −0.75 | −0.048 | −0.26 |
| Rec | + | 0.086** | 2.63 | 0.226* | 2.15 |
| Intercept | | 2.628*** | 28.67 | 2.489*** | 4.42 |
| 年度变量 | | Yes | | Yes | |
| Adjusted $R^2$ | | 0.52 | | 0.36 | |
| Model F-stat | | 325.25 | | 9.13 | |
| P | | 0.000 | | 0.000 | |

注：***、**、*分别表示在1%、5%、10%水平上显著。

再次对样本2进行回归，同时在回归中加入违规变量supvsor，cf，vltyear，pbtype，supbcnt。由于不同时期监管环境存在差异，可能会造成不同时期的样本之间缺乏比较的依据，会影响到分析的可靠性，我们拟分年度进行回归，回归结果具体见表5。

表5　　　　　　　　　　　　　　　　　式（2）的回归结果

| 变量 | 符号 | 2005年（N = 51） | | 2006年（N = 36） | |
| --- | --- | --- | --- | --- | --- |
| | | Coeff. | t-stat | Coeff. | t-stat |
| Ln(Asset) | + | 0.261** | 2.60 | 0.259** | 2.88 |
| Sqs | + | 0.025 | 0.96 | 0.089** | 3.20 |
| Lev | + | 0.009 | 0.34 | 0.012 | 0.73 |
| Inv | + | 0.075 | 0.27 | −0.404 | −1.50 |

| 变量 | 符号 | 2005 年（N = 51） | | 2006 年（N = 36） | |
|---|---|---|---|---|---|
| | | Coeff. | t-stat | Coeff. | t-stat |
| Rec | + | 0.189 | 1.35 | 0.465 ** | 3.07 |
| Supvsor | + | 0.221 | 0.75 | 0.195 ** | 3.09 |
| Vltyear | + | 0.004 | 0.25 | − 0.036 * | − 1.89 |
| Pbtype | ? | − 0.009 | − 0.21 | − 0.050 * | − 1.75 |
| Supbcnt | + | 0.002 | 0.38 | 0.013 ** | 2.77 |
| Cf | + | 0.043 | 0.64 | 0.083 | 0.88 |
| Intercept | | 3.093 ** | 3.41 | 2.963 *** | 3.81 |
| 年度变量 | | No | | No | |
| Adjusted $R^2$ | | 0.13 | | 0.74 | |
| Model F-stat | | 1.79 | | 7.29 | |
| P | | 0.095 | | 0.000 | |

注：***、**、* 分别表示在 1%、5%、10% 水平上显著。

分年度的回归结果中所有的方差膨胀因子都小于 5，表明回归不存在严重的共线性问题，但由于不同时期监管环境的不同，所以 2005 年、2006 年的审计定价模型中变量的显著性有较大差异。我们发现变量 Ln( Asset) 始终显著，这也和 Simunic 以及后续其他学者的研究结论一致，即总资产是审计定价最重要的影响因素。从 2006 年的回归模型的 F 统计量和 Adjusted $R^2$ 来看，模型具有显著统计意义。审计定价与监管机构级别、违规涉及的公告数和处罚人员数呈显著的相关关系，符号也与我们预期相同，支持了我们的假设 H1、H3b、H4。只有违规持续时间变量 Vltyear 虽然显著，但系数出现了异常，总体拟合效果明显好于未加入违规变量之前。而 2005 年的回归结果中，解释变量的系数符号与我们预测完全一致，但监管机构级别、违规持续时间、违规涉及的公告数和处罚人员数等解释变量不再显著，与 2006 年的回归结果差异较大。一个可能的解释是，我国于 2006 年 1 月 1 日实施了修订后的《公司法》和《证券法》，在此前后，监管机构的监管尺度可能存在较大差异。在经过修订后的《公司法》和《证券法》实施之后，监管机构的监管行为更加规范、细化，更容易被注册会计师理解和甄别；同时，2006 年新审计准则所倡导的现代风险导向审计模式的实施促使注册会计师对审计风险更加敏感，最终使得会计师事务所的审计定价与多个违规变量存在显著的相关关系。而 2006 年 1 月 1 日之前，由于证券监管不规范，监管机构披露的公告中关于公司违规行为的描述难以真正反映企业违规行为的严重程度。因此，虽然违规变量的符号与我们预期的一致，但并不显著。

另一个值得注意的发现是，2005 年、2006 年的回归模型中，违规行为涉及的公告数的系数均为负值，我们认为主观故意违规的公司往往倾向于隐蔽实施违规行为，因此往往只在 1 ~ 2 个对外披露的公告中披露了相关事项，这样的公司往往风险更大；而非主观故意违规的公司缺乏隐藏动机，在多个公告中披露了违规行为，这样的公司反而被注册会计师评估为低风险，收取较低的审计费用。因此，违规行为涉及的公告数与审计定价显示为负相关关系。

## 五、结语

本文以 2005—2006 年非金融业的 A 股上市公司为研究样本，研究发现：（1）与 simunic(1980) 结论一致，对于正常公司，总资产、子公司数量、存货占资产比例、应收项目占资产比例等依然是会计师事务所定价考虑的重要因素；（2）对于违规公司，审计师的审计定价策略与传统的审计定价模型不一致，体现为传统模型中多个对审计定价有显著影响的变量变得不再显著或显著性降低，通过对违规公司的进一步分析，我们发现，2006年的审计定价与违规变量监管机构级别、违规持续时间、违规涉及的公告数和处罚人员数呈显著的相关关系；2005年的审计定价与这些变量之间的关系不显著。其原因除了不同年度监管环境存在差异外，可能是由于我国对投资者保护力度不够，民事赔偿制度未有效执行，审计师承担的实际民事责任十分有限，导致审计师虽然能够识别审计风险，但并没有在审计定价时要求体现风险溢价或者风险溢价在整体审计费用中所占比例过低。

本文的不足之处在于：（1）可能有部分上市公司处于被证监会和交易所立案调查阶段而尚未完全浮出水面；另外，数据库中少数被公告违规的公司数据缺失，无法纳入我们的样本中，这些因素会影响到每年的样本数量；（2）由于审计风险的含义太广，难以设计合适的实验变量加以检验，本文只检验了在监管机构发出违规处罚公告后，可能给会计师事务所带来的相关风险；（3）由于存在监管环境的差异，违规公司各年的审计定价与违规变量之间可能存在复杂的线性或非线性关系，难以用一个统一的模型描述，这也导致了我们的违规变量在2005年的回归模型中不显著。

本文的重要贡献在于提供了一种全新的视角检验我国资本市场上独立审计师对于审计风险的行为反应。本文的政策建议是应健全我国证券市场的民事赔偿机制，从法律上完善会计师事务所及其从业人员的法律责任，从而增强审计师的风险意识并力争将其体现在审计定价中，以便提高审计质量。我们的研究结论虽然不能对违规公司的审计收费作出精确定价，但对于我们认识审计市场中会计师事务所的定价行为，帮助会计师事务所合理识别并评估违规公司的审计风险，并进而争取风险溢价和严格审计程序具有一定的指导价值。同时，我们的研究也从侧面证实了修订后的《公司法》和《证券法》对于提升我国的监管机构的监管能力和帮助会计师事务所评估客户的审计风险具有积极作用。

（作者电子邮箱：lufan626@ sina. com；yymiao2006@ 163. com）

## 参考文献

[1]余玉苗，刘颖斐. 注册会计师审计定价模型中的风险溢价及其内在化研究[J]. 会计研究，2005，3.

[2]伍利娜. 盈余管理对审计费用影响分析——来自中国上市公司首次审计费用披露的证据[J]. 会计研究，2003，12.

[3]朱红军，章立. 审计费用的特征及其分析——来自沪市上市公司的经验证据[J]. 证券市场导报，2003，12.

[4]郝振平，桂璇. B股公司审计市场供给与需求研究[J]. 中国会计评论，2004，6.

[5]蔡吉甫. 公司治理、审计风险与审计费用关系研究[J]. 审计研究，2007，3.

[6]潘克勤. 公司治理、审计风险与审计定价——基于CCGINK的经验证据[J]. 南开管理评论，2008，1.

[7]Abbott, L.. J., Parker, S., and Peters, G. F.. Earnings management, Litigation risk, and asymmetric audit fee responses[J]. Auditing: A Journal of Practice and Theory, 2006, 25(1).

[8]Beatty R.. The economic determinants of auditor compensation in the initial public offerings market[J]. Journal of Accounting Research, 1996, 31(2).

[9]Beaulieu P. R.. The effects of judgments of new clients' integrity upon risk Judgments, Audit evidence, and fees[J]. Auditing: A Journal of Practice and Theory, 2001, 20(2).

[10]Bell, T. B., Landsman, W. R., and Shackelford, D. A.. Auditor's perceived business risk and audit fees:

Analysis and evidence[J]. Journal of Accounting Research, 2001, 39(1).

[11]Simunic, Dan A.. The pricing of audit services: Theory and evidence[J]. Journal of Accounting Research, 1980, 18(1).

[12]Hogan, C. E., and Wilkins, M. S.. Evidence on the audit risk model: Do auditors increase audit fees in the presence of internal control deficiencies? [J]. Contemporary Accounting Research, 2008, 25(1).

[13]Johnstone, K. M., and Bedard, J. C.. Risk management in client acceptance decisions[J]. Accounting Review, 2003, 78(4).

[14]Johnstone, K. M., and Bedard, J. C.. Earnings manipulation risk, Corporate governance risk, and auditors' planning and pricing decisions[J]. The Accounting Review, 2004, 79(2).

[15]Lyon John, D. Maher, and Michael, W.. The importance of business risk in setting audit fees: Evidence from cases of client misconduct[J]. Journal of Accounting Research, 2005, 43(1).

[16]Pratt, J., and Stice, J. D.. The effect of client characteristics on auditor litigation risk judgments, Required audit evidence, and recommended audit fees[J]. The Accounting Review, 1994, 69(4).

[17]Simunic, Dan A., and Stein, M. T. The impact of litigation risk on audit pricing: A review of the economics and the evidence[J]. Auditing: A Journal of Practice and Theory, 1996, 15.

[18]Seetharaman, A. F., Gul, F. A., and Lynn, S. G.. Litigation risk and audit fees: Evidence from UK firms cross-listed on US markets[J]. Journal of Accounting and Economics, 2003, 33.

[19]Lys, T., and Watts, R. L.. Lawsuits against auditors [J]. Journal of Accounting Research, 1994, Supplement, 32(3).

## Financial Fraud、Audit Risk Identification and Audit Pricing
## ——Based on the Evidence of Punishment Announcement in Chinese Stock Market

Lu Fan[1]   Yu Yumiao[2]

(1 Management school of  Guizhou University, Guizhou, 550027;

2 Economics and Management School of Wuhan University, Wuhan, 430072)

**Abstract**: This paper inspects the effect of punishment announcement from supervision institution to audit pricing. We find that audit pricing model to normal company is consistent with traditional empirical research, but audit pricing to those companies which commit financial fraud is different. We find variables which is significant in audit pricing model to normal company is not significant or significance delined when they are used in the model to financial fraud company. In further study, we quantify the information in punishment announcements and add it to audit pricing model. We find the grade of supervision institution, Duration of fraud, quantity of company announcement involving fraud and quantity of punished people is relative to audit pricing to financial fraud company.

**Key words**: Financial fraud; Punishment announcement; Risk identification; Audit pricing

# 企业财务状况对环境信息披露影响的实证研究

## ——以湖南上市公司为例

● 唐久芳[1]　　李启平[2]

（1，2 湖南科技大学商学院　湘潭　411201）

【摘　要】本文以湖南省上市公司为样本，采用 Logistic 模型研究上市公司财务状况对环境信息披露的影响。研究结论表明：公司盈利能力与环境信息披露正相关，盈利能力越强的公司越倾向于披露环境信息；企业规模与环境信息披露正相关，规模大的公司更有动力披露环境信息，以减少信息不对称而产生的代理成本；发展能力、上市公司的负债程度与环境信息披露负相关，但不显著。同时，重污染行业与环境信息披露正相关，重污染行业为向社会传递其主动承担环保责任的信息，环境信息披露比例高于非重污染企业，且披露的环境信息内容丰富。本文对提高环境信息透明度、规范上市公司环境信息披露提出了相应的政策建议。

【关键词】循环经济　环境会计　环境信息披露　财务状况

2009 年的《哥本哈根协议》，世界各国应对气候变暖达成共识——发展低碳经济。环境会计通过披露环境信息，将环境成本列入企业成本，列示企业的环境责任，改革和完善政绩监督考核体系，将增加资源、节约资源列入考核内容，促进低碳经济政策的落实。环境信息披露，引导企业将生产经营活动与环境保护活动结合起来，兼顾企业发展与环境保护，实现人与环境的可持续发展。本文以湖南省 2006—2009 年上市公司为样本，采用 Logistic 回归模型研究上市公司财务状况对环境信息披露的影响。

## 一、文献回顾

随着我国经济的持续高速发展，我国环境问题日显突出。亚当·斯密提出："当每个人追求个人财富最大化时，社会财富达到最大化。"亚当·斯密"三个最大化"（利润最大化、产量最大化和收入最大化）理论基石上的现代西方经济体系，没有以能源、资源、环境三者的边界约束条件为前提，因而在生态文明时代，显现出诸多弊端，其理论根基必然产生动摇。低碳经济是经济发展方式、能源消费方式。低碳发展不仅涉及传统的产业结构，而且改变人类传统的生活方式和消费方式，人类社会必将经历低碳农业→高碳工业→低碳社会的发展历程①。资源耗费与环境保护的"良性互动"问题，尽管可持续发展经济学、循环经济学、资源经济学和环境经济学为解决此问题，在理论研究方面取得巨大成就，但却未解决实践问题。而

---

① 鲍健强，苗阳，陈锋．低碳经济：人类经济发展方式的新变革［J］．中国工业经济，2008，4：1-3.

会计控制可以切实解决资源消耗结构问题，提高再生资源的消耗比重，降低污染型消费和环境成本，为改造"污染型经济"实现良性互动创造一个基础条件①。环境会计为会计学的一个分支，环境会计信息披露是治理环境的有效手段之一。

国家环境保护部先后亮出三把"利剑"——三项绿色经济政策："绿色信贷"（2007 年 7 月 30 日）、"绿色保险"（2008 年 2 月 18 日）和"绿色证券"（2008 年 2 月 25 日）。这三项绿色经济政策的颁布和实施，要求重污染企业进行环境信息披露。周一虹②研究了促使公司公布环境报告的压力，并通过对比环境报告鉴定的双重影响，揭示了公司自愿实施环境报告及其鉴定的内在必要性。肖华③研究了公共压力与公司环境信息披露之间的关系，公司的环境信息披露取决于时间和事件，解释为一种生存"正当性"辩护的自利行为，是对公共压力作出的反应。肖序④研究海外资本市场的 18 家上市公司，概括环境会计信息披露的具体形式有三种：在公司年度财务报告中披露、独立的环境报告形式进行披露、社会责任与其他活动合并披露。

## 二、研究假设和变量定义

1. 相关假设

假设 1：上市公司盈利能力越强，越倾向于披露环境信息。

公司的盈利能力强，表现在产品的市场需求大、业务扩张能力强、经营业绩突出、市场竞争能力强等方面，为满足公司规模的迅速扩张，需要大量的外部资本，同时获得更大的资本市场支持，因此对资金的需求也越大。公司自愿披露环境信息，向市场传达企业重视环境保护，履行企业社会责任，减少企业持续经营的环境风险，节能减排，降低环境成本。

假设 2：上市公司发展能力越强，越倾向于披露环境会计信息。

上市公司披露环境信息，向市场传达企业重视环境保护，履行企业社会责任信号，表明企业持续经营环境风险小。上市公司的每股收益越高，越有动力严格执行企业内部环境管理决策，变废为宝，对资源循环利用，降低能源消耗和排污成本。

假设 3：上市公司规模越大，公司越倾向于披露环境会计信息。

随着政府环境法规和环境管理标准的日趋严厉，规模较大的公司容易受到公众和政府的关注，树立良好的公众形象，吸引环保贷款，表明公司积极履行社会责任，大公司更愿意披露环境信息⑤。

假设 4：上市公司资产负债率越高，公司越倾向于披露环境会计信息。

银行通过绿色信贷限制污染项目，将有效促进符合产业政策的项目发展，确保环境保护与金融安全的双赢。原国家环保总局发布了绿色证券的指导意见，投资者和金融机构关心企业环境信息的披露，企业披露环境信息，有利于金融机构了解企业的环境状况。同时，资产负债率越高，上市公司越有动力披露环境信息，以满足债权人要求。

假设 5：属于重污染行业的上市公司，越倾向于披露环境信息。

① 郭道杨. 建立会计第二报告体系论纲[J]. 财会学习，2008，4：14-16.
② 周一虹，牛成喆，杨肃昌. 公司环境报告：压力、鉴定和双重影响[J]. 生态经济，2006，10：90-93.
③ 肖华，张国清. 公共压力与公司环境信息披露——基于"基于松花江"的经验研究[J]. 会计研究，2008，5：15-22.
④ 肖序. 环境会计制度构建问题研究[M]. 北京：中国财政经济出版社，2010：30-133.
⑤ Chow, C., and Wong-Boren, A.. Voluntary financial disclosure by Mexican corporations[J]. The Accounting Review, 1987，62（3）：553-541.

政府环保力度加大，重污染行业的上市公司将受到严格的环境监控，公司的环境压力增强，环境成本增加，公司愿意披露环境信息，便于相关利益者了解企业节能减排信息，有利于企业减少再融资成本，有利于企业可持续发展。

2. 变量选取

（1）被解释变量。被解释变量为上市公司是否披露环境信息，披露则取值 1，否则取值 0。凡企业披露与环境保护相关的信息则认为该企业披露了环境信息，如是否通过 ISO 14000 环境体系认证，是否披露环保费用、环保罚款、环保产品，或者相关金额等。

（2）解释变量。借鉴国内外对自愿性信息披露的实证研究，本文选取了公司盈利能力、资产负债率①、社会责任披露作为解释变量。

①公司盈利能力。净资产收益率是净利润与平均股东权益的百分比，是公司税后利润除以净资产得到的百分比率，该指标反映股东权益的收益水平，用以衡量公司运用自有资本的效率。指标值越高，说明投资带来的收益越高。本文选择期末净资产收益率（ROE），作为上市公司盈利能力衡量变量，研究上市公司盈利能力对环境信息披露水平的影响。

②公司发展能力。市净率是上市公司股票市价与每股净资产的比值。本文选择市净率作为上市公司发展能力衡量指标，研究上市公司发展能力对环境信息披露水平的影响。

③公司负债程度。在国内外的相关研究中，通常用资产负债率或产权比率指标来衡量公司的负债程度，契约理论认为随公司资本结构中债务比例的提高，股东侵占债权人利益可能性大。公司管理层有动力披露更多信息表明其愿意接受监督，增强债权人的信任，提高信用等级。本文选择资产负债率作为公司负债率的指标，研究公司负债程度对环境信息披露的影响。

（3）控制变量。本文选取公司规模、重污染行业作为控制变量，研究它们对环境信息披露的影响。

①公司规模。在国内外的相关研究中，通常都使用上市公司期末总资产金额来衡量上市公司的规模大小，也有学者用上市公司年度经审计的销售额来衡量上市公司的规模。还有一些研究中用股票市值作为公司规模的替代。比较来看，股票市值是一个外部变量，与市场关联度高，波动性大。总资产和销售收入属于内部变量，本文用主营业务收入的对数衡量公司规模。

②重污染行业。重污染行业是一个虚拟变量，如果上市公司属于 13 类重污染行业，则取值为 1；如果上市公司属于非 13 类重污染行业，则取值为 0。本文规定：冶金、化工、石化、煤炭、火电、建材、造纸、酿造、制药、发酵、纺织、钢铁、制革和采矿业为重污染行业，研究重污染行业上市公司对环境披露的影响。

# 三、样本选择、数据来源与模型建立

1. 样本选择

依据原国家环保总局对污染行业的暂定范围，13 类重污染行业为冶金、化工、石化、煤炭、火电、建材、造纸、酿造、制药、发酵、纺织、制革和采矿业。湖南省上市公司环境污染突出行业主要有酿造、化工、石化、电力、钢铁、制药、建材、纺织业、造纸业、有色金属 10 个行业，有上市公司 18 家，其他行业包括商业百货、电子信息、粮食及饲料、农林牧渔、发电设备、电子元器件制造业、传媒娱乐、酒店旅游、金属制品业、综合行业、摩托车、汽车制造等 17 个行业，有上市公司 29 家，其他行业对环境污染

① Eng, L. L., and Mak, Y. T.. Corporate governance and voluntary disclosure[J]. Journal of accounting and Policy, 2003, 22：325-345.

也有一定影响，披露环境信息的企业也多，符合样本要求。故本文选择湖南省的上市公司作为研究样本，2009 年上市公司为 47 家，年限为 2006—2009 年，剔除了缺失年报信息的企业，4 年共取得样本 175 个，检验环境信息披露的影响因素。本文所作环境信息披露的实证结果显示，2009 年环境信息披露比率总体较高，重污染企业披露环境信息比率明显高于非重污染企业。

2. 数据来源及数据处理方法

上市公司环境信息披露没有现成的数据或信息，笔者只能从 48 家公司 2006—2009 年的年报中手工搜寻，即从 48 份年报中搜寻自愿披露的环境信息及相关信息，按披露内容进行分类，并进行相关统计。本文数据来源于深市和沪市 A 股上市公司的年报，通过新浪财经网和中国证监会网站手工获得。相关财务数据和股票交易数据取自国泰安数据库和专业股票实时交易系统。本研究使用的统计软件包括 Manitable、Excel 等，其中基本数据的处理使用了 Excel、Word 等软件，描述性统计分析、Logistic 回归统计分析使用了 Manitable15 统计软件。

3. 模型构建

被解释变量为二分变量，取值 1 或 0；被解释变量和解释变量是非线性关系，一般的多元回归方程难以达到本文的目的。基于上述分析，本文采用 Logistic 回归模型，检验湖南省上市公司环境信息披露的影响因素。本文构建的模型为：

$$\text{Ln} = \frac{P(Y=1)}{1-P(Y=1)} = \beta_0 + \beta_1 \text{ROE}_i + \beta_2 \text{GROWTH}_i + \beta_3 \text{SIZE}_i + \beta_4 \text{LEV}_i + \beta_5 \text{POLLUTION}_i \quad (1)$$

其中，$P$ 为披露环境信息的概率，$i$ 代表 2006 年、2007 年、2008 年、2009 年的上市公司。表 1 对因变量和自变量作了定义和表述。

表 1                                    变量释义表

|  | 变量名 | 预计符号 | 定 义 |
|---|---|---|---|
| 被解释变量 | $Y$ |  | $Y=1$ 时表示披露环境信息；$Y=0$ 时表示未披露环境信息 |
| 解释变量 | ROE | + | 净资产收益率 |
|  | GROWTH | + | 市净率 |
|  | SIZE | + | 上市公司主营业务收入对数，反映公司经营规模 |
|  | LEV | + | 资产负债率 |
|  | Pollution | + | 上市公司属于重污染行业 |

## 四、实证结果分析

1. 环境信息披露的基本情况

（1）环境信息披露的企业数及披露的内容。表 2 列示了样本企业披露的情况，披露信息包括一切与环境污染有关的信息。剔除无年报的企业，有相关环境信息披露的企业数为 175 家，2009 年环境信息披露比率总体披露比率为 87.23%，重污染企业披露环境信息比率为 88.89%，明显高于非重污染企业。

表2　　　　　　　　　　　　　湖南省上市公司环境会计信息披露统计表

| 行　业 | 2006 年 | | | 2007 年 | | | 2008 年 | | | 2009 年 | | |
|---|---|---|---|---|---|---|---|---|---|---|---|---|
| | 企业数量 | 披露 | 披露比率 | 企业数量 | 披露 | 披露比率 | 企业数量 | 披露 | 披露比率 | 企业数量 | 披露 | 披露比率 |
| 重污染行业 | 15 | 11 | 73.33% | 18 | 17 | 94.44% | 18 | 17 | 94.44% | 18 | 16 | 88.88% |
| 非污染行业 | 25 | 14 | 56% | 25 | 13 | 52.00% | 27 | 20 | 74.07% | 29 | 25 | 86.21% |
| 合计 | 40 | 25 | 62.5% | 43 | 30 | 69.77% | 45 | 37 | 82.22% | 47 | 41 | 87.23% |

（2）环境信息披露内容综合分析。对披露内容进行整理之后，将相关环境信息归类，见披露项目统计表3。

表3　　　　　　　　　　　　　　环境会计信息披露项目统计表

| 披露项目 | ISO 累计通过 | 环保投资 | 环保计划 | 环保费用 | 循环经济 | 环保收入 | 专项拨款 | 环保部门 | 环保产品 | 社会责任报告 |
|---|---|---|---|---|---|---|---|---|---|---|
| 2006 年 | 1 | 3 | 18 | 9 | 1 | 1 | 6 | 0 | 5 | 0 |
| 2007 年 | 2 | 4 | 21 | 8 | 5 | 1 | 6 | 2 | 7 | 0 |
| 2008 年 | 3 | 3 | 22 | 10 | 9 | 2 | 4 | 2 | 7 | 1 |
| 2009 年 | 5 | 7 | 31 | 10 | 11 | 1 | 7 | 2 | 7 | 6 |

注：环保费用指公司为治理环境问题或提供环境水平而付出的费用，如环境保护费、绿化费、排污费等，或因环境问题而被罚款。从表中可以看出，上市公司中披露环保收入的公司少。表中还有其他环境信息指标未列出，因为披露企业少，故未纳入描述统计，如三废处理情况，受环境政策影响及经营面临的环保压力等。

　　环境信息披露形式有两种：公司年度财务报表中披露及社会责任报告中披露。表2显示，2008年湖南省46家上市公司的环境信息披露比率71.74%，重污染行业高达83.33%，未公布环境信息的企业并不多，披露内容倾向于环境方针、环境计划和环保费用，截至2009年累计通过ISO14001环境管理体系的企业只有5家，占全部企业的比率不到11%，这类企业更愿意披露环境信息。从环境信息披露的形式来看，披露环境信息不规范，48家企业公布的环境信息，没有两家是完全一致的，仅有5家企业有2009年度社会责任报告。有的企业在董事会报告中披露环境信息，有的企业在相关利益者中披露环保政策，有的企业在未来展望中披露企业的环保方针；有的企业排污费包含在环卫清洁绿化费中，有的企业单独列示政府补助和补贴收入用于环保治理的专项拨款。仅有部分企业专门列出排污费、绿化费等项目，有的企业在营业外收入、其他业务收入项目中披露环保收入。环境信息披露不规范，不方便环境信息需求者使用。

　　2. 描述性统计

　　表4是对样本数据的描述统计，被解释变量的均值为76%，说明湖南省上市公司环境信息披露中有3/4以上的样本披露了相关信息，披露比率比较高。

表4                        **总体样本描述性统计表**

| 变量 | N | 平均值 | 平均值标准误 | 标准差 | 最小值 | 中位数 | 最大值 |
|---|---|---|---|---|---|---|---|
| $Y$ | 175 | 0.7600 | 0.0324 | 0.4283 | 0.0000 | 1.0000 | 1.0000 |
| ROE | 175 | − 0.183 | 0.213 | 2.813 | − 37.061 | 0.053 | 0.519 |
| GROWTH | 175 | 4.380 | 0.524 | 6.928 | − 41.588 | 3.852 | 51.789 |
| SIZE | 175 | 20.764 | 0.0990 | 1.310 | 18.069 | 20.743 | 24.754 |
| LEV | 175 | 0.5184 | 0.0157 | 0.2076 | 0.0882 | 0.5160 | 1.3594 |
| Pollution | 175 | 0.3943 | 0.0370 | 0.4901 | 0.0000 | 0.0000 | 1.0000 |

3. 多变量回归分析

解释变量的筛选策略为强制进入策略,即所有解释变量强行进入回归方程。表5列示了强制回归模型中各个回归系数的指标。

表5                              **Logistic 回归表**

| 自变量 | 系数 | 系数标准误 | $Z$ | $P$ | 优势比 | 95% 置信区间 | |
|---|---|---|---|---|---|---|---|
| | | | | | | 下限 | 上限 |
| 常量 | − 2.67353 | 3.19469 | − 0.84 | 0.403 | | | |
| ROE | 0.157787 | 0.271019 | 0.58 | 0.56 | 1.17 | 0.69 | 1.99 |
| GROWTH | − 0.0522387 | 0.0312778 | − 1.67 | 0.095 | 0.95 | 0.89 | 1.01 |
| SIZE | 0.203908 | 0.1602985 | 1.27 | 0.203 | 1.23 | 0.90 | 1.68 |
| LEV | − 0.989061 | 1.02232 | − 0.97 | 0.333 | 0.37 | 0.05 | 2.76 |
| Pollution | 1.21877 | 0.436779 | 2.79 | 0.005 | 3.38 | 1.44 | 7.96 |

注:对数似然 = − 87.413.

检验所有斜率是否为零:$G = 18.053$,$DF = 5$,$P = 0.003$.

从表5中可以看出,污染行业在5%的显著性水平上显著,假设5通过了显著性验证,表明污染行业对上市公司披露环境信息具有显著影响。盈利能力、发展能力、公司规模和资产负债率没有通过显著性验证,假设1、假设2、假设3和假设4未得到验证。但整个方程的 $P$ 值为0.003,表明模型在整体上是显著的。

预测模型为:

$$\text{Ln} = \frac{P(Y=1)}{1-P(Y=1)} = -2.67353 + 0.157787\text{ROE}_i - 0.052239\text{GROWTH}_i +$$

$$0.203908\text{SIZE}_i - 0.989061\text{LEV}_i + 1.21877\text{Pollution}_i \quad\quad (2)$$

4. 回归结果解释

从预测模型中可以看出,上市公司的规模对环境信息披露影响最大,其次是重污染行业。

(1)公司盈利能力对环境信息披露的影响。公司盈利能力与环境信息披露正相关,与原假设相符,但 $P$ 值太大,没有通过显著性检验。可能的解释是公司为了盈利,愿意披露环境信息,以促进公司盈利,但公司盈利的因素是复杂的,因而盈利能力对环境信息披露的影响不显著。

(2)公司发展能力对环境信息披露的影响。公司发展能力与环境信息披露负相关,与原假设不符,没有通过显著性检验。可能的解释是公司为了获取快速发展，不愿意披露不利于公司发展的信息，以回避对公司的不利影响。

（3）公司规模对环境信息披露的影响。回归模型表明公司规模与环境信息披露显著正相关，与预期假设相符，但 $P$ 值太大，没有通过显著性验证，规模越大的公司更有动力披露环境信息。

（4）资产负债率对环境信息披露的影响。上市公司的负债程度与环境信息披露负相关，与原假设不符，没有通过显著性检验。目前，我国资本市场环境准入机制还不成熟，对于上市公司的环保监管存在缺失，而我国上市公司债权人与股东对其利益的保护意识不强，而投资者则更看重公司的投机价值，不重视环境保护的投资风险。

（5）重污染行业对环境信息披露的影响。回归模型表明重污染行业与环境信息披露正相关（$P$ = 0.005），在其他条件不变的情况下，与预期假设相符，通过显著性验证，重污染行业的公司倾向披露环境信息，企业履行环境责任，减少企业环境风险。

## 五、结论与建议

### 1. 结论

（1）对环境信息披露的重视程度。2008 年披露环境信息的企业比率为 71.74%，2009 年披露环境信息的企业比率为 87.5%，明显高于 2008 年，重污染企业环境信息的内容比非重污染企业丰富，环境信息披露比例明显高于非重污染企业，国家重视节能减排，加大污染环境的处罚力度。从 2009 年 5 月开始，环保部通报污染企业名单，增加污染企业再融资门槛，重污染企业从自身利益角度考虑，更重视环境信息披露。

（2）环境信息披露的影响因素。重污染行业与环境信息的披露显著正相关。重污染行业对环境信息披露影响最大，重污染行业的公司，主动披露环境信息，可以传递企业承担社会责任的信息，披露环境信息并未降低盈利能力，公司注重环保同时也能取得良好的业绩。盈利能力越强的公司越愿意披露环境信息，以获取更多的盈利；规模越大的公司越有动力披露环境信息，以减少信息不对称而产生的代理成本。由此，披露环境信息能树立公司良好的社会形象，减少政治成本。发展能力、资产负债率与环境信息的披露负相关。有些变量不显著。

（3）环境信息披露的不足。2009 年 47 家企业，没有 1 家企业达到碳零排放。2008 年仅电广传媒披露了社会责任报告，电广传媒通过媒体宣传、贯彻国家环境保护法规政策，倡导人人保护环境，建设节约型社会，减少一次性资源的使用，有效发挥了传媒作用。2009 年有 6 家公司披露企业社会责任，其中电广传媒连续两年披露社会责任报告，中联重工披露社会责任内容详细，分 8 章阐述社会责任，内容主要有综述、股东和债权人权益保护、职工权益保护、低碳经济与科学发展、担当社会责任等，篇幅达 27 页，其他公司均在 6 ~ 11 页。

总的来说，湖南省上市公司的环境信息披露情况较好，但披露内容不容乐观。

①披露内容定性多，定量少。环境信息披露内容多以文字叙述，定性内容多，定量内容少。没有单独列支环保投资，单独列支环保收入、支出只有 2 家企业，而且用营业外收入、其他业务收入列示，没有列出环保收益。如在董事会报告中提出要提高环保水平，为相关利益者而重视环境保护，但公司预算中并未显示环保措施及环保费用。

②披露形式不统一。我国环境信息披露基本上是公司自愿披露，未规范环境信息披露的格式，更没有单独的环境报告表。环保费用五花八门，名称有排污费、绿化费、污水处理费等多种，有的在其他业务支出中列支，有的在排污费、防洪费中列支。因此，披露的内容和格式缺乏规范，环保成本、环保收入披露不规范，不利于投资者利用公司环境信息进行循环经济决策。

## 2. 政策性建议

实证结果表明，大型公司受环境信息披露压力大，具有更强的信息披露自愿性，但披露内容并不理想。由于我国资本市场环境准入机制还不成熟，没有及时公布一些受过环境处罚的公司的处罚信息，上市公司本身存在着重大的资本风险，投资者无法作出正确的判断。我国外部投资者对环境信息的要求不高，导致部分公司有机会回避对公司不利的环境信息，仅披露利好信息。同时，缺乏具体的强制性披露规范，环境信息主要是非财务方面的。因此，为了规范环境会计信息披露，制定针对重污染行业的环境信息披露准则势在必行。具体建议如下：

（1）尽快推出环境信息披露指导意见。我国上市公司信息披露制度是强制性信息披露，此制度对提高上市公司信息披露质量，提高证券市场有效性发挥着至关重要的作用。但强制性披露制度本身也有局限性，需要自愿性信息披露的补充和扩展。尽快推出《上市公司自愿性信息披露指导意见》，可以对上市公司自愿性环境信息披露进行有效评价，强化公司治理和企业社会责任。

（2）加强环保监管力度。政府环保机构应明确规定企业的环境管理责任，敦促企业进行有效的循环经济管理。政府环保机构与证监会联合执法，敦促企业寻求适合自身发展的循环经济模式，减少资源的一次性耗费、降低能耗。

（3）规范环境信息披露格式。上市公司环境信息是自愿性披露，披露形式不规范，不利于连续反映公司环境信息披露质量，更不利于投资者查阅上市公司环境信息。中国证监会应规范上市公司环境信息披露，如明确在财务报表中披露哪些内容，在报表附注中披露哪些内容，在损益表中如何列支环境投资的收益、支出，以便于核实环境投资成本、收益，增加污染企业再融资的绿色成本，促使企业积极创新循环经济模式。

（4）提高公众的环保意识。通过大众媒体，提高公众对环境保护的关注，使投资者从关心投资效益与风险角度，关注公司环境信息的披露。我国上市公司的信息披露体系已日趋完善，但中国证监会未要求上市公司在年报中披露公司的循环经济的业绩等相关信息。因此，我们必须培育投资者的环境意识，将环境因素作为投资评判的重要标准，使用预防和综合治理的方式来替代末端治理；尽可能地增加产品的使用寿命，减少不必要的废弃，增加物质的有效循环利用；通过变废为宝来减少末端处理的负荷问题；降低环境成本，要求上市公司披露环境信息，推动环境信息的积极披露。

## 3. 研究局限性

本文仅对湖南省上市公司提取样本，2006—2009 年取得样本 175 个，样本数量有限。本文研究意图在于验证公司的财务状况对环境信息披露的影响，该省 2009 年环境信息披露比率为 87.5%，由于湖南省是两型社会建设的试点省份，对企业环保门槛要求高，而且该省的重污染企业有 18 家，所以环境会计信息披露比例高。本文未对其他省份的上市公司进行实证研究，与湖南省上市公司进行对比分析，以验证其环境信息披露的影响因素，这将作为今后的研究方向。

（作者电子邮箱：jftang2005@163. com）

# Study on Environmental Disclosure of A-share Listed Companies：

## Evidence from Experimental Data of Hunan Province

Tang Jiufang[1] Li Qiping[2]

(1, 2 Business School of Hunan University of Science and Technology, Xiangtan, 411201)

**Abstract**：The paper selects A-share listed companies of Hunan Province of China. Using Logistic model, we research the impact of financial performance of listed companies upon environmental reporting. The conclusion of the study shows that there are correlation between profitable firms and reporting environmental information. The more profitable companies more like to disclose environmental information. Moreover, the size of Listed companies are correlation to reveal environmental information. Large companies will have ability to disclose environmental information so as to reduce the agency costs arising from information asymmetry. Development capacity and the liabilities degree of listed companies are negative correlation to environmental information disclosure, but it is not significantly. Furthermore, heavily polluting industries are related to environmental disclosure, they deliver their active social responsibility of environmental protection. Their environmental information disclosure is higher than in non-heavily polluting enterprises. Their environmental information contents reported by heavy pollution corporations were rich. This paper also offers policy recommendations that we should enhance environmental information transparency and regulate environmental information reporting of listed companies.

**Key words**: Circular economy; Environmental accounting; Environmental disclosure; Financial situations

# 研发型企业财务管理的对策与创新研究*
## ——基于施耐德电气中国研发中心的管理实践

● 余　婕

（上海外国语大学贤达经济人文学院　上海　201104）

【摘　要】随着企业研发投入的加大和研发型企业的蓬勃发展，如何规范和优化财务管理及进行财务管理模式的创新就成为研发型企业亟待探讨和解决的新课题。本文首先分析了我国研发型企业财务管理的现状——缺乏以战略和价值链为导向的财务管理意识和缺乏系统、实时的财务管理过程控制。然后以世界五百强企业施耐德电气中国研发中心的财务管理实践为例，剖析了其围绕公司战略开展财务管理工作的创新性思路，探讨了其建立全方位实时财务管理系统的方略，并通过案例的分析得出了研发型企业加强财务管理的启示。

【关键词】研发型企业　财务管理　施耐德研发中心

## 一、引言

现代经济增长理论表明，技术创新是经济增长的重要源泉，研发则是科技创新与进步的主要手段和动力。越来越多的企业管理者意识到：知识和新技术已经成为生产的支柱，成为经济增长的决定因素，面对新经济形势下的全球市场竞争，只有在产品品种、性能及生产技术上不断创新，才能使企业立于不败之地。正因为意识到这一点，企业管理者纷纷加大在研发方面的投入以期获得新的利润增长点。

国外优秀大企业的内部结构现状表明，新产品、新技术的研发，已在本企业中成为一个相对独立的系统，较普遍的是以研发中心的方式运作。由研发中心完成的研发技术成果成为企业获得高额利润的最重要基础，研发活动已成为企业当之无愧的战略价值链[①]。然而，不少企业抱着科技兴业的愿望将大量资金投入研发项目，却缺乏有效的、与不确定性研发活动相适应的财务管理措施，从而不同程度地制约了企业的发展。为此，如何规范和优化企业的财务管理及进行财务管理模式的创新就成为研发型企业亟待探讨和解决的新课题。

## 二、我国研发型企业财务管理的现状分析

我国研发型企业现行的财务管理思路、体制和模式还比较滞后，与我国快速提高的研发水平及项目管

---

＊ 本文是上海高校选拔培养优秀青年教师科研专项基金项目"基于柔性视角的企业财务管理方法研究"（项目批准号：xdc10012）的阶段性研究成果。

① 王兵. 企业 R&D 管理会计决策支持系统的分析与设计[J]. 哈尔滨商业大学学报（自然科学版），2004，2：247-248.

理水平尚不匹配。尤为体现在：

## （一）缺乏以战略和价值链为导向的财务管理意识

长期以来，研发型企业的财务管理基本上游离于企业财务管理系统之外，其原因在于人们将其作为一块"特区"来对待，导致研发过程的价值管理弱化甚至失控①。目前，诸多研发型企业的财务管理模式是以营运资金管理为主的日常性财务管理，主要停留在技术层面，企业财务管理的目标是力求保持"以收抵支"，而这种日常性的财务管理模式是建立在传统制造型企业基础上的，以货币、实物等物质资本的筹集、运用为核心内容，这种财务管理模式不能满足研发型企业具有高投入，高风险特点对财务管理的新需求②。

从根本上说，研发何种产品是基于整个企业的战略发展而确定的，研发的全过程是一项研发行为和价值创造相统一的过程，如图1所示。针对研发的特性，研发型企业的财务管理就应当站在战略实施的角度，关注价值创造链条上的关键环节，紧密围绕公司战略和价值链开展财务管理活动，但目前许多研发型企业忽视了这一重要财务管理意识的树立。在研发活动中，只重视研发成功的概率及研发过程的行为管理，而忽视研发过程的价值管理，较少从效益角度去考虑研发的经济性；在理财的活动中，也容易形成重财务轻管理的局面。

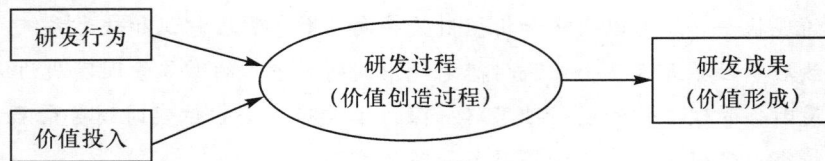

图1　研发过程价值链简图

## （二）缺乏系统、实时的财务管理过程控制

研发型企业的财务管理往往只注重项目前的投资决策和项目后的财务分析评价，这种只抓两头的财务管理模式体现了财务管理机制的缺失，可能导致财务监督职能的弱化，研发经济效益的降低，研发风险的增加。研发型企业面临着来自技术、市场、内部管理、财务等诸多方面的风险，并且这些风险贯穿于研发活动的始终。如果没有一套有效的财务管理过程控制系统，就会使得企业时常不加防范地暴露在各种高风险中，因此，预算管理、资金使用管理、成本控制等都应成为研发型企业财务管理不可或缺的内容。

研发型企业项目多而复杂，项目周期各不相同，对各个项目的研发资金流向进行全程实时的管理控制需要借助先进的管理信息系统，要求既能将研发项目的预算纳入其中，又能包含预算使用情况的跟踪、日常资金的审批、投资审批、物资使用管理、项目的进程管理等，还能用于财务分析与预测。然而，很多研发型企业缺乏合适的系统软件辅助管理，对管理信息系统的使用仅仅停留在对研发资金的账务处理层面，从而无法有效地将财务管理活动渗透到研发的全过程中去，弱化了财务管理在项目管理中的作用。

## 三、施耐德研发中心的案例研究与分析

施耐德电气是世界五百强企业之一，是一家专业致力于电气工业领域的跨国公司。施耐德电气中国研

①　梁莱歆. 企业研发预算管理：现状·问题·出路[J]. 会计研究，2007，10：67-72.
②　弓锋伟. 我国高新技术企业财务管理模式的现实选择[J]. 财务与金融，2010，4：65-66.

发中心(以下简称"施耐德研发中心")是施耐德电气全球五大研发中心之一,是一家从事能源和自动化产品研究与开发的研发型企业。以下将结合施耐德研发中心开展财务管理活动的实践,探讨研发型企业加强财务管理的对策和创新思路。

**(一)围绕公司战略开展财务管理工作的创新性思路**

1. 确立以战略为导向的财务管理思路

施耐德研发中心在如何实施财务管理的问题上,以公司的使命作为分析问题的出发点,结合公司的价值观,以基于远景的战略定位作为指导思想,围绕如何实施战略来开展财务管理工作。施耐德研发中心以战略为导向的财务管理定位推导见图2。确立以战略为导向的财务管理,有助于提高财务管理工作的全局观和分析问题的系统性,提高实施财务管理的工作效率。

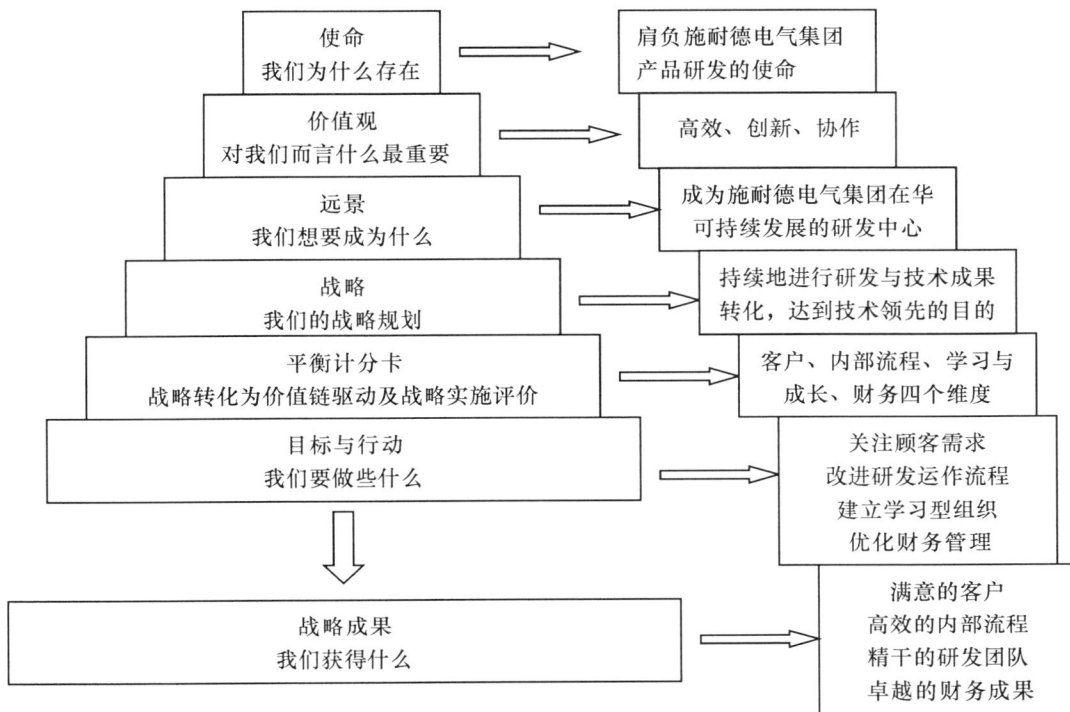

图2　施耐德研发中心以战略为导向的财务管理推导图

2. 根据公司战略确定财务管理的工作重心

施耐德研发中心意识到,对于研发型企业而言,虽然其财务管理活动与其他类型企业一样,也包括筹资管理、投资管理和利润分配管理等诸多方面,但与其他类型企业的不同之处在于,研发型企业的战略核心是,持续地进行研究开发与技术成果转化,力图形成企业核心自主知识产权,并以此为基础开展经营活动,提高核心竞争力,从而达到使企业技术领先的目的。由于研发过程中资金投入一般较大,投资过程中受许多不确定性因素的影响,具有很大风险,所以投资管理在研发型企业的财务管理中占据着尤为重要的位置①。如图3所示。

基于战略的考虑,研发的投入成为财务管理关注的重点,延伸来看,研发效益也就相应地成为财务管

---

① 官小春. 加强高新技术企业 R&D 的财务管理[J]. 企业技术开发,2005,7:84-85.

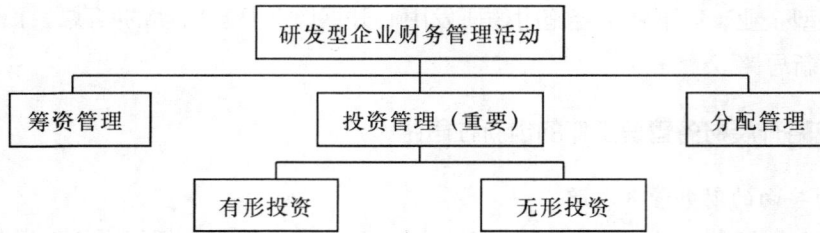

图3　研发型企业的财务管理活动

理工作关注的重点。研发效益是指研发过程中的研发投入与研发产出的对比。研发产出主要包括研发成果和财务成果，研发投入主要包括有形投资和无形投资。研发效益用公式可表示为：

$$研发效益 = \frac{研发成果 + 财务成果}{有形投资 + 无形投资}$$

如进一步用图形分解的方法来分析施耐德研发中心研发效益的基本内容则如图4所示。运用该图形分解的分析思路，清晰地明确了影响研发效益的关键因素，图形上的各个关键点分支，就成为财务管理工作应特别关注的内容。

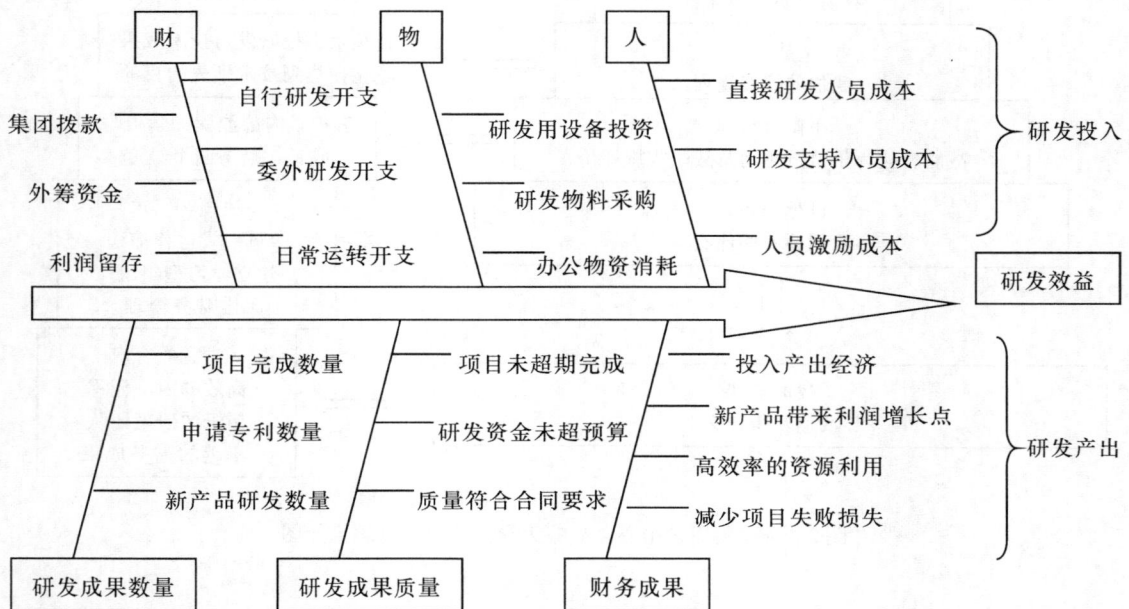

图4　施耐德研发中心研发效益基本内容示意图

## （二）建立全方位的实时财务管理过程控制系统

### 1. 强化事前的财务决策

研发是一项充满风险的业务活动，研发型企业可能面临着由于研发成果向生产工艺和新产品转化失败而导致的技术风险，也可能面临由于新产品销售不出去或迅速被替代而导致的市场风险，还可能面临由于研发投资预算和投资回收不确定而导致的财务风险。因此，在研发活动的事前计划阶段，财务参与决策是非常有必要的。为此，施耐德研发中心强化了财务预测和财务预算的工作。

第一，充分重视财务预测，强化投资决策分析，对于各项投资均结合约束条件严格做好财务的可行性分析。施耐德研发中心的投资分析侧重在两个层面：其一是项目层面上的项目投资分析。在每个项目立项之前，均要求项目申请单位作出全面的项目投资经济业务分析，包括项目持续期、投入产出分析、内部收益率和投资回报率的计算，还包括资金来源、利率、汇率、成本和市场等的不确定性因素的分析等。其二是项目进行过程中固定资产购置的单项投资分析。对于重大的设备购置，即便属于项目预算范围内的投资，也要求申请单位作出购置或租赁的经济分析及可替代性资产购置选择的经济分析，以帮助公司管理层理性地作出最优决策。

第二，作好全面预算管理。基于研发活动的特性，公司财务预算模式是三维立体式的，即，从项目、费用、时间三个维度进行全面预算管理。从项目维度来说，分别按研发项目作出每个项目的资金预算；从费用维度来说，对各个项目按费用明细分别作出预算；从时间维度来说，鉴于每个项目的起始时间和持续期都不一样，公司还制定一定期间范围内的资金总预算进行统筹规划。

另外，公司还意识到，由于研发活动具有高度的不确定性，导致其财务状况与财务需求具有极大的不确定性，这就要求财务管理应具有一定的柔性，以便解决研发活动过程中由不确定性导致的各种突发性财务需求，降低财务风险①。为此，柔性管理的思想被适时地引入到公司的预算管理中，公司积极运用弹性预算和滚动预算，及时根据项目情况动态地更新预算。

2. 完善事中的财务控制

完善事中的财务控制主要体现在对研发资金的控制方面。对于公司的各项开支，施耐德研发中心制定了严格的审批程序，一方面，严格按照预算规定的范围使用，对超预算的项目要求申请者进行合理性分析，并建立例外审批程序严格把关；另一方面，按照研发项目归集核算研发资金，对研发资金的使用进行跟踪管理，使研发资金的日常核算与使用控制相结合。公司还结合财政部《关于企业加强研发费用财务管理的若干意见》（财企［2007］194号），对特定期间的研发费用按下面表1所列示的方法归集，并据此考核预算使用情况。

表1　　　　　　　　　　　　　　研发费用归集表

| 研发项目<br>费用内容 | A | B | C | D | E | … | n | 各研发项目费用合计 |
|---|---|---|---|---|---|---|---|---|
| 内部研发费用 | ΣA | ΣB | ΣC | ΣD | ΣE | … | Σn | ΣA ＋…＋Σn |
| 其中：人员人工 | A1 | B1 | C1 | D1 | E1 | … | n1 | A1 ＋…＋n1 |
| 直接投入 | A2 | B2 | C2 | D2 | E2 | … | n2 | A2 ＋…＋n2 |
| 折旧费用与长期费用摊销 | A3 | B3 | C3 | D3 | E3 | … | n3 | A3 ＋…＋n3 |
| 设计费 | A4 | B4 | C4 | D4 | E4 | … | n4 | A4 ＋…＋n4 |
| 装备调试费 | A5 | B5 | C5 | D5 | E5 | … | n5 | A5 ＋…＋n5 |
| 无形资产摊销 | A6 | B6 | C6 | D6 | E6 | … | n6 | A6 ＋…＋n6 |
| 其他费用 | A7 | B7 | C7 | D7 | E7 | … | n7 | A7 ＋…＋n7 |
| 委托外部研发费用 | Σa | Σb | Σc | Σd | Σe | … | Σn | Σa ＋…＋Σn |
| 其中：境内的外部研发费用 | a1 | b1 | c1 | d1 | e1 | … | n1 | a1 ＋…＋n1 |
| 境外的外部研发费用 | a2 | b2 | c2 | d2 | e2 | … | n2 | a2 ＋…＋n2 |
| 研发费用合计 | ＝内部研发费用＋委托外部研发费用 | | | | | | | |

---

① 赵湘莲. 对高新技术企业 R&D 财务管理柔性的思考［J］. 科技进步与对策，2006，11：73-74.

## 3. 优化事后的财务评价

财务评价是以会计核算资料和经济业务资料为起点，运用专门的技术手段，计算相关指标，对企业的财务状况、经营成果和未来前景进行分析评价与合理预测的一种制度和方法，它能为企业的经营管理决策提供帮助。施耐德研发中心根据研发业务的特点，对研发活动的财务评价从以下三个切入点着手：

第一，财务评价过程设置合理的指标体系及指标的合理范围或经验值，并据此进行财务分析。通过对指标实际值与合理范围或经验值的对比分析，力求达到以下目的：（1）及时纠正偏差，发现存在的问题，保证研发活动的有效进行；（2）根据差异分析，明确对原项目方案和财务预算可作哪些调整；（3）对研发项目的成功可能性作出预测。

第二，做到及时评价，使财务评价成为经常性的行为。这是由于，研发过程时间跨度大，而外界环境变化迅速。如果由于财务评价的滞后导致应该中止的投资项目还在继续投资或应该加大投资的项目却仍按部就班，则会使公司不是浪费了资金就是错失了开发新产品、新技术的良机。

第三，财务评价力求具有前瞻性。即财务评价的方法，既要评价研发的当前绩效，又力求预测研发的未来前景。为此，公司强化了对新产品带来的利润增长点的专项分析，计算并比较企业新产品研发成本利润率和销售利润率的高低，确定其中的利润增长点，作为公司决定发展方向的重要依据。

施耐德研发中心意识到，由于研发活动的复杂性和特殊性，仅使用单一的财务评价指标可能无法全面客观地反映企业研发的真实情况。因此，公司充分利用了平衡计分卡，紧密围绕公司的研发战略，从财务、内部流程、客户、学习与发展等多个维度出发，设计了一套财务指标和非财务指标相平衡、内部指标和外部指标相平衡的研发绩效评估的综合指标体系，从而全面系统地对研发活动进行客观评价。其中，从战略角度出发，财务维度的评价指标体系包含投入产出评价、新产品评价、效率评价、项目失败评价等四个战略主题。各类指标汇总如表 2 所示：

表 2　　　　　　　　　　　　　**研发费用财务评价指标体系**

| 战略主题 | 战略目标 | 考评指标 | 指标说明 |
| --- | --- | --- | --- |
| 投入产出 | 投入产出经济 | 研发投入的回报率 | 产出利润 ÷ 研发总成本 |
| | | 研发成本的销售百分比 | 研发总成本 ÷ 企业销售总额 |
| | | 总资产报酬率 | 产出利润 ÷ 企业总资产 |
| 新产品 | 新产品带来利润增长点 | 新产品研发成本的销售百分比 | 新产品的研发成本 ÷ 新产品销售额 |
| | | 新产品销售额百分比 | 新产品销售额 ÷ 企业销售总额 |
| | | 新产品研发的时间百分比 | 从事新产品研发的时间 ÷ 总研发时间 |
| | | 成本节约率 | 因应用新技术而带来的成本节约 ÷ 产出利润 |
| 效率 | 高效率的资源利用 | 研发平台利用率 | 考核资产利用效率 |
| | | 研发投入时间效率 | 研发工作的投入时间 ÷ 总工作时间 |
| | | 研发人员创造价值的效率 | 企业销售总额 ÷ 研发工作的投入时间 |
| | | 研发费用预算使用效率 | 考核预算使用情况 |
| 项目失败 | 减少项目失败损失 | 研发成功率 | 研发成功项目数 ÷ 总立项项目数 |
| | | 失败成本率 | 失败项目的投入成本 ÷ 研发总成本 |

## 四、施耐德研发中心的实践对我国研发型企业加强财务管理的启示

启示一：研发型企业如何结合企业实际情况加强财务管理至关重要。具体来说，意义在于：第一，能够完善企业的内部控制，有效地控制研发活动的风险，提高投资的经济效益和研发资金的使用效益，促进企业科学发展和可持续发展；第二，有益于及时、客观、公正地对公司绩效进行评价，帮助公司理性地作出各项决策；第三，有利于对研发人员的绩效评价，增强对研发人员的激励；第四，能够提高研发人员控制研发成本、关注财务管理的意识。

启示二：研发型企业的财务管理应是一个贯穿研发业务全过程的渗透性工作，事前决策、事中监控、事后评价缺一不可。在研发的规划中，财务借助科学的预测和预算参与决策是必不可少的；在研发的过程中，必须监控研发资金的使用是否合理，程序是否合规，效益是否显著；在研发过程中及研发结束后，还要进行及时的财务评价，分析业务的经济性。

启示三：研发型企业的财务管理并不单单是财务部门的工作，而是一项需要研发部门与财务部门共同推进的工作，需要双方分工协作，相互配合。例如，在研发活动的财务评价指标体系中，对于研发投入时间效率、研发人员创造价值的效率的指标计算都要依赖于对研发工作投入时间的统计，即研发部门要对每个研发人员参与各个项目的工作时间做好统计，这是一项需要全员参与的基础性工作；再如，研发部门应与财务部门就研发费用范围的认识达成一致，以使研发部门在项目立项预算书中按照与财务部门日后归集、核算和分析研发费用相一致的口径进行计算，这样将有利于对研发资金使用的全程规范统一管理。

总而言之，企业的研发活动与日俱增并蓬勃发展，这是良性的发展趋势，但对于部分研发型企业来说，内部管理的水平尚未跟上企业的发展速度，特别是财务管理仍是一个非常薄弱的环节。研发型企业若要提高自身的核心竞争能力，就必须科学有效地加强财务管理，企业应当结合自身情况，积极实践、创新和探索，开发一套适合本企业实际的财务管理方法。

（作者电子邮箱：echo. yujie@ hotmail. com）

## 参考文献

[1] 张汉宏. 对高新技术上市公司 R&D 财务管理的若干思考 [J]. 会计之友，2007，8.

[2] Alan S. Dunk, and Alan Kilgore. Top management involvement in R&D budget setting：The importance of financial factors, Budget targets, and R&D performance evaluation [J]. Advances in Management Accounting, 2003, 11.

**Innovation and Countermeasure Research of Financial Management in R&D Enterprises**
**—Based on the Management Practice of Schneider Electric China R&D Center**

Yu Jie

(Xianda Economics and Humanities College of Shanghai Foreign Language University, Shanghai, 201104)

**Abstract**：With the increase of R&D investment and the rapid development of R&D enterprises, how to regulate and optimize the financial management and R&D enterprises financial management model innovation to become urgent issue. This paper analyzes the financial management of R&D enterprises status-lack of the strategic and value chain-oriented financial management awareness and lack of systematic, real-time control of the financial management process. Then the paper presents the example of how Schneider Electric China R&D center practice its financial management. At the end of the paper, enlightenment of how R&D enterprises strengthen financial management is obtained.

**Key words**: R&D enterprises; Financial management; Schneider electric China R&D center

# 产品市场竞争、经理人激励与
# 公司治理绩效研究

● 刘焕蕊

（苏州大学商学院　苏州　215021）

【摘　要】对于企业外部治理的绩效问题，中外文献一般从三个理论角度进行研究：产品市场竞争、产权理论与公司治理理论。研究表明，现有的理论观点都有其片面性，对企业治理绩效的全面的研究需要将企业内部治理和外部治理系统结合起来进行综合考察。因此，本文试图从产品市场竞争这一外部治理机制角度，通过内部因素中的经理人激励这一传导机制来探讨产品市场竞争程度对公司治理绩效的影响。

【关键词】产品市场竞争　公司治理　公司业绩

## 一、引言

经理人约束和激励一直是困扰现代公司内部治理的两大难题。对于处于转轨时期正在完善现代企业治理制度的中国来讲，如何降低代理成本，促进经理人有效激励更是一个关键问题。如近年来，公司内部和外部治理结合研究越来越备受关注，尤其是通过产品市场竞争机制来考察"内部人"控制问题。由于现代企业中委托—代理关系的普遍存在，委托人对经理人的激励问题就显得非常突出，因此，通过产品市场竞争促进经理人激励，进而提高企业治理绩效问题的研究仍不失为一个重要的研究内容。

通过公司治理安排，能够对内部人实现有效的激励和约束，纵观文献，现有公司治理和经理人激励之间关系的研究主要基于经理人持股比例（Shleifer & Vishny，1986）、经理人薪酬（Korr & Kron，1992）和公司业绩（Fershtman & Judd，1987）等视角，并得出了一些有意义的研究结论，尽管这些研究结论因强势或弱势市场而导致不太一致。但普遍认为，经理人薪酬、持股比例、公司规模和经营业绩等与经理人激励呈正相关关系。与此同时，在公司的内部治理机制之外，还存在一些同样可以制约内部人的外部机制，最重要的就是产品市场竞争。Schmidt（1997）通过一个没有隐藏信息的模型观察到，竞争的加剧可能会导致公司破产，从而威胁到公司的生存。在经理人风险中立且有收入约束的前提下，为避免自己在公司破产时受到惩罚（失去收入、丧失机会），经理人往往会作出更大的努力来减少企业未来的预期成本，以提高企业的经营效率。那么，对于转轨中的中国经济，产品市场竞争和公司内部治理这两种不同的机制在提高对经理人的激励方面具有怎样的关系呢？国内现有的研究并没有给出一致的答案。

本文基于沪交所的数据，采用 2005 年上市公司的相关数据对产品市场竞争、经理人激励效率与公司治理绩效之间的关系进行了探讨。结果表明，公司治理结构的合理安排能够对经理人激励产生促进作用，而产品市场竞争则在不同条件下对公司治理机制起到互补和替代的作用,充分的产品市场竞争能够促进经理人激励机制的有效发挥,从而提高公司内部治理绩效。这一结论意味着,在中国当前的制度背景下,要提高对经理人的激励效率,有必要完善上市公司的治理结构,并综合考察行业产品市场竞争情况为上市公司选择适合的公司治理机制。

本文的主要贡献表现为两个方面:其一,本文借鉴欧美国家强势市场的研究方法结合中国转轨经济的特点,将产品市场竞争、经理人激励与公司治理绩效纳入一个分析框架,为深刻理解转轨中国家半强势市场中公司内外部治理问题提供了数据验证;其二,本文基于沪交所也披露的公司治理数据,得出了有参考意义的结论,对于加强产品市场监管,完善公司内部和外部治理结构,提高上市公司治理绩效具有重要的政策意义。

本文的结构安排如下:第二部分对相关文献进行了简要回顾和提出假设;第三部分对研究样本与变量进行了界定;第四部分以中国沪交所上市公司为例,采用 Logistic 模型对产品市场竞争、经理人激励与公司治理绩效之间的关系进行实证分析;最后得出本文的结论和政策含义。

## 二、相关文献回顾和研究假设

### (一)产品市场竞争与经理人激励的相关研究

产品市场竞争的公司治理效应动力机制研究主要受到了合约理论和激励理论发展的影响。相关理论认为,企业内部激励问题产生的根源是信息不对称。信息不对称主要表现为:一是经理人拥有更多的关于需求与成本的信息;二是经理人的行为是难以观察的。由于信息的不对称性,经理人就有机会追求个人目标,导致管理松懈以及 X 非效率等现象。因此,公司治理的主要任务就是要解决信息不对称条件下对经理人的有效激励问题,而产品市场竞争的重要作用就是降低信息的不对称性,进而增强对经理人的激励来提高企业效率。

产品市场竞争可以促进对经理人的激励最早是从亚当·斯密提出的信息假说角度研究的。亚当·斯密认为,由于竞争的过程和结果能够以最经济的方式揭示信息,因而竞争是一种自然的和有用的激励机制。随后,Holmstrom(1982),Nalebuff 和 Stiglitz(1983)研究发现,市场中竞争的企业越多,不对称性信息的影响就越少,基于相对业绩的经理报酬与其个人努力之间的关系就越密切,因此也就越能够充分调动经理的工作积极性。在产品市场竞争导致清算威胁假说的研究中,Grossman 和 Hart(1982)发现,产品市场竞争的任何变化既会影响对经理人的激励,也会影响破产风险。如果存在破产风险,则经理人便有更强的动机去努力减少破产风险和企业未来的预期成本,以提高企业的经营效率。此外,Schmidt(1997)通过一个没有隐藏信息的模型观察研究也得到了相似的结论。而 Scharf Stein(1988),Bertoletti 和 Poletti(1997),Meyer 和 Vichers(1995)以及 Schmidt(1997)等学者研究发现,由于各企业同时受到市场的影响,因此如果市场中存在许多企业,那么企业间的业绩比较就可以消除市场波动的影响,从而使所有者可以识别经理人的能力与努力。Hart(1983)以及 John Vickers 和 George Yarrow(1988)等学者甚至把竞争对于绩效的影响归结为一种激励机制和发现机制。从上述角度讲,竞争为委托人提供了信息来源,使激励机制(对经理人的努力)反应更加敏感,进而促进了公司治理的有效性。在信誉激励假说研究方面,Holmstrom(1982)研究发现,有了产品市场竞争的比较,经理人市场的信誉机制就可以更好地发挥作用,因为当股东可以获得有关经理人业绩更充分的信息时,经理人就必须更加努力地工作,才能树立良好的声誉。Casadesua 和 Spulber(2002)通过研究也发现了声誉对于公司治理的有效性,认为声誉可以节约大量的交易成本。信誉机制是行为主体出于维持长期合作关系的考虑而放弃眼前利益的一种行为激励机制。在竞争的市场中,声誉是市场对有关个人行为和能力等方面信息的综合反映。经理人必须关注自己的声誉，才会有人愿意聘任他，进而获得更高的报酬。

因此，产品市场竞争对经理人的激励主要可以概括为信息作用和约束作用。产品市场竞争所增强的信息作用是通过更有效的相关绩效评价和经理声誉来发挥作用的。竞争企业间的产出正相关性会削弱环境不确定性造成的经理人信息优势，使所有者更易识别经理人的努力程度。由于经理人拥有剩余索取权，竞争促进的经理努力与其报酬和声誉之间的强相关性会降低经理的偷懒程度。产品市场竞争对经理的约束作用通过竞争实现的企业价格下降、经理偷懒"保护层"（垄断租）减少和公司破产可能性提高对经理人的激励。

### （二）经理人激励与企业治理绩效的相关研究

从理论上讲，将经理人管理公司的绩效与同行业的其他企业进行比较，可以过滤掉行业风险因素的影响。如果以相关绩效来确定企业经理人的报酬，那么企业的道德风险问题就会随着产品市场竞争程度的提高而减轻，经理人的努力水平和企业的绩效就会提高。因此，此方面研究主要集中在对经理人补偿激励。Fer shtman 和 Judd（1987）分析了一个由利润和销售收入组成的线性激励合约计划的古诺竞争模型，发现如果一个经理人被要求销售收入最大化，那么他将成为具有攻击性的厂商，从而使企业在与竞争对手的竞争中享有斯坦尔伯格领导者优势。Vicente CuÌat 和 Maria Guadalupe（2003）则分别考察了在价格竞争和数量竞争下，相关绩效评价的策略效应和风险分担效应。他们研究发现，在风险分担和策略性竞争下，产品市场上的数量竞争有利于实施经理人补偿计划的企业提高绩效，而在价格竞争时，运用相关绩效评价，则要考虑策略性竞争与风险分担目标之间的冲突。Aggarwal 和 Samwick（1999，2006）以及 Raith（2003）等人分别构建了以相对利润和相对成本作为相关绩效评价依据的激励合同，从公司价值和公司绩效等方面关注其与产品市场竞争的关系，也得出了产品市场竞争有利于提高经理人努力水平和企业绩效的结论。Esther 和 Galor（1993）则重点分析了企业内部组织中的分权与经理报酬计划设计，以及它们与寡头市场策略性竞争的互动关系。他们得出企业内部组织形式的选择会影响企业在产品市场上的策略地位和竞争对经理人具有"数量效应"、"努力效应"和"信息效应"两个结论。

### （三）产品市场竞争、经理人激励和治理绩效的相关研究

结合经理人激励针对产品市场竞争与公司绩效关系进行的研究不是很多，且大多与 Jensen 和 Murphy（1990），Aggarwal 和 Samwick（1999）以及 Raith（2003）的文献有一定的联系。如 Fond 和 Park（1999），Karuna（2005）以及 Bettignies 和 Baggs（2005）研究发现，产品市场竞争与经理人激励正相关，产品市场竞争能够降低股东监督的边际成本，提高努力水平，但是激励合同中的相关绩效评估对公司绩效似乎并不产生很大的影响。CuÌat 和 Guadalupe（2004）以美国金融业为样本，研究发现在签订了补偿合同的情况下，产品市场竞争与公司绩效呈正相关关系。而 Grosfeld 和 Tressel（2001）以华沙证券市场上市公司为样本，分析了产品市场竞争和公司治理对公司绩效的影响结果发现产品市场竞争和良好的公司治理绩效是相互约束的。

通过上述文献分析发现，已有文献主要从产品市场竞争对公司绩效的影响方面展开的，并且几乎所有的实证检验都支持产品市场竞争与公司绩效和经理人激励呈正相关关系。但也有一些学者持有不同意见。如 Hermalin（1992）研究发现，由于经理人通常对委托人的激励合同具有很大的讨价还价能力，随着竞争的加剧，委托代理问题会趋于减轻，但经理人的财富也同时趋于减少。由于风险规避是财富的函数，竞争会减少经理人的财富从而影响激励效果。Brander 和 Spencer（1989）以及 Panunzi（1994）的研究也证实了竞争与经理人激励之间呈负相关关系。

但笔者认为，现有文献对于产品市场竞争的研究多以西方成熟市场为研究对象，由于西方产品市场在发展阶段和微观结构上与我国产品市场存在较大差异，因此，西方学者关于西方产品市场竞争的研究成果

对我国的适用性有待进行实证检验。对于转型中的发展中国家的产品市场竞争问题实施的本土化研究还较为不足，一些有关我国产品市场竞争的公司治理效应的独特性还未被揭示。如产品市场机制对我国不同性质企业所具有的公司治理效应、产品市场竞争在我国国有企业改革中的治理效应等。在国内，具有代表性的研究是谭云清等在 Hotelling 模型基础上，以中国 2004—2005 年上市公司为样本进行实证检验，其研究结果也只是表明，产品市场竞争与经理报酬激励之间存在显著互补关系。因此，迫切需要结合我们转轨时期的经济特征，进行有关产品市场竞争的公司治理效应研究。产品市场竞争作为现代公司治理机制的重要组成部分，其机制在于通过产品市场竞争度来激励及筛选经理。Scharfstein（1988）和 Schmidt（1997）认为在这种自然的激励与筛选机制下，市场竞争主体越多，代理人与所有人间的信息不对称现象就越少，经理报酬与其努力程度也就越密切，其工作积极性就能够调动，经理的能力与努力就可以通过企业间的业绩比较来识别。根据上述理论分析，本文提出如下假设：

假设 1：在其他控制变量不变的情形下，充分的产品市场竞争与经理人的报酬激励有显著影响。

通过上述文献分析，发现在欧美强势市场竞争条件下，经理人激励对公司治理绩效有着显著的影响。虽然上述文献主要是以西方发达市场为基础进行研究的，但对转轨中的中国来讲也有合理的成分。胡一帆、宋敏和张俊喜①通过对中国 5 大城市 7 个行业的 700 多家公司在 1996—2001 年运营情况的调查数据，分别从单因素效应、多因素效应以及它们之间的相互作用三个方面，深入研究了产品市场竞争对公司治理绩效的重要性。研究发现：在产权与公司治理，以及产权与竞争之间，存在着某种程度的替代性。结果表明，对企业经营绩效的全面研究需要将产品市场竞争、产权和公司治理三方面结合起来进行综合考察。牛建波和李维安②通过对我国上市公司研究表明，不同公司治理机制与产品市场竞争之间存在不同的内在关系，比如，股权结构与产品市场竞争存在互补关系，董事会特征与产品市场竞争存在替代关系，即产品市场竞争结合完善的股权结构和替代董事会特征有可能提升公司治理的绩效。那么，当把股权结构和董事会特征作为控制变量时，在影响公司治理绩效上，产品市场竞争有可能和经理人激励机制存在一定的替代或互补关系。基于上述分析，本文提出如下假设：

假设 2：在影响公司治理绩效上，充分的产品市场竞争与有效的经理人激励机制呈替代关系，即充分的产品市场竞争能提高公司治理绩效。

## 三、研究假设和回归模型

### （一）主要变量定义

为进行后文的实证研究，本文首先构造了竞争（Competition）、经理人激励（Managerial Incentives）和公司绩效（Firm Performance）变量。对这些变量的详细描述如下：

1. 产品市场竞争

现有产业组织理论文献最常用于反映市场竞争强度的指标是行业的市场集中度比率（CRn）以及交叉价格弹性等。由于集中度比率指标（CRn）所度量的是行业中最大的 n 家厂商的产出占行业总产出的比例，所以它反映不出企业间行为的相互影响程度，因此难以准确地衡量行业中企业间的竞争强度；而全体企业定价资料常常难以获取，所以，交叉价格弹性指标也难以准确计量。而国际上流行的赫芬达尔—赫希曼指数

---

① 胡一帆，宋敏，张俊喜. 竞争、产权、公司治理三大理论的相对重要性及交互关系[J]. 经济研究，2005，9：43.
② 牛建波，李维安. 产品市场竞争和公司治理的交互关系研究——基于中国制造业上市公司 1998—2003 年数据的实证分析[J]. 南大商学评论，2007，1：83-103.

（HHI）指数则合理地反映了产业的市场集中程度。当产业可容纳的企业数目一定时，赫芬达尔指数越小，一个产业内相同规模的企业就越多，产业内企业之间的竞争越激烈，企业行为的相互影响程度就越大。因此，赫芬达尔指数越小，说明市场竞争强度越大；指数越大，竞争强度越小。为此，本文依据现有的文献研究，借鉴伊志宏（2010）等人的做法，采用企业数目（N）和赫芬达尔—赫希曼指数（HHI）两个指标来衡量产品市场竞争强度。在数据处理上，我们同样沿用伊志宏（2010）等人的做法，通过查阅 2005 年的相关数据，根据三级行为分类，以及各行业规模超过 10 亿的企业数目作为变量 N，分别计算各行业的 HHI 指数，最终得到 2037 个样本数据，比较详细地反映了中国产品市场的竞争程序。

2. 经理人激励

公司内部治理的核心是约束和激励内部人按照投资者的利益行事。有关经理人激励的文献研究大部分都集中在研究高管激励问题。与高管激励密切相关的因素主要涉及三个方面：高管持股比例、董事会持股比例和高管薪酬。因此，根据已往文献的研究，在影响经理人激励方面，本文主要从高管薪酬（Salary）方面进行考察。

3. 公司治理绩效

对于公司治理绩效，一般从金融与财务角度分别用托宾 Q 值与净资产收益率（ROE）、总资产收益率（ROA）、人均销售额（SPE）、人均利润率（RPE）、总资产周转率（AT）等指标来量化，鉴于我国股票市场的弱有效性，本文从财务角度选择净资产收益率（ROE）变量来衡量公司绩效。

4. 控制变量

根据常规研究和本文的研究的需要，本文选择资产规模（Asset）、股权结构（考虑到我国上市公司普遍存在国有股独大，股份过度集中的股权特征，本文把控股股东持股比例作为主要对象）、产权性质（State）和负债水平四大因素作为控制变量。

表 1 列示了本文所使用变量的具体定义及计算方法：

表1 变量定义

| 变量 | 变量定义 |
|---|---|
| 产品市场竞争度（HHI） | $HHI = \sum \left(\frac{X_i}{X}\right)^2$ |
| 公司治理绩效（ROE） | 期末净利润/期末净资产 |
| 高管薪酬（SALARY） | 上市公司报表公布的数据 |
| 资产规模（ASSET） | 期末的总资产 |
| 股权集中度（$HERF_{10}$） | 前十大股东的持股比例 |
| 产权性质（STATE） | 属于虚拟变量，分国有与其他等 |
| 负债水平（DEBT） | 期末的债务总额 |

注：期末主要是指报告期，一般以年报为准。

（二）模型设计

根据假设与变量的选择，本文建立以下模型分别检验上述假设，进而考察产品市场竞争度与公司治理绩效、经理人激励的关系。

$$SALARY = \beta_1 + \beta_2 HHI + \beta_3 ASSAET + \beta_4 HERF_{10} + \beta_5 CONTROL + \beta_6 DEBT \qquad (1)$$

$$ROE = \alpha_1 + \alpha_2 HHI + \alpha_3 ASSAET + \alpha_4 HERT_{10} + \alpha_5 CONTROL + \alpha_6 DEBT \qquad (2)$$

## （三）样本选取与数据来源

按照证监会 2005 年发布的《上市公司行业分类指引》，本文在计算 HHI 时剔除了金融保险类、容量小、ST 类企业，样本总量为 2038 个，涵盖 11 个大类行业。所有数据来源于国泰君安研究中心 CSMAR2006 年数据，基本数据的描述性统计如表 2 所示：

表2 变量的描述性统计

| 变量名 | 样本数 | 均值 | 标准差 | 最大值 | 最小值 |
|---|---|---|---|---|---|
| HHI | 2037 | 0.142635445 | 0.1997946294 | 0.7608130 | 0.0073600 |
| ROE | 2037 | 0.0206530688 | 0.81393992401 | 13.52277600 | −20.32997 |
| SALARY | 2037 | 0.229244354 | 0.2212697564 | 1.0000000 | 0.005000000 |
| ASSET | 2037 | 21.150748 | 0.9816507 | 26.082 | 17.8045 |
| $HERF_{10}$ | 2037 | 27.300419 | 17.2622277 | 69.0900 | 0.70971 |
| STATE | 2037 | 0.690828402 | 0.46226603879 | 1.000000 | 0.00000001 |
| DEBT | 2037 | 20.409644 | 1.1670107 | 26.06234 | 15.01579 |

# 四、实证分析

通过检验，我们发现各变量与 HHI 间都存在正相关关系。表 3 提供了变量间的相关关系。所设定模型的回归结果见表 4：

（1）回归 2 证明了经理人薪酬与产品市场竞争度间的正相关关系，而且显著性水平提高至 5%，这说明在我国上市公司的经理层内，薪酬的提高在某种程度上是源于激烈的产品市场竞争，因为公司要增强竞争力必然需要合格的经理人。如回归 1 所述，通过破产与声誉机制可以减少经理人的"懈怠"行为，而较高的薪酬则是在产品市场竞争中发现与筛选合格经理人的有效机制。但实证中表明两者相关关系的系数较小，在统计上仅表示两者变化的趋势。

（2）对于假设 1，ROE 与 HHI 呈正相关关系，弱显著（显著性水平为 10%）时通过检验，这说明公司治理绩效受多方面的影响，但仍说明 HHI 对公司绩效的有效性，是一种较为公平的激励机制。如前所述，产品市场的作用机制主要在于通过价格机制发送盈亏信号，在破产威胁与声誉机制的共同约束下促使经理人减少"懈怠"行为，保证其对公司治理的积极效应。

表3 变量间的相关系数

| ROE | SALARY | $HERF_{10}$ | CONTROL | DEBET | ASSET | | HHI |
|---|---|---|---|---|---|---|---|
| 1.000 | −0.0069 | −0.006 | 0.02008 | −0.022676 | −0.0118 | −0.018 | ROE |
| | 1.000 | −0.057 | −0.01796 | −0.029143 | −0.0089 | −0.017 | SALARY |
| | | 1.000 | 0.001156 | −0.031871 | −0.023 | 0.103 | $HERF_{10}$ |
| | | | 1.000 | 0.020509 | 0.663 | 0.005 | CONTROL |
| | | | | 1.000 | 0.557 | 0.0645 | DEBET |
| | | | | | 1.000 | 0.0486 | ASSET |
| | | | | | | 1.000 | HHI |

表4 回归基本数据

| 变量 | 回归(1) | 回归(2) |
|---|---|---|
| 常数 | 0.285(0.402)** | 0.346(0.109)* |
| HHI | 0.058(0.091)* | 9.166E−05(0.025)** |
| ASSET | 0.006(0.025)* | 0.004(0.007)* |
| DEBT | 0.020(0.021)** | 0.009(0.006)* |
| $HERF_{10}$ | 0.0001(0.0001)* | 0.001(0.00089)*** |
| STATE | 0.037(0.039)** | 0.008(0.011)*** |
| R-squared | 0.111215 | 0.237 |
| Durbin-Watson | 2.013558 | 1.69 |
| F-statistic | 12.491 | 15.50 |

注:*、**、***分别表示显著性水平为10%、5%、1%(双尾)。

## (三)稳健性检验

本文计算 HHI 时选取的是 11 个行业,但从《上市公司行业分类指引》来看,由于制造业的复杂性,它共分 21 个行业,为验证表 4 回归结果的可靠性,必须增加 10 种回归,本文列出其中之二(回归 1、回归 2),结果表明回归没有改变结果,这与蒋荣和陈丽蓉①的研究结果基本一致。

表5 回归数据结果

| 变量 | 回归(1) | 回归(2) |
|---|---|---|
| 常数 | 0.0185(0.312)** | 0.0346(0.219)** |
| HHI | 0.058(0.091)** | 0.1365(0.005)* |
| ASSET | 0.00126(0.0221)* | 0.00204(0.0027)* |
| DEBT | 0.016(0.0201)** | 0.0019(0.0106)* |
| $HERF_{10}$ | 0.00021(0.00021)* | 0.00091(0.000489)** |
| STATE | 0.00237(0.0116)** | 0.00108(0.0611)*** |
| R-squared | 0.09106 | 0.08921 |
| Durbin-Watson | 1.701 | 1.4556 |
| F-statistic | 10.191 | 11.205 |

注:*、**、***分别表示显著性水平为10%、5%、1%(双尾)。

## 五、结论和政策含义

从回归中我们不难发现,公司绩效与产品市场竞争度间确实存在正相关关系,但实证结果也表明,公司绩效是多种因素综合作用的结果,要提高公司绩效、提高产品市场竞争度是其必要条件。同时,回归结果也表明,提高产品市场的竞争度可以间接地替代经理人激励机制。此外,谭云清、刘志刚和朱荣林②通

---

① 蒋荣,陈丽蓉. 产品市场竞争治理效应的实证研究:基于 CEO 变更视角[J]. 经济科学,2007,2:52.
② 谭云清,刘志刚,朱荣林. 产品市场竞争、管理者激励与公司绩效的理论与实证[J]. 上海交通大学学报,2008,42(11):1823-1826.

过 Hotelling 模型分析和中国上市公司实证检验发现，产品市场竞争和管理者激励能有效提高管理者努力水平，促进公司营运效率的提升，并且产品市场竞争与管理者激励互为补充地作用于公司绩效，竞争越激烈，管理者激励的改善对于提高公司绩效的边际效率越高。本文的研究跟谭云清等的研究得出了相似的结论。因此，在我国的上市公司中，产品市场竞争度的提高会促使企业人才选拔机制创新，是人才的优劣识别方式中最有效率的一种方式。

（作者电子邮箱：lhr000@126.com）

## 参考文献

[1] 牛建波，李维安. 产品市场竞争和公司治理的交互关系研究——基于中国制造业上市公司 1998—2003 年数据的实证分析[J]. 南大商学评论，2007，1.

[2] 刘志彪，姜付秀，卢二坡. 资本结构与产品市场竞争强度[J]. 经济研究，2003，7.

[3] 胡一帆，宋敏，张俊喜. 竞争、产权、公司治理三大理论的相对重要性及交互关系[J]. 经济研究，2005，9.

[4] 谭云清，韩忠雪，朱荣林. 产品市场竞争的公司治理效应研究综述[J]. 外国经济管理，2007，1.

[5] 谭云清，朱荣林. 产品市场竞争、代理成本及代理效率：一个经验分析[J]. 上海管理科学，2007，4.

[6] Holmst rom. Moral hazard in teams[J]. Journal of Economics，1982，13.

[7] Nalebuff Barry，and Joseph Stiglitz. Information，competition and markets[J]. American Economic Review，1983，73.

[8] Scharfstein David. Product market competition and managerial slack[J]. RAND Journal of Economics，1988，19.

[9] Schmidt Klausl. Managerial incentives and product market competition[J]. Review of Economic Studies，1997，64.

[10] Hart Oliver. The market mechanism as an incentive scheme[J]. Journal of Economics，1983，14.

## Empirical Analysis of Product Market Competition、Managerial Incentives and Corporate Governance

Liu Huanrui

（Dongwu Business School of Soochow University，Suzhou，215021）

**Abstract**：There exist three views in the comparative literature on the efficiency of state-owned versus private enterprises：competition，ownership，and governance. Each view emphasizes on one aspect while ignoring others. These findings suggest that the views are indeed incomplete by themselves，and a complete package requires some combination of these determinants. So，the paper try to answer the relationship among corporate performances，managerial salary managerial markets competition based on the data of listed companies. It will be better to promote corporate governance and market competition.

**Key words**：Product market competition；Corporate governance；Corporate performance

# 控制层级、股权制衡与超控制权收益<sup>*</sup>

## ——基于中国上市公司的实证研究

● 刘立燕[1]　　熊胜绪[2]

（1 江汉大学商学院　武汉　430056；2 中南财经政法大学　武汉　430064）

【摘　要】对 2005—2007 年发生控制权转移的沪深上市公司的实证研究发现，上市公司金字塔结构控制层级与控股股东超控制权收益显著正相关，并且非国有最终控制人利用金字塔结构实施侵害的动机更明确；而无论对国有还是非国有最终控制人，其他独立大股东的存在能够有效抑制控股股东攫取超控制权收益的水平。研究给我们的启示是，缩短控股股东的控制链条、简化控制结构，有助于抑制其攫取超控制权收益的行为，与之相应应通过相应政策措施激励控股股东实施归核化战略、实现集团公司及其子公司的整体上市，既有助于抑制其攫取超控制权收益的动机，也能促使其获取更大更合理的收益。此外，还应构建对最终控制人有效的股权制衡结构。

【关键词】超控制权收益　金字塔结构　控制层级　股权制衡　归核化战略

## 一、序言

超控制权收益的概念是在控制权收益的基础上提出来的。多数学者将控制权收益定义为控股股东对中小股东利益的侵害，是一种掏空公司的行为。刘少波[①]在论证控制权收益具有合理性的基础上，将控制权收益定义为"是控制权成本的补偿，是控制权的风险溢价，它的实现载体是控制权作用于公司治理绩效改进所产生的增量收益，与大股东侵害无关"。在此基础上，他明确提出了超控制权收益的概念，指出"作为对中小股东和其他利益相关者造成侵害的，依托控制权的行为能力、与控制权成本补偿无关而为大股东强制获取的超过控制权收益以上的收益，是一种超控制权收益"。刘立燕、熊胜绪[②]从企业能力理论的视角指出，"控股股东是基于其独特的组织能力获取控制权收益，这种控制权收益具有合理性，它是对控制性股东卓越组织能力的回报，以及组织过程中的控制权成本的补偿"；而超控制权收益则是控股股东组织能力之外的权力滥用和钻法律的漏洞所获得的一种非生产性回报，具有不公平性、隐蔽性和不可持续性，表现为对中小股东和其他利益相关者的侵害和掠夺。因而，中小股东和利益相关者权益的保护，应在承认

---

＊ 本文是 2010 教育部人文社科青年项目（项目批准号：10YJC790170）的阶段性成果。感谢 2010 年中国会计学会财务管理专业委员会年会上武汉大学陈冬博士的点评，当然文责自负。

① 刘少波. 控制权收益悖论与超控制权收益——对大股东侵害小股东利益的一个新的理论解释［J］. 经济研究. 2007，2：85-96.

② 刘立燕，熊胜绪. 控制权收益与超控制权收益：基于企业能力理论的视角［J］. 经济与管理，2010，8：74-78.

控股股东合理收益的前提下，遏制超控制权收益。

文献研究表明，上市公司的金字塔控制结构是亚洲国家的普遍现象，在我国更有超过七成的上市公司处在金字塔控制结构中[①]。金字塔结构使控股股东可以充分利用杠杆效应，用较少的投入控制较多的资源，并通过建立内部市场节省交易费用、规避风险，寻求协同效应。但这种结构也产生了严重的负面效应，一方面，它为控股股东利用错综复杂的关联交易获取超控制权收益的"隧道行为"提供了基础条件；另一方面，研究也显示这种结构并没有带来效率的必然改善。

本文试图通过对我国 2005—2007 年间发生控制权转让的上市公司的实证研究，检验上市公司所处金字塔结构的控制层级、公司股权制衡程度与控股股东超控制权收益之间的关系。

本文的结构如下，第二部分在理论分析的基础上提出研究假设，第三部分描述了本文变量设计和样本来源，第四部分为统计分析结果，最后给出了研究结论和启示。

## 二、理论分析与研究假设

### （一）金字塔结构控制层级与超控制权收益

Johnson 等[②]指出，金字塔持股结构下的代理问题主要表现为公司间的财富转移。最终控制人可以凭借其控制性股东地位，利用各种类型的关联交易和不公允的内部转移价格，实现资源在母子公司之间、子公司之间的转移，在一国法律保护不足的情形下，这种控制结构为控制性股东的侵害行为提供了基本条件。Edwards 和 Weichenrieder [③]对德国市场的研究也证实了在金字塔式结构下，控制性股东为追求私人收益而不惜损害企业价值。随着控制链条的延长，控制层级增加，最终控制人可以通过很小的投入控制整个金字塔结构下所有公司的全部资产，不过他从金字塔底层公司的现金流中所分享的收益的比例却变得越来越少；另一方面其付出的控制成本却在不断增加，实施有效控制的难度也在增大，对其组织和整合资源的能力要求也不断提升。因而，如果对资源的整合能力不及预期，而仅仅依靠股利收益，则最终控制人将通过经营来获取收益，特别是在法律对小股东保护不足的时候，通过隧道挖掘攫取超控制权收益可能是其作为经济人的理性选择。此时，在没有对最终控制人有效的制约措施下，控制层级越长，可供掠夺的资源就越多。

研究显示，在我国，无论是国有还是非国有最终控制人都有利用金字塔结构侵害中小股东利益的动机和行为。Fan，Wong 和 Zhang[④]指出中国国有企业构建金字塔结构的动因源于放权激励，政府为了实现对国有企业管理的政企分开，提高国有上市公司的自主决策权，而通过国有资产管理机构或国有控股公司间接持有上市公司的股份，从而形成金字塔结构。Fan 等（2007）和赵宇华（2007）对中央企业的研究证实了这一点。然而，由于绝大多数国有上市公司采用的是存续分立的改制上市模式，原国有企业将优质资产剥离注入新设立的公司，使其满足上市条件而成为上市公司；而将其他非经营性和盈利能力不强的资产以及

---

① 甄红线，史永东. 终极所有权结构研究——来自中国上市公司的经验证据[J]. 中国工业经济，2008，11：108-118.

② Johnson, Simon, R. La Porta, F. Lopez-Silanes, and A. Shleifer. Tunnelling[J]. American Economic Review, 2000, 90(2)：22-27.

③ Edwards, Jeremy S. S, and Alfons J. Weichenrieder. Ownership concentration and share valuation[J]. German Economic Review, 2004, 5(2)：143-171.

④ Fan, Joseph P. H. , T. J. Wong, and Tianyu Zhang. Organizational structure as a decentralization device：Evidence from corporate pyramids[EB/OL]. Working Paper, The Chinese University of Hong Kong, 2007. http：// papers. ssrn. com.

大量富余人员保留在存续的原企业内，并控制上市公司，期望将国有股本从上市公司优质资产运营中获取的收益用于对存续资产的注资和改造，实现国有资产的保值增值。然而，相当一部分上市公司在股利分配上充当了"铁公鸡"，在优质资产已经剥离且难以给控股股东正当回报，而控股股东持有的资产盈利能力不强、富余人员众多的情况下，控股股东只有选择利用其所拥有的控制权，利用各种类型的非公允关联交易从上市公司中转移资源，形成对中小股东和其他利益相关者利益的侵害。五粮液集团为我们提供了一个较典型的例子(刘峰等，2004)。

1993 年 4 月出台的《股票发行与交易管理暂行条例》规定：任何个人不得持有一个上市公司 5‰以上的发行在外的普通股。这一规定限制了自然人成为中国内地上市公司的控股股东，因而早期民营企业主要是通过其控制的企业控制上市公司的方式实现上市，从而形成了金字塔控制结构。1999 年 7 月 1 日生效的《证券法》取消了对自然人的持股限制，然而 90% 以上的民营上市公司依然选择了金字塔控制结构[①]，表明了民营最终控制人通过这种控制结构侵害中小股东攫取超控制权收益的动机，王力军(2006)，顿日霞、薛有志等(2007)的研究对此提供了经验证据。

根据上述分析，我们提出研究假设

H1：控股股东的超控制权收益与金字塔控制层级正相关。

H2：非国有控股股东利用金字塔结构攫取超控制权收益的动机较国有控股股东更明确。

### (二)股权制衡与超控制权收益

在存在多个独立大股东的公司中，任何一个大股东都无法单独控制企业的决策，从而形成相互监督和制衡，有助于提高公司绩效和保护中小股东利益。Maury 和 Pajuste(2005)对芬兰上市公司的检验证实，大股东之间股权分布越均衡，则企业的绩效越高。刘星、刘伟(2007)发现我国上市公司中，股权制衡与公司价值之间存在着显著的正相关关系。修宗峰(2008)研究表明股权制衡度较高的上市公司会计盈余有较高的稳健性，这将有利于抑制少数大股东对会计盈余信息的操纵，从而保护中小投资者财富不受侵占。不过，修宗峰(2008)也发现，上市公司第二大股东未能在削弱会计盈余信息质量方面对第一大股东形成有效的制衡，两者存在串谋的可能性。林勇、曾晓涛(2007)研究发现，第二大股东的存在没有显示出积极的治理激励功能及对第一大股东的监督激励作用。

之所以会存在相反的证据，笔者认为，这可能和我国上市公司金字塔结构下，最终控制人通过多重控制链条控制上市公司有关。在这种控制结构下，尽管从表面上看，可能有多个股东持有上市公司的股份，但如果向上追溯，则这些直接股东中的几个可能受同一个最终控制人共同控制从而构成一致行动人或关联方，在这种情形下，考察直接股东的相互制衡程度可能是没有意义的，而需要考察其他独立大股东对最终控制人的股权制衡程度所产生的监督作用。

因此，我们提出研究假设 H3：对最终控制人的股权制衡程度越大，其超控制权收益越低。

## 三、变量设计与样本选择

### (一)研究变量的选取

1. 因变量

超控制权收益(EBC)。与唐宗明等(2002)一样，本文选择每股转让价格相对于每股净资产的溢价率

---

① 　上海证券交易所．中国公司治理报告：民营上市公司治理[M]．上海：复旦大学出版社，2005：30-40.

作为衡量控制权收益的指标，再从中减去控制性资本所要求的最低平均回报，即控制性股东的因为实施控制权所需要弥补的成本和对其激励所要求的最低回报（为计算方便取 6%），得到超控制权收益。

$$\text{EBC} = \frac{P - \text{NA}}{|\,\text{NA}\,|} - R$$

其中：EBC 代表超控制权收益，$P$ 代表每股转让价格，NA 代表每股净资产，$R$ 代表控制性资本所要求的最低平均回报率。

2. 测试变量

（1）控制层级（Conlev）。该指标反映从最终控制人到上市公司之间控制链条的长度。预期金字塔结构的控制层级的系数为正，即超控制权收益与上市公司金字塔结构层级正相关。

（2）对最终控制人的股权制衡水平（Concon）。该指数的获得，是用事实第一大股东及其一致行动人或关联方的表决权与事实第二大股东及其一致行动人或关联方的表决权比例计算。该指数越大，表明最终控制人受到的股权制衡越少；该数字越接近于 1，表明最终控制人受到股权制衡越大。我们预期对最终控制人的股权制约程度指数与超控制权收益正相关，即最终控制人受其他股东的制约越小，超控制权收益越大。

3. 控制变量

为了考察控制层级和对最终控制人股权制衡水平对超控制权收益的影响，还必须控制其他因素。这些因素主要包括：

（1）股权变更比例（Trans）。理论上，股权转让比例越高，买方所支付的溢价也越高。不过在我国由于所转让股权的性质和股权转让的方式各异，实证研究的结论并不一致，因而我们无法预期股权变更比例的系数的符号。

（2）公司规模（Size）。理论上，公司规模越大，所受到的各类外部关注和监管就越多，从而抑制了控股股东获取超控制权收益的能力，因而我们预期公司规模与超控制权收益负相关。

（3）资产负债率（Leverage）。一方面，债务融资具有监督作用，公司负债水平的提高将减少公司可支配的自由现金流量水平，从而减少了内部人侵害的可能性；另一方面，随着公司负债比率的提高，最终控制人所能控制的资源规模更大，从而其侵害水平可能更高。因而，资产负债率与超控制权收益之间的关系取决于负债融资的监督效应与侵害效应之间的权衡。

表1                      变量的定义

| 变量 | 定义 |
|---|---|
| EBC | 超控制权收益率 $=(P - \text{NA})/\text{NA} - R$，其中：$P$ 代表每股转让价格，NA 代表每股净资产，$R$ 代表长期资本所要求的最低平均回报率，以 6% 表示 |
| Conlev | 金字塔结构控制层级 |
| Concon | 对最终控制人的股权制约程度指数 |
| Trans | 股权变更比例 |
| Size | 公司规模，以总资产的自然对数表示 |
| Leverage | 资产负债率 = 总负债/总资产 |

## (二)样本选择

本文的样本来自深圳国泰安数据库(CSMAR),从2005—2007年度发生股权转让的上市公司中筛选出同时符合下列条件的记录:(1)转让方式为"有偿协议转让";(2)交易成功;(3)第一大股东发生变更;(4)超控制权收益为正数;(5)能够获得研究所需的其他相关数据。剔除异常值后,最终获得有效样本141个。

笔者通过逐个阅读样本公司的年度报告来查询其金字塔结构层级状况。全部141家样本,共涉及84家上市公司,除2家为非金字塔结构外,其余82家公司全部为金字塔控制结构,占全部样本公司的97.6%。其中,二层金字塔结构的有43家公司,占样本公司总数的51.19%;三层金字塔结构的有21家,占样本公司总数的25%;四层金字塔结构的有13家,占样本公司总数的15.48%;五层金字塔结构的有5家,占样本公司总数的5.92%。

股权变更比例来自CSMAR,公司规模、资产负债率和股权制约程度由作者根据上市公司年报手工收集整理。上市公司年报来自于中国证监会指定信息披露网站——巨潮资讯网。

所有数据采用Spss13.0进行分析。

## 四、实证研究结果

### (一)描述性统计分析

描述性统计结果显示(见表2),全部样本的超控制权收益的平均值为100.1%,是一个相当高的水平。股权转让比例的最低值为0.08%,最高值为70%,平均值为18.77%,最低值很低的原因是收购方通过向多个出让方收购股份来获取控制权,从而单独一方转让股权的比例可能极小,这可能进一步导致股权转让比例的平均值也偏低。样本公司的负债比率平均来说比较高,且相差悬殊。平均来说,样本公司最终控制人受到的股权制约很小,最终控制人对上市公司有相当大的控制权。

分组统计结果显示(见表3,表4),非国有样本组的超控制权收益的最小值、最大值和平均值均小于国有样本组;非国有样本组的控制层次略大于国有样本组,公司规模小于国有样本组,资产负债率大于国有样本组,最终控制人受到的股权制约程度好于国有样本组。

表2 所有变量的描述性统计分析

| | N | Minimum | Maximum | Mean | Std. Deviation |
|---|---|---|---|---|---|
| EBC | 141 | 0.019 | 8.088 | 1.001 | 1.571 |
| Conlev | 141 | 1 | 5 | 2.617 | 0.915 |
| Trans | 141 | 0.080 | 70.000 | 18.621 | 16.594 |
| Size | 141 | 4.180 | 7.840 | 5.479 | 1.042 |
| Leverage | 141 | 5.320 | 932.320 | 71.424 | 81.770 |
| Concen | 141 | 1.000 | 236.230 | 17.367 | 46.037 |

| 表3 | | | 非国有样本组所有变量的描述性统计 | | |
|---|---|---|---|---|---|
| | N | Minimum | Maximum | Mean | Std. Deviation |
| EBC | 80 | 0.02 | 5.83 | 0.876 | 1.299 |
| Conlev | 80 | 1 | 5 | 2.680 | 0.965 |
| Trans | 80 | 0.1 | 70 | 21.533 | 16.124 |
| Size | 80 | 4.18 | 5.93 | 4.981 | 0.317 |
| Leverage | 80 | 5.32 | 932.32 | 72.710 | 106.738 |
| Concen | 80 | 1.01 | 133.94 | 8.857 | 20.385 |

| 表4 | | | 国有样本组所有变量的描述性统计 | | |
|---|---|---|---|---|---|
| | N | Minimum | Maximum | Mean | Std. Deviation |
| EBC | 61 | 0.03 | 8.09 | 1.166 | 1.868 |
| Conlev | 61 | 2 | 5 | 2.540 | 0.848 |
| Trans | 61 | 0.08 | 59.63 | 14.802 | 16.554 |
| Size | 61 | 4.34 | 7.84 | 6.131 | 1.281 |
| Leverage | 61 | 23.45 | 117.98 | 69.738 | 24.406 |
| Concen | 61 | 1 | 236.23 | 28.528 | 64.614 |

## （二）回归分析结果

回归分析结果见表5。多元回归结果各变量的 VIF 值均小于 2，表明变量之间不存在严重的共线性问题。全部样本组模型的 F 值通过了 1% 水平的显著性测试，Aju-R$^2$ 超过 45%，表明模型的拟合效果较好。

研究显示，全部样本组的超控制权收益与金字塔控制层次正相关，并且在 1% 的水平上显著，表明金字塔控制层级越多，控制性股东的侵害行为越严重，由此验证了我们的研究假设 H1；超控制权收益与对最终控制人的股权制约程度指数正相关，且在 1% 的水平上显著，表明对最终控制人的股权制约能够显著降低控制性股东的超控制权收益，验证了我们的研究假设 H3。此外，公司规模与超控制权收益呈反比，并且在 5% 的水平上显著，即公司规模越大，超控制权收益越低。原因可能是对规模较大的公司往往有更多和更严格的监管，从而限制了控制性股东从中获得超控制权收益的能力。另外，超控制权收益与股权转让比例负相关，和公司资产负债率正相关，但都没有通过显著性测试。

| 表5 | | | 回归分析结果 | | | |
|---|---|---|---|---|---|---|
| | 全部样本组 | | 非国有样本组 | | 国有样本组 | |
| | B | t | B | t | B | t |
| （Constant） | 1.067 | 1.4 | 0.452 | 0.194 | 2.213 | 1.778 |
| Conlev | 0.294 | 2.717*** | 0.317 | 2.116** | 0.281 | 1.576 |
| Concen | 0.024 | 11.114*** | 0.015 | 1.854* | 0.025 | 11.217*** |
| Size | −0.226 | −2.152** | −0.151 | −0.324 | −0.477 | −2.626** |
| Trans | −0.007 | −1.004 | 0.004 | 0.384 | −0.018 | −1.782* |
| Leverage | 0.002 | 1.362 | 0.002 | 1.131 | 0.01 | 1.22 |
| F 值 | 26.978*** | | 2.447** | | 32.13*** | |
| Aju-R$^2$ | 48.10% | | 8.40% | | 72.20% | |

注：* 表示在 10% 的水平上显著，** 表示在 5% 的水平上显著，*** 表示在 1% 的水平上显著。

分组回归结果显示，对于非国有最终控制人控制的上市公司，控制层级与超控制权收益正相关，并在5%的水平上通过了显著性测试；国有最终控制人的控制层级与超控制权收益正相关，在15%的水平上显著，P值为0.121。分组回归的结果验证了我们的假设H2。笔者推测，其可能的原因包括：（1）如果像学者指出的那样，则国有企业构筑金字塔结构的基本目的并不是为了通过剥夺其他投资者的利益而增大自身的利益，而是就此实现政企分开的目的。因此，尽管很多国有企业构建了金字塔控制结构，但很大一部分为非分离型的金字塔结构，在该结构下的控制性股东的控制权与现金流所有权分离并不严重。（2）另一个可能的原因是研究所涉及的国有样本数量仍需要扩充。

无论对于国有和非国有最终控制人控制的上市公司，最终控制人受到的制约程度都与超控制权收益正相关，并分别在1%和10%的水平上通过了显著性测试。

国有样本组的公司规模与超控制权收益负相关关系，并在5%的水平上通过了显著性测试，表明规模越大的国有公司受到的来自各方的监管越多，从而限制了其获取超控制权收益的可能性。股权转让水平和超控制权收益负相关，并在10%的水平上通过了显著性测试，原因可能是，对于国有控制人而言，股权转让涉及的比例越大，越容易受到各方的关注。资产负债率和超控制权收益正相关，但不显著。

非国有样本组的股权转让比例、公司规模以及公司资产负债率与超控制权收益的关系均不显著。

## 五、研究结论与启示

本研究通过2005—2007年发生控制权转移的深沪上市公司的实证研究发现，总体上看，金字塔控制层级的数量与超控制权收益之间为正相关关系，即上市公司所处的金字塔控制结构的层级越低，其被控制性股东侵害的程度越大。然而，进一步的分析表明，对于国有和非国有最终控制人构筑的金字塔结构而言，控制层级对超控制权收益的影响可能是不同的，非国有最终控制人利用金字塔结构实施侵害的动机更明确。研究还发现，无论是国有最终控制人还是非国有最终控制人，对最终控制人的股权制约程度越高，其所能获得的超控制权收益越低。

由此给我们的启示是，缩短上市公司的控制链条、简化控制结构，有助于抑制控制性股东攫取超控制权收益的行为，对于非国有上市公司而言更是如此。而推动企业集团的整体上市是实现这一目的的重要途径。这同时也意味着企业需要推行归核化战略，向集团优势产业、核心能力集中，而剥离出售非核心业务或与核心能力无关的业务，而这无疑也有助于企业集团控制成本的下降、信息传递效率的提升，以实施更有效的控制、获取合理控制权收益。

另外，在股权集中的背景下，发挥其他独立大股东的监督作用，构建对最终控制人有效的股权制衡结构，对降低其超控制权水平、保护中小股东权益具有积极作用。

（作者电子邮箱：867143860@qq.com）

## 参考文献

[1]顿日霞，薛有志.上市公司实际控制人、多元化经营与投资者保护[J].证券市场导报，2007，9.

[2]林勇，曾晓涛.第二大股东持股的治理效应——基于上市公司的实证分析[J].财经论丛，2007，5.

[3]刘峰，贺建刚，魏明海.控制权、业绩与利益输送——基于五粮液的案例研究[J].管理世界，2004，8.

[4]刘立燕，熊胜绪.控制权收益与超控制权收益：基于企业能力理论的视角[J].经济与管理，2010，8.

[5]刘少波. 控制权收益悖论与超控制权收益——对大股东侵害小股东利益的一个新的理论解释[J]. 经济研究, 2007, 2.

[6]刘星, 刘伟. 监督. 抑或共谋?——我国上市公司股权结构与公司价值关系的研究[J]. 会计研究, 2007, 6.

[7]唐宗明, 蒋位. 中国上市公司大股东侵害度实证分析[J]. 经济研究, 2002, 4.

[8]王力军. 金字塔控制、关联交易与公司价值——基于我国民营上市公司的实证研究[J]. 证券市场导报, 2006, 2.

[9]修宗峰. 股权集中、股权制衡与会计稳健性[J]. 证券市场导报, 2008, 3.

[10]赵宇华. 公司整体上市——理论与实证研究[M]. 北京: 经济管理出版社, 2008.

[11]甄红线, 史永东. 终极所有权结构研究——来自中国上市公司的经验证据[J]. 中国工业经济, 2008, 11.

[12] Edwards, Jeremy S. S, and Alfons J. Weichenrieder. Ownership concentration and share valuation [J]. German Economic Review, 2004, 5(2).

[13] Maury, B., and Pajuste, A.. Multiple large shareholders and firm value [J]. Journal of Banking & Finance, 2005, 29.

# An Empirical Study on the Relationship of Levels of Business Group Pyramids, Ownership Structures and the Excessive Benefits of Control

Liu Liyan[1]   Xiong Shengxu[2]

(1 Business School of Jianghan University, Wuhan, 430056;

2 Zhongnan University of Economics and Law, Wuhan, 430064)

**Abstract**: based on control transactions of listed companies during 2005 and 2007, the research proves that the lower the controlling shareholders' excessive benefits of control is positively related with the length of the control chain, and further analysis shows that non-state-owned ultimate controllers' expropriation incentive through pyramidal structures is more definitive. The finding implies that shortening control chain and simplify the control structure can reduce the extraction of ultimate controllers, thus policies should be established to encourage business to employ refocusing strategy and overall listing of the group. And the research also finds the presence of other independent block shareholders can reduce the controlling shareholders' excessive benefits of control.

**Key words**: Excessive benefits of control; Pyramidal structure; Control levels; Ownership structure; Refocusing strategy

# 家族企业高管薪酬治理效应分析[*]

● 陈林荣[1,2]

（1 复旦大学工商管理博士后流动站　上海　200433；2 杭州电子科技大学会计学院　杭州　310018）

【摘　要】基于业绩基础的薪酬制度是所有者用于减轻代理成本的一种治理机制。通过选取 2007 年我国 228 家家族类上市公司和 770 家非家族类上市公司，实证分析得出家族类上市公司来自家族的高管薪酬、家族高管薪酬与其职工年收入的比值明显比非家族类上市公司高管薪酬、高管薪酬与其职工年收入的比值高，并且薪绩敏感度低；独立董事在一定条件下可以提高家族高管薪绩敏感度，但以家族高管的高薪酬为代价，第二大股东持股比例与家族高管薪酬呈显著的正向关系。最后提出建议：加强家族类上市公司治理，进一步完善独立董事制度，防止控股家族利用控制权的优势给自己定很高的薪酬并且减少对公司绩效的敏感度。

【关键词】家族企业　高管薪酬　薪绩敏感度　公司治理

## 一、引言

　　家族企业作为一种古老的企业组织形式广泛地存在于世界各地，并在各国经济中占据重要地位。据估计由家庭所有或经营的企业在全世界企业中占 65% ~90%。世界 500 强企业中 1/3 由家庭所有或经营。家族企业创造了美国生产总值的一半，雇用的劳动力超过 50%，其企业数目占全美 80% 以上。在欧洲，家族企业在中小规模的企业中占支配地位，并对 GDP 的贡献达到一半以上。在亚洲各国家族企业大都居主导地位。家族企业作为一种特殊的企业组织形态，是以家族或泛家族成员组成或控制的企业（李新春，2005）。

　　在市场经济中，由于存在交易成本、信息不对称、有限理性、契约的不完全性，经理人的道德风险、逆向选择以及其行为的难以监督，家族企业具有很大的优势：企业家权威、家族对公司的直接控制，特别是在创业过程中家族内部忠诚、利他主义行为有利于减少交易成本，缓解信息不对称。但是作为家族企业的家族类上市公司存在控股家族，"一股独大"现象非常严重，此结果带来两种效应：利益一致效应和壕沟效应。控股家族由于在公司占有很大的股份，不会像小股东那样保持理智的冷漠，其有动力和能力参与公司经营和监督管理，缓解所有权和管理权分离产生的代理成本，促进公司业绩的提高；但与此同时，由于家族对公司不是 100% 拥有所有权，其对公司经营、财务决策以及人事政策等的支配地位决定其可以利用控股权的优势获取更大的控制权收益，包括通过关联交易等手段掠夺外部中小股东、债权人的利益，特别是家族企业交叉持股、金字塔结构的控制模式，控制权的收益更大。控股家族在掠夺公司资产的同时，

---

　　＊ 本文为浙江省哲学社会科学规划课题（项目批准号：10CGJJ08YBQ）的阶段性成果。

也会招致公众的责难，使家族声誉、社会地位受损，甚至受到代表公共管理机构——政府的惩罚；而且家族声誉、社会地位受损不利于以后融资，提高以后的融资成本，所以控股家族经常处于两难选择。

家族类上市公司中控股家族拥有很大的股份，处于支配地位，作为监管替代机制的薪酬制度，在家族类上市公司中来自家族成员高管薪酬基本是控股家族自己说了算，高报酬是对自己工作的补偿，同时也可利用控股地位很隐蔽地掠夺公司资产，从而使得作为解决代理问题的高管薪酬机制自身也成为代理问题之一部分。不少学者认为家族类上市公司"一股独大"比国有上市公司"一股独大"更为可怕。

在我国上市公司中，高管的薪酬虽然由董事等组成的薪酬与考核委员会根据董事及高管人员管理岗位的主要范围、职责、重要性以及其他相关企业相关岗位的薪酬水平制订薪酬计划或方案，但在家族类上市公司中存在控股家族，薪酬制度受到控股家族左右，控股家族是否给来自家族成员的高管定很高的薪酬以及减少对公司业绩的敏感度，"旱涝保收"，很隐蔽地侵占其他中小股东的利益，从而使得解决代理问题的薪酬机制失效呢？为此研究我国家族类上市公司的家族高管薪酬存在的问题，及目前公司治理对家族高管薪酬治理的效应很有理论和现实意义。以下研究做如下安排：第二部分为文献回顾；第三部分为理论分析和假设提出；第四部分为研究样本选择和研究设计；第五部分为实证检验结果及分析；第六部分为研究结论及启示。

## 二、文献回顾

国外对高管薪酬研究已有很长的历史。早期的主流学派从代理理论出发，认为由于委托人与代理人之间信息不对称，委托人为了确保代理人的行为符合委托人的利益而与代理人签订不完全合约，按照代理人的绩效支付薪酬。Jensen and Meckling[1] 认为在美国等法律体系健全的国家，股权较为分散，公司主要的矛盾是管理者（持有股份很少）和外部不参加公司经营管理的中小股东的矛盾。而在亚洲各国，公司主要的矛盾是控股股东和中小股东的矛盾，在公司存在控股股东，控股股东有两个效应：(1)壕沟效应，掠夺公司资产。(2)利益一致效应。如果公司控制性股东现金流量流权比例比较大，特别是在壕沟效应的成本很高时，则此时控股股东有动力积极改善公司管理，提高公司绩效，按其持有的份额得到很大的收益。此时控股股东现金流量权越大时，大股东的利益与中小股东的利益会更为一致。Jensen[2] 认为为提高管理层的积极性，管理层的薪酬应与公司的业绩挂钩，不管是公司所有者 CEO 与非所有者 CEO 对公司业绩应该敏感。Morck 等（1988）发现公司价值随内部控制者持有股份比例增加而增加，但当持有股份的比例达到一定程度时，公司价值减少；前者是内部控制者的利益一致效应，后者是内部控制者的掠夺效应。Holderness 和 Sheehan[3] 通过研究发现在上市公司中如果高管是公司控股股东但不持有全部股份，薪酬要大大高于公司其他不持有公司股份高管的薪酬。Jensen 和 Murphy（1990）的研究发现 1974—1986 年间的经理收入及其薪绩敏感度与 1934—1938 年间相比，前者更少波动，且敏感度更低；并且大企业 CEO 的薪绩敏感度比小企业要小得多。Shleifer 和 Vishny[4] 根据掠夺理论，得出家族类企业来自家族的高管可能利用其对公司的控制地位影响其薪酬，提高其薪酬水平，降低对公司业绩的敏感度，很隐蔽地侵吞公司资产。Sheehan（1988）研究发现在美国拥有公司 50% 以上股份的高管，其工资水平显著高于其他在公司不持有股

---

① Jensen, Meckling. Theory of the firm: Managerial behavior, agency costs, and ownership structure [J]. Journal of Economics, 1976, 3: 305-360.

② Jensen, M. C.. Agency costs of free cash flow, Corporate finance, and takeovers[J]. American Economic Review, 1986, 76: 323-329.

③ Holderness, C., and Sheehan, D.. The role of majority shareholders in publicly-held corporations[J]. Journal of Financial Economics, 1988, 20: 317-346.

④ Andrei Shleifer, and Robert W. Vishny. A survey of corporate governance. The Journal of Finance, 1997, 2: 737-783.

份的高管。Holderness，Finkelstein 和 Boyd（1998）认为家族性企业，来自家族的高管管理自主权（Managerial discretion）比非家族高管的更为重要，增加其薪酬对公司业绩的敏感度有利于公司绩效的提高。Cavalluzzo 和 Sankaraguruswamy（2000）发现集中的股权结构所有者 CEO 的薪酬敏感性要小于分散股权结构所有者 CEO 的薪酬敏感性，而且所有者 CEO 的薪酬与非所有者 CEO 相比对公司业绩波动的敏感性也要小。Hartzell 和 Starks（2003）发现随着公司机构持股比例的增加，家族类上市公司来自家族 CEO 的薪酬减少，并且对业绩的敏感度增加。Anderson 和 Reeb（2003）通过对世界 500 强 1992—1999 年的数据研究发现，按照 ROA 和托宾 Q 值衡量公司业绩，家族治理的公司好于非家族治理的公司，但家族在对公司施加强有力的控制的同时，通过掠夺中小股东的利益获得控制权收益。Shmuel Cohen，Beni Lauter bach（2008）通过对以色列 124 家家族类上市公司 1994—2001 年研究数据分析发现来自家族高管的薪酬普遍比公司其他高管要高，并且对公司业绩的敏感度低，而且还发现家族企业与合伙企业的高管薪酬没有显著性差异。

国内也有不少学者对高管薪酬与公司治理、公司绩效的关系进行了一些研究。许多学者发现，我国管理层薪酬与企业绩效不相关或相关性很低（魏刚，1999；谌新民、刘善敏，2003）。张必武、石金涛（2005）以我国 2001 年的上市公司的数据为研究窗口期，研究表明独立董事在董事会中的比例、薪酬委员会设置以及董事长与总经理二职兼任对高管薪酬水平有显著的影响。邵平、刘林等（2008）实证研究了我国上市金融类企业高管薪酬与其业绩之间敏感性的影响因素。研究结果表明，公司规模、负债比率、收益波动性与敏感性负相关，外资进入、高管任职时间、金融监管以及董事会的独立性对这一敏感性的影响不显著。卢锐（2008）研究发现我国上市公司中管理层权力大的企业与其他企业相比，高管的货币薪酬高，而且管理层薪酬与盈利业绩的敏感度更大，而与亏损业绩的敏感度更低。由此我们可以看出国内学者对我国家族类上市公司家族高管薪酬问题还很少涉及，可能的原因是家族高管薪酬问题还没有引起社会的广泛关注。

## 三、理论分析和假设提出

### （一）家族高管薪酬存在问题的理论分析和假设

按照代理理论，委托人与代理人的目标效用函数是不完全一致的，因此如果委托人不对代理人的行为进行监督约束，就可能受到代理人的侵害。但由于信息不对称、契约的不完全性以及管理者的行为难以监督或成本高昂，设计一个基于业绩的薪酬制度是一个降低交易成本的合理选择。薪酬制度作为现代企业公司治理结构中重要的组成部分，与其他的监管机制一样，是所有者用于减轻代理成本的一种手段，监管与基于业绩基础薪酬对业绩的敏感度在边际上可以互为替代（Traichal et al.，1999）。但在家族类上市公司中普遍存在控股家族，控股家族可以凭借控股权的优势控制董事会，进而对公司的经营管理、财务，甚至人事政策产生重大的影响。而外部股东由于持股数量少，保持理智冷漠的态度是其理性的选择，因为其如果积极参与公司监督活动，其所得收益甚至不能补偿其为此付出的成本。在亚洲法制不健全的国家，家族类上市公司家族高管有动力促进公司业绩的提高，缓解经营者和所有者的矛盾，但与此同时，也有动力利用控股权的优势掠夺其他中小股东的利益。例如，不管公司经营状况甚至职工年收入情况，家族高管都拿一份不菲的薪酬，"旱涝保收"，从而使得作为解决代理问题的薪酬机制本身也成为代理问题之一部分。而国有上市公司，公司高管由于受到政府机关的监督约束，其薪酬由政府主管部门决定。各地政府主管部门为促进国有企业公司管理者的积极性，都采取了激励相容的薪酬制度以提高公司绩效。同时，为了保证企业内部公平、维护稳定，高管薪酬与职工年平均收入的倍数都有明确的规定。如各地出台的《国有企业经营者收入分配管理办法》就明确规定了国有企业高管的薪酬与业绩挂钩以及与其职工平均收入的倍数。还有国资委 2004 年出台的《中央企业负责人经营业绩考核暂行办法》，也明确规定国有企业负责人薪酬水平由业绩考核结果决定，该高的高，该低的低，该降的还要降。即资料统计 2005 年，就有 19 家中央企业负责人的薪酬受到降级处分。基于此，我们提出以下假设：

H1：家族类上市公司家族高管的薪酬高于其他非家族类上市公司高管薪酬。

H2：家族类上市公司的家族高管薪酬与其职工年收入（职工年平均工资）比值高于非家族类上市公司高管薪酬与其职工年收入的比值。

H3：家族类上市公司的家族高管薪酬对业绩的敏感度要低于非家族类上市公司高管薪酬对其业绩的敏感度。

### （二）公司治理对家族高管薪酬问题影响的理论分析和假设

家族企业多通过金字塔结构或交叉持股分离控制权和所有权，进而掠夺公司的财富。独立董事制度作为保护外部中小投资者利益的嵌入机制，我们认为外部独立董事对中小股东利益的保护随其人数的增多而增加。Weibach（1988）研究发现外部董事越多，公司治理改善，高管薪酬也会越低，敏感度也越高。Mishra 和 Nielsen（2000）研究了美国银行持股公司的高管薪酬与业绩之间的敏感性与公司董事会独立性之间的相互作用，认为二者之间存在着正相关关系。Coreetal（1999），Hermalin 和 Weisbach（2003）研究发现公司外部董事的比例对公司高管薪酬和薪绩敏感度也有影响，但方向没有一致的结论。对于家族企业其他大股东，特别是第二大股东与家族股东一般有不同的利益价值取向，由于其持有公司的股份比较多，其有动力和能力加强对控股股东掠夺行为特别是家族高管薪酬的约束，使其薪酬与公司绩效相关。对此，Shleifer 和 Vishny（1986）也认为由于存在监督成本，对小股东来说，监督所带来的实惠可能远远不能偿付他们为监督付出的代价，所以小股东不愿意去监督，只有拥有足够份额的大股东才会有激励去实施监督。La Porta（1999）如果控制权收益还是一个秘密，那么有几个大股东互相控制，也许可能阻止控股股东的掠夺。鉴于此，我们提出假设：

H4：外部独立董事的人数越多，其在董事会发言权也越大，越能有效降低家族类上市公司家族高管薪酬。

H5：外部独立董事的人数越多，其在董事会发言权也越大，越能有效提高家族类上市公司家族高管的薪绩敏感度。

H6：第二大股东的比例越大，出于对自己利益的保护，其持股比例越多，越有积极性降低家族高管的薪酬。

H7：第二大股东的比例越大，出于对自己利益的保护，其持股比例越多，越有积极性提高家族高管的薪绩敏感度。

## 四、研究样本选择和研究设计

本文将我国家族类上市公司衡量采用下列标准设定为：最终控制者能追踪到自然人或家族；最终控制者直接或间接持有上市公司股份 10% 以上，为第一大股东，并且创业者或家族成员在公司或其控股的公司担任重要的高管位置。本文选取沪、深两市 A 股 2007 年家族类上市公司 228 家和非家族类上市公司 770 家，共计 998 家。为确保研究数据的准确性与可靠性，我们对有效样本的选取采用下列标准：（1）剔除金融行业上市公司；（2）剔除 2007 年 ST 类的上市公司；（3）剔除样本中数据极端值类和资料不全的上市公司。研究数据来源于：（1）wind 数据库；（2）中国资讯行（Chinainfobank）数据库；（3）各个公司的网站。为确保数据的准确性与可靠性，我们对数据进行了核对。

### （一）家族类上市公司家族高管薪酬存在问题假设验证模型设计

为验证家族类上市公司家族高管薪酬存在问题的三个假设，我们借鉴了 Shmuel Cohen，Beni Lauterbach（2008）的模型，同时结合中国的实际情况，以经过行业调整的净资产收益率作为公司业绩的计量指标，构建了如下三个多元线性回归模型，即：

$$\ln \text{direpay} = b_0 + b_1 \text{family} + b_2 \text{roe} + b_3 \ln \text{size} + b_4 \text{leverage} + b_5 \text{dovelop} + b_6 \text{risk} + u \qquad (1)$$

$$\text{ratio} = b_0 + b_1 \text{family} + b_2 \text{roe} + b_3 \ln \text{size} + b_4 \text{leverage} + b_5 \text{dovelop} + b_6 \text{risk} + u \qquad (2)$$

$$\ln \text{direpay} = b_0 + b_1 \text{family} + b_2 \text{roe} + b_3 \text{family} \times \text{roe} + b_4 \ln \text{size} + b_5 \text{leverage} + b_6 \text{dovelop} + b_7 \text{risk} + u \qquad (3)$$

### （二）公司治理对家族高管薪酬问题影响的假设验证模型设计

$$\ln \text{direpay} = b_0 + b_1 \text{roe} + b_2 \text{outdirector} + b_3 \ln \text{size} + b_4 \text{leverage} + b_5 \text{dovelop} + b_6 \text{risk} + b_7 \text{capilist} + b_8 \text{contral} + b_9 \text{contralown} + u \qquad (4)$$

$$\ln \text{direpay} = b_0 + b_1 \text{roe} + b_2 \text{outdirector} + b_3 \text{outdirector} \times \text{roe} + b_4 \ln \text{size} + b_5 \text{leverage} + b_6 \text{dovelop} + b_7 \text{risk} + b_8 \text{capilist} + b_9 \text{contral} + b_{10} \text{contralown} + u \qquad (5)$$

$$\ln \text{direpay} = b_0 + b_1 \text{roe} + b_2 \text{share}2 + b_3 \ln \text{size} + b_4 \text{leverage} + b_5 \text{dovelop} + b_6 \text{risk} + b_7 \text{capilist} + b_8 \text{contral} + b_9 \text{contralown} + u \qquad (6)$$

$$\ln \text{direpay} = b_0 + b_1 \text{roe} + b_2 \text{share}2 + b_3 \text{share}2 \times \text{roe} + b_4 \ln \text{size} + b_5 \text{leverage} + b_6 \text{dovelop} + b_7 \text{risk} + b_8 \text{capilist} + b_9 \text{contral} + b_{10} \text{contralown} + u \qquad (7)$$

表1是各变量的定义。

表1 变量定义一览表

| 变量类型 | 变量名称 | 变量代号 | 变量定义 |
|---|---|---|---|
| 被解释变量 | 高管薪酬 | lndirepay | 公司前三名董事薪酬平均值的自然对数 |
| | 高管薪酬与其职工收入比 | rate | 董事薪酬与其职工年收入的比值 |
| 解释变量 | 企业性质 | family | 上市公司为家族控股时 family 为1，其他为0 |
| | 净资产收益率 | roe | 2007 年经过行业调整的净资产收益率。某公司的 roe = 该公司的净资产收益率 − 该公司所在行业的平均净资产收益率。其中，行业的平均净资产收益率为该公司所属行业全部公司净资产收益率的算术平均值。 |
| | 独立董事人数 | outdirector | 独立董事人数 |
| | 股权制衡 | share2 | 家族类上市公司第二大股东的持股比例 |
| 控制变量 | 债务融资比例 | leverage | 资产负债率 |
| | 成长性 | develop | 与2006 年相比，2007 年公司营业收入增长率 |
| | 上市公司的规模 | lnsize | 公司总资产的自然对数 |
| | 经营风险 | risk | 公司 2005 年、2006 年、2007 年三年的净资产收益率的标准差 |
| | 企业类型 | capilist | 家族类上市公司企业的类型分为资本家型和企业家型，资本家型为1，其他为0 |
| | 家族控制权的比例 | contral | 等于家族控制链上投票权的最小值 |
| | 控制权与现金流偏离系数 | contralown | 家族类上市公司控股家族控制权与现金流权的比值 |

各变量的说明：

(1)高管薪酬(lndirepay)，高管年度货币薪酬(direpay)的自然对数。当公司为家族控股的上市公司时，因为家族控股的上市公司一般董事长及其董事都是家族成员，我们以家族类上市公司最高前三名董事报酬总额的平均数，作为家族高管的薪酬。为与家族类上市公司高管薪酬相对应，本文以 wind 数据库公布的最高前三位董事报酬总额的平均数作为其他类型上市公司高管的薪酬。(2)董事薪酬与其职工年收入的比值(rate)。职工年平均工资收入根据公司年报披露的"支付给职工以及为职工支付的现金流量"与职工人数的比值计算得出。本指标考察控股家族利用控股权的优势，给自己定很高的薪酬收入，扩大与公司员工收入的差距，进而掠夺其他中小股东的利益。(3)企业性质(family)。当公司为家族控股的企业时，family =1，其他为0。(4)净资产收益率(roe)。公司经过行业调整的净资产收益率。本文以公司经过行业调整的净资产收益率来考察公司的业绩。也有不少的学者以托宾 Q 值，来计量公司的业绩。我国证券市场不成熟，股价的波动较大，庄家操控等非理性因素，投机成分多，股价并不能真正反映管理层的经营业绩。因此，国内外在衡量管理层经营业绩主要是会计业绩，最常用的指标是净资产收益率。为排除行业因素的影响，我们以经过行业调整的净资产收益率作为业绩的衡量指标。具体的计算公式为：某公司的净资产收益率(roe) = 该公司的净资产收益率 – 该公司所在行业的全部公司净资产收益率的算术平均值。(5)独立董事的人数(outdirector)。对于独立董事，我们定义为不在企业担任任何经营管理职位的外部董事。(6)股权制衡(share2)。我们以第二大股东的持股比例来表示。当其他大股东持股数量比较大时，其对公司的监督获得的收益大于其成本，再保持冷漠的态度是不符合理性的，其有动力参与公司管理和监督管理层，甚至约束控股股东的行为以及家族高管薪酬。(7)债务融资比例(leverage)。Denis(2001)发现公司负债对公司高管的薪酬也有影响，公司负债的增加有利于加强对公司掠夺行为的监督。John 和 Qian (2003)指出，高管薪酬与业绩之间的敏感性随着企业负债比率的上升以及企业规模的增加而下降。(8)成长性(develop)。以公司主营业务收入同比增长率衡量公司成长性的指标，成长性对公司高管的薪酬也有很大的影响。成长性越好的企业，投资机会也越多，需要投资的资金也越多，相对高管的薪酬会减少，因为大量向高管支付现金报酬会减少公司可自由支配的现金流。(9)公司规模(lnsize)。用企业总资产的自然对数来衡量企业规模。企业规模对高管薪酬有很大影响。一般来说，企业规模越大，公司业务也相应更复杂，高管可控制的资源也就越多，涉及的管理问题也就越复杂，对其能力、素质要求也就越高；作为补偿，公司高管会要求获得更高的薪酬。大多数证据显示美国公司最高职位的经理的收入随着公司规模的扩大而增加。但也有学者如 Jensen 和 Murphy(1990)认为，由于存在许多政治上的原因，规模较大的企业高管薪酬与业绩之间关系的敏感性较低。(10)经营风险(risk)。我们以公司前三年(即 2005 年、2006 年、2007 年)的净资产收益率的标准差衡量公司的经营风险。公司经营风险越大，相对高管的薪酬对公司业绩的敏感度要降低。(11)家族企业的类型(capitalist)。我们参照王明琳(2006)将家族类上市公司分为企业家型和资本家型，企业家型的企业符合下列条件：①该实际控制人(个人或家族)系上市公司核心业务的创立者；若上市公司在创立时为非私有性质，则该实际控制人至少于公司上市日即担任公司高管职务；若通过借壳上市实现控制，则该实际控制人应为注入上市公司的核心业务的创业者；②实际控制人目前在上市公司担任高管；③如同时控制多家上市公司，各公司应属于同行业或有明显产业链关系；④公司应有明确主业且主业未经常变更，综合类公司被认为主业明确；以投资为主业的公司被认为主业不明确。不能同时符合"企业家"四项标准的家族企业实际控制人被视为资本家型的企业。(12)家族控制权的比例(contral)。控制权是最大控股股东控制的投票权比例。该比例等于控制链上投票权的最小值。(13)控制权与现金流偏离系数(contralown)，是指家族类上市公司控股家族控制权与现金流权的比值。现金流权(Cash-flow Rights)：指对于存在终极控制股东的公司，其最大控股股东所拥有的最终所有权权益。公司最终所有权等于通过上市公司所有的每条控制链所有权权益乘积之和。

**80**

## 五、实证检验结果及分析

### (一)家族类上市公司高管存在问题的实证研究

**1. 家族类上市公司与非家族类上市公司主要变量的描述性统计分析**

由表2，我们可知，家族类上市公司家族高管(前三名董事薪酬的平均数)的薪酬平均要高于非家族性的上市公司高管薪酬，家族高管薪酬平均为32.52万元，最高为366.88万元；而非家族类上市公司的高管(前三名董事薪酬的平均数)平均为30.46万元，最高为272.28万元，平均比家族类上市公司低2.06万元。家族类上市公司家族高管薪酬平均是其职工年收入的9.1倍，最高达到137.26倍；非家族类的上市公司高管薪酬平均是其职工年收入的6.55倍，最高为59.09倍，平均比家族类上市公司低2.55倍。而与此相对应，1999年美国大公司总裁的平均收入为1240万美元，是一般蓝领员工的475倍。其他国家高管的收入与员工的差别要相对小些。据Towers Perrin咨询公司1999年度的全球收入调查报告显示，德国企业高层管理人员收入是一般制造业员工的13倍，日本为11倍(朱克江，2003)。可知我国家族类上市公司高管薪酬在积极向西方发达国家靠近，其他性质的企业包括国有企业也在积极跟进。

表2　　　　　　家族类上市公司与非家族类上市公司主要相关变量的描述性统计分析

| 变　　量 | 样本数 | 最小值 | 最大值 | 平均值 | 标准差 |
|---|---|---|---|---|---|
| 家族类上市公司家族高管薪酬(direpay)(万元) | 228 | 3.6933 | 366.8800 | 32.5222 | 40.0751 |
| 非家族类上市公司高管薪酬(direpay)(万元) | 770 | 3.0000 | 272.2767 | 30.4551 | 26.9195 |
| 家族类上市公司家族高管与职工薪酬比(rate) | 228 | 1.25259 | 137.26125 | 9.0984 | 13.36269 |
| 非家族类上市公司高管与职工薪酬比(rate) | 770 | 1.15654 | 59.0850 | 6.55212 | 6.26837 |
| 家族类上市公司净资产收益率(行业调整)(roe) | 228 | -0.92818 | 1.517590 | 0.01741 | 0.17006 |
| 非家族类上市公司净资产收益率(行业调整)(roe) | 770 | -0.8966 | 0.92918 | -0.0086 | 0.11767 |
| 家族类上市公司规模(lnsize) | 228 | 19.23152 | 24.2884 | 21.26967 | 0.88545 |
| 非家族类上市公司规模(lnsize) | 770 | 18.82664 | 27.3005 | 21.6977 | 1.10334 |
| 家族类上市公司债务融资率(leverage) | 228 | 0.00912 | 0.93952 | 0.48116 | 0.17131 |
| 非家族类上市公司债务融资率(leverage) | 770 | 0.03275 | 0.94686 | 0.49585 | 0.17050 |
| 家族类上市公司成长性(develop) | 228 | -0.84864 | 2.28121 | 0.26586 | 0.41818 |
| 非家族类上市公司成长性(develop) | 770 | -0.66685 | 2.35153 | 0.21890 | 0.2993 |
| 家族类上市公司经营风险(risk) | 228 | 0.00178 | 1.489182 | 0.06544 | 0.14718 |
| 非家族类上市公司经营风险(risk) | 770 | 0.00027 | 0.9407 | 0.05106 | 0.0906 |

由表3，家族类上市公司的净资产收益率高于非家族类上市公司的净资产收益率，平均高2.6%；家族类上市公司的规模低于非家族类上市公司，平均债务融资率也略低于非家族类上市公司，但成长性高于非家族类上市公司；家族类上市公司的经营风险高于非家族类上市公司，可能的原因是家族类上市公司大多从事竞争性行业，而非家族类上市公司的企业大多是国有企业，从事垄断性行业，受到国家政策保护，经营风险较小。由表3，还可知家族类上市公司与非家族类的上市公司在高管与其职工薪酬比、净资产收益率、成长性、企业规模、经营风险均值均存在显著性差异。

表3　　　　　　　　　**家族类上市公司与非家族类上市公司主要相关变量均值显著性差异的 T 检验**

| 变　量 | 家族类上市公司均值<br>（N＝228）<br>a | 非家族类上市公司均值<br>（N＝770）<br>b | 均值差异 T 检验<br>a＞b | P 值 |
|---|---|---|---|---|
| 高管薪酬（万元）（direpay） | 32.5222 | 30.45516 | 0.901 | 0.368 |
| 高管与职工薪酬比（rate） | 9.0984 | 6.55212 | 4.007*** | 0.000 |
| 净资产收益率（行业调整）（roe） | 0.01741 | −0.0086 | 2.629*** | 0.009 |
| 债务融资率（leverage） | 0.48116 | 0.49585 | −1.142 | 0.254 |
| 成长性（develop） | 0.26586 | 0.21890 | 1.886* | 0.060 |
| 企业规模（lnsize） | 21.26967 | 21.6977 | −5.368*** | 0.000 |
| 经营风险（risk） | 0.06544 | 0.05106 | 1.795* | 0.073 |

注：*** 表示在1%水平下显著；* 表示在10%水平下显著。

**2. 家族类上市公司家族高管薪酬问题的多元线性回归分析结果**

为进一步验证家族类上市公司高管薪酬高于非家族类公司高管薪酬，并且薪绩敏感度低于非家族类上市公司，我们建立了多元线性回归方程，并进行了分析。由表4，模型一，高管薪酬与家族类上市公司呈显著的正向关系，也即家族类上市公司其家族高管的薪酬显著高于非家族类上市公司高管薪酬，支持假设1。由模型二，高管薪酬与其职工年收入比值与家族类上市公司呈显著的正向关系，并且在5%水平下显著，支持假设2。由模型三，所有样本的高管薪酬对业绩的敏感度的系数为0.127，但家族高管薪酬对业绩的敏感度系数为0.031（0.127−0.096），并且显著，与假设3一致。同时，我们还可以从回归分析结果得出，公司规模越大，高管薪酬也越高，债务对公司高管薪酬不管是什么性质公司都具有降低高管薪酬的约束作用，与其他学者得出的结论一致。成长性对公司高管薪酬影响不显著；公司经营风险与高管薪酬呈显著的负相关性，说明经营风险越大，高管薪酬越低。

由此我们可以得出，家族类上市公司来自家族的高管薪酬、家族高管薪酬与其职工年收入的比值明显比非家族类上市公司高管薪酬、高管薪酬与其职工年收入的比值高，并且薪绩敏感度低，说明了家族类上市公司控股家族利用其控股地位给自己定很高薪酬，并且不管公司业绩如何都"旱涝保收"。

表4　　　　　　　　　**家族类上市公司家族高管薪酬问题的多元线性回归分析结果**

| 解释变量 | 模型一 | | 模型二 | | 模型三 | |
|---|---|---|---|---|---|---|
| | B | P 值 | B | P 值 | B | P 值 |
| constant | 6.526*** | 0.000 | −26.558*** | 0.000 | 6.634*** | 0.000 |
| family | 1.328*** | 0.000 | 5.255** | 0.022 | 1.650*** | 0.000 |
| roe | 0.124** | 0.018 | 3.064*** | 0.000 | 0.127** | 0.014 |
| Family × roe | | | | | −0.096*** | 0.009 |
| lnsize | 0.273*** | 0.000 | 1.543*** | 0.000 | 11.829*** | 0.000 |
| leverage | −0.154 | 0.270 | −0.644 | 0.705 | −1.057 | 0.291 |
| develop | 0.014 | 0.837 | 0.271 | 0.746 | 0.274 | 0.785 |
| risk | −0.698*** | 0.003 | −1.088 | 0.700 | −2.620*** | 0.009 |
| 调整 $R^2$ | 0.218 | | 0.059 | | 0.223 | |
| F 值 | 47.396*** | 0.000 | 11.419*** | 0.000 | 41.858*** | 0.000 |
| 被解释变量 | lndirepay | | rate | | lndirepay | |
| N | 998 | | 998 | | 998 | |

注：*** 表示在1%水平下显著；** 表示在5%水平下显著。

## （二）公司治理对家族高管薪酬问题影响的实证研究

为进一步研究家族类上市公司公司治理对家族高管薪酬的影响，我们对公司治理对家族高管薪酬问题的影响进行实证研究。

1. 家族类上市公司公司治理主要变量的描述性统计分析

我们选取了228家家族控股的上市公司作为研究样本。由表5，可知家族类上市公司中独立董事的平均人数为3.13人，最多为5，最小为1；第二大股东的平均持股数量为9.65%，最小为0.18%。最大为29.92%；属于资本家型的企业占30%；控股家族对上市公司平均控股权为33.57%，最大为87.66%，最小为10.32%；控制权与现金流权的偏离系数平均为2.03，最大为11.21，最小为1。

表5 家族类上市公司公司治理主要变量的描述性统计

| 变 量 | 样本数 | 最小值 | 最大值 | 平均值 | 标准差 |
| --- | --- | --- | --- | --- | --- |
| 独立董事人数（outdirector） | 228 | 1 | 5 | 3.13 | 0.629 |
| 股权制衡（share2） | 228 | 0.0018 | 0.2992 | 0.0965 | 0.0672 |
| 家族企业的类型（capitalist） | 228 | 0 | 1 | 0.30 | 0.458 |
| 家族控制权的比例（contral） | 228 | 0.1032 | 0.8766 | 0.3357 | 0.1515 |
| 控制权与现金流偏离系数（contralown） | 228 | 1.00 | 11.212 | 2.0291 | 1.71634 |

2. 公司治理对家族高管薪酬问题影响的多元线性回归分析结果

由表6，模型四、五、八回归分析结果，独立董事人数与家族高管的薪酬呈正向关系，但不显著，但其与调整的净资产收益率（roe）的乘积与家族高管薪酬在5%水平下呈显著的正向关系，说明外部独立董事能增加家族高管薪绩敏感度，但以家族高管的高薪酬为代价，不支持假设4，而与假设5一致。由模型六、七、八，可知第二大股东的持股比例与家族高管薪酬呈显著的正向关系，说明在家族类上市公司中第二大股东可能与控股家族有关联关系，更多的情况下是配合控股家族掠夺中小股东的利益；第二大股东的持股比例与净资产收益率的乘积与家族高管的薪酬不呈显著的关系，说明我国家族类上市公司一股独大现象比较严重，控股家族基本不受其他股东的约束，可以随意决定自己的薪酬，不支持假设6、7。债务融资率、成长性、经营风险与前面的结论基本一致；企业规模与公司高管薪酬呈显著的正向关系，也与前面的结论一致。同时，还发现无论是资本家型、企业家型的家族类上市公司和家族控制权的比例，以及控制权与现金流权的偏离系数对家族高管的薪酬都没有什么显著影响。

表6 公司治理对家族高管薪酬问题影响的多元线性回归分析结果

| 变量 | 模型四 | 模型五 | 模型六 | 模型七 | 模型八 |
| --- | --- | --- | --- | --- | --- |
| Constant | 4.583*** (0.000) | 5.129*** (0.000) | 4.090*** (0.001) | 4.199*** (0.001) | 4.677*** (0.000) |
| roe | 0.615* (0.067) | −2.718** (0.032) | 0.565* (0.091) | 0.927 (0.217) | −2.552* (0.086) |
| outdirector | 0.070 (0.347) | 0.035 (0.638) | | | 0.022 (0.762) |
| outdirector × roe | | 1.226*** (0.007) | | | 1.211*** (0.007) |

| 变量 | 模型四 | 模型五 | 模型六 | 模型七 | 模型八 |
|---|---|---|---|---|---|
| share2 | | | 1.344*<br>(0.053) | 1.330*<br>(0.056) | 1.281*<br>(0.063) |
| share2 × roe | | | | −3.048<br>(0.589) | −1.412<br>(0.801) |
| lnsize | 0.361***<br>(0.000) | 0.340***<br>(0.000) | 0.388***<br>(0.000) | 0.383***<br>(0.000) | 0.356***<br>(0.000) |
| leverage | −0.338<br>(0.274) | −0.269<br>(0.377) | −0.302<br>(0.325) | −0.296<br>(0.335) | −0.240<br>(0.431) |
| develop | −0.050<br>(0.679) | −0.106<br>(0.377) | −0.067<br>(0.578) | −0.067<br>(0.574) | −0.119<br>(0.322) |
| risk | −0.299<br>(0.450) | −0.008<br>(0.983) | −0.286<br>(0.468) | −0.303<br>(0.444) | 0.005<br>(0.991) |
| capitalist | 0.138<br>(0.189) | 0.115<br>(0.269) | 0.154<br>(0.142) | 0.147<br>(0.166) | 0.132<br>(0.207) |
| contral | 0.286<br>(0.375) | 0.203<br>(0.525) | 0.317<br>(0.324) | 0.301<br>(0.352) | 0.238<br>(0.457) |
| contralown | −0.035<br>(0.220) | −0.028<br>(0.323) | −0.039<br>(0.172) | −0.040<br>(0.167) | −0.033<br>(0.244) |
| 调整 $R^2$ | 0.189 | 0.213 | 0.200 | 0.197 | 0.219 |
| $F$ 值 | 6.864***<br>(0.000) | 7.118***<br>(0.000) | 7.275***<br>(0.000) | 6.556***<br>(0.000) | 6.274***<br>(0.000) |
| 被解释变量 | lndirepay | lndirepay | lndirepay | lndirepay | lndirepay |
| N | 228 | 228 | 228 | 228 | 228 |

注：*** 表示在 1% 水平下显著；** 表示在 5% 水平下显著；* 表示在 10% 水平下显著。

## 六、研究结论及启示

管理层薪酬制度是现代企业公司治理结构中的重要组成部分，与其他监管机制一样，是所有者用于减轻代理成本的一种手段。但目前家族类上市公司控股家族利用控股权的优势给自己定薪，从而使得作为解决代理问题的监管替代机制的薪酬激励制度失效，甚至成为控股家族掠夺其他中小投资者利益的隐蔽手段。本文通过选取 2007 年 228 家家族类上市公司和 770 家非家族类上市公司，实证分析得出家族类上市公司来自家族的高管薪酬、家族高管薪酬与其职工年收入的比值明显比非家族类上市公司高管薪酬、高管薪酬与其职工年收入的比值高，并且家族类上市公司家族高管的薪绩敏感度低；然后通过对公司治理与家族高管薪酬问题进行实证分析，得出独立董事一定条件下可以提高家族高管薪酬对公司绩效的敏感度，但以家族高管的高薪酬为代价，第二大股东与家族高管薪酬呈显著正向关系，说明第二大股东更多的情况是配合控股家族掠夺外部中小股东的利益，家族高管薪酬的确定基本不受其他股东的约束。本文的启示是：不可否认企业家精神对公司业绩的重要性，但也要进一步加强家族类上市公司公司治理，特别是独立董事制度，增强其独立性，发挥其在公司高管薪酬制度制定方面的积极作用，防止控股家族利用控制权的优势给自己定很高的薪酬并且减少对公司绩效的敏感度，"旱涝保收"，削弱了薪酬制度的激励作用，甚至成为控股家族很隐蔽的掠夺外部中小投资者利益的手段，从而使得作为解决代理问题的薪酬机制自身也成为代理问题之一部分。

本文研究可能存在的局限性包括以下两个方面：(1)只考虑了公司高管薪酬的货币总额，没有考虑对公司高管股权激励等非货币性薪酬激励手段，特别是国有企业高管的股权激励，得出的结论可能会有一定的误差。(2)本文所选取的样本期间仅限于 2007 年的数据，缺乏更长时期的实证数据，在一定程度上制约了结论的普遍性。

（作者电子邮箱：chenlinrong71@126. com）

## 参考文献

[1]李新春. 家族企业：组织、行为与中国经济[M]. 上海：上海三联书店，2005.

[2]魏刚. 高级管理层激励与上市公司经营绩效[J]. 经济研究，1999，3.

[3]谌新民，刘善敏. 上市公司经营者报酬结构性差异的实证研究[J]. 经济研究，2003，8.

[4]张必武，石金涛. 董事会特征、高管薪酬与薪绩敏感性——中国上市公司的经验分析[J]. 管理科学. 2005，8.

[5]邵平，刘林，孔爱国. 高管薪酬与公司业绩的敏感性因素分析——金融业的证据. 财经研究[J]. 2008，1.

[6]卢锐. 管理层权力、薪酬与业绩敏感性分析——来自中国上市公司的经验证据[J]. 当代财经，2008，7.

[7]王明琳，周生春. 控制性家族类型、双重三层委托代理问题与企业价值[J]. 管理世界，2006，8.

[8]Jensen, Meckling. Theory of the firm：Managerial behavior, agency costs, and ownership structure[J]. Journal of Economics, 1976, 3.

[9]Jensen, M. C.. Agency costs of free cash flow, corporate finance, and takeovers[J]. American Economic Review, 1986, 76.

[10]Andrei Shleifer, and Robert W. Vishny. A survey of corporate governance[J]. The Journal of Finance, 1997, 2.

[11]Holderness, C., and Sheehan, D. The role of majority shareholders in publicly-held corporations[J]. Journal of Financial Economics, 1988, 20.

[12]Shmuel Cohen, and Beni Lauterbach. Differences in pay between owner and non-owner CEOs：Evidence from Israel[J]. Journal of multinational financial management, 2008, 18.

[13]Traichal, Patrick A., George W. Gallinger, and Steve A. Johnon. The relationship between pay-for-performance contracting and external monitoring[J]. Managerial Finance. 1999, 25.

[14]Mishra Chandra S., and Nielsen James F.. Board independence and compensation policies in large bank holding companies[J]. Financial Management, 2000, 3.

[15]Shleifer, A., Vishny R.. Large shareholders and corporate control[J]. Journal of Political Economy, 1986, 3.

[16]Lafacl La Porta, Florencio Lopez de Silanes, and Andrei Shleifer. Corporate ownership around the world[J]. The Journal of Finance, 1999, 2.

# Empirical Analyses of the Governance of Family Firms' Managers' Compensation

Chen Linrong[1,2]

(1 Post-doctoral research station of Business Administration of Fudan University, Shanghai, 200433;

2 Accounting School of Hangzhou Dianzi University, Hangzhou, 310018)

**Abstract:** The compensation system based on firm's performance is a governance mechanism reducing the proxy cost by the owners. We select the data of 227 family and 770 non-family listed companies in 2007, the result shows that the compensation of managers from family firms, the income ratio between family managers and the staff of family firms is higher than non-family firms', and the pay performance sensitivity of family firms is less than non-family firms'. Then we analyze the relation between corporation governance and the question of family companies' compensation, we get that independent director system can enhance the pay performance sensitivity, but managers from family companies get higher salary, the relation between the second majority shareholder and family managers' compensation is positive. Finally we advise that corporation governance of family firms especially the independent director system should be perfected, we prevent firms from deciding a very high compensation for family managers and reducing pay performance sensitivity by making use of control right, which weakens the compensation system drive function, even becomes the method that the controlling family plunders the outer minority shareholders' interests, and thus enables as solving a proxy question the compensation mechanism oneself also to become of a part of proxy questions.

**Key words:** Family firm; Managers' compensation; Pay performance sensitivity; Corporation governance

# 职业经理忠诚度的影响因素与形成机理[*]
## ——基于我国家族企业的实证研究

● 吉 云[1]　 张建琦[2]　 姚洪心[3]

（1，3 汕头大学商学院　汕头　515063；2 中山大学岭南学院　广州　510275）

【摘　要】职业经理缺乏忠诚度是我国家族企业面临的重大难题。本文提出并验证职业经理是否忠诚于企业主的决策过程模型，揭示相关因素的影响路径和作用机理。结果表明，经理人首先对自身、组织、雇主、工作以及其他工作机会等因素进行感知，这一感知满意度的增加会反映在工作满意度、组织承诺度以及工作主动性等态度变化上，进而引致其工作状态好转和工作搜寻动机降低，之后职业经理的忠诚度得以保持。该研究聚焦于诱发离职的决策过程，加深了对家族企业职业经理忠诚度形成机理的理解。

【关键词】家族企业　职业经理　忠诚度　形成机理

## 一、引言

"任人唯亲"的家族制度是一种低效的企业治理模式，这种封闭的企业制度没有充分利用市场上的管理资源，其核心管理人才的任用局限在家族成员的范围之内，企业经营没有达到其生产可能性边界。但奇怪的是，我国大多数民营企业却依然采用这种效率低下的治理制度（储小平，2000）。家族模式成为我国民营企业甚至很多海外华人企业的"均衡"组织形态的原因很多。职业经理忠诚度低下，"背叛"雇主，导致企业主"信不过"经理人，使民营企业的运作"退回"到封闭的家族模式则是其中最主要的原因（吉云和张建琦，2007；李新春，2002）。

经理阶层的崛起是西方企业近代以来持续发展的主要动力，而随之产生的所谓"经理革命"则是古典制企业形态向现代企业形态转变的重要标志。可以说，没有企业家式企业的职业经理化，就没有现代工商企业管理的专业化和职业化。因此长远来看，引入职业经理，并转变为以职业经理为主导的经理型企业，是我国民营企业真正成长为"现代企业"的必由之路。在这一过程中，解决职业经理的忠诚度问题至关重要。

员工忠诚度在国内外文献中被界定为自愿离职问题。相关研究大体上沿两个方向发展，即经济（或劳动市场）学派和心理学派。前者注重外部因素的影响，后者则更多地强调员工个人因素的作用（Lee & Mitchell，1994）。现有文献大多以一般员工为研究对象，很少研究职业经理这一特殊群体的忠诚度问题，而以家族企业为研究主题的相关实证分析更为少见。此外，基于西方文化背景提出的分析框架主要引入工

---

＊ 本文是国家自然科学基金项目"民营企业经理人进入障碍的实证分析与治理机制研究"（项目批准号：70372055）的阶段性成果，本研究还受"汕头大学创新团队建设项目"（项目批准号：ITC10004）的资助，一并致谢。

作、组织、环境等客观变量，很少关注雇主自身因素的影响。由于制度、文化环境以及职业经理的成长阶段不同，由此提出的治理措施对我国企业来说可能缺乏针对性和实用性。国内研究大多也套用国外的理论框架，缺乏足够本土因素的引入和考察（张勉，2006），尤其缺乏对职业经理忠诚度形成机理的实证考察。我们以家族企业职业经理为研究对象，立足本土，充分考虑职业经理忠诚度问题的特殊性。在引入足够多本土因素的基础上，全面分析个人、组织和雇主因素对职业经理忠诚度的作用过程和影响效应，以期给出职业经理作出是否忠诚于公司的决策的完整模型。企业可以据此建立多阶段、全方位的管控体系，为民营企业提高职业经理的忠诚度，实现雇主与经理人之间的彼此信任，最终摆脱"家族主义困境"提供参考。

## 二、文献综述

在大多数国内外研究中，忠诚度低下的问题被界定为自愿离职或"背叛"问题，其对公司的负面影响虽然难以准确估计（Kevin et al.，2004），但却是毋庸置疑的。而对我国家族企业而言，职业经理大多身居要职，又是企业内的核心资源，其行为对企业具有举足轻重的影响，因此他们"背叛"公司带来的危害更为严重。其离职不但直接导致企业的正常运营陷入混乱，而且还会带动其下属或其他同事纷纷"出走"，其结果有时甚至是致命的。李新春的调查研究就显示（李新春，2003），私营企业主引入职业经理时最担心的就是信任和忠诚（占将近50%）。与此相关，雇用经理人的主要障碍也来自于对其出走的疑虑，如企业重要商业"隐私"信息（如企业避税资料）的泄露或流失等。而职业经理通过滥用权力、带走核心资源、跳槽到竞争对手处等多种背叛行为，也严重损害民营企业家的利益（戴园晨，2003）。

经典离职过程模型把离职归因于员工感知到的满意度和实际离职的容易程度（March & Simon，1958）。在经典模型基础上，离职过程研究的第一个重要进展来自 Mobley 等（1977）提出的中介联系模型。该模型研究了工作满意度导致员工最终自愿离职之间的具体作用过程和机理，其中包括：现状评估、满意度感知、考虑退出、评估搜寻行为的期望效用和成本、搜寻意愿产生、进行搜寻活动、评价其他工作机会、与现状的比较、离职意愿产生、实际离职。其最大价值在于给出了相关心理过程的描述。后来的扩展模型在相关阶段增加了个人价值观和工作期望、员工的角色外行为、人际联系、传统价值观念等因素的影响（Chen et al.，2007）。这类模型的最大缺陷在于其意味着一个线性的理性决策程序，并未包括所有可能的离职过程类型（Lee & Mitchell，1994）。

为了弥补 Mobley 中介联系模型的不足，Lee 和 Mitchell（1994）从心理行为学角度提出了一个自愿离职展开模型。该模型在引入"冲击"概念的基础上提出了五种不同的离职决策路径，其中一条典型路径（路径3）为："冲击"产生、个人—组织匹配评估、工作满意度感知、其他工作搜寻、其他工作评估、其他工作期望与现状的比较、离职意愿产生、实际离职。Holt 等（2007）利用美国空军军官的样本对该模型的检验结果显示，47%的被访者按照 Lee 和 Mitchell 提出的五种不同离职路径离开组织，而修正过的展开模型则可以解释高达83%的离职决策。

"嵌入"模型强调与员工相关的社会关系网络对其离职决策过程的影响，提出用工作嵌入度来解释员工的离职意愿和离职行为（Mitchell et al.，2001）。工作嵌入度构念可用来反映员工与特定社会网络（社区或组织等）联系的状况。Lee 等（2004）将其具体化为两个维度进行测度，即：工作内（on-the-job）和工作外（off-the-job）嵌入度，相关实证结果支持了"嵌入"模型。Mossholder 等（2005）发现，个体居于网络中心的程度（network centrality）和人际公民行为（interpersonal citizenship behavior）这两个关系变量显著地影响到员工5年后是否发生实际的离职行为，该研究也在一定程度上支持了"嵌入"模型。对我国的职业经理而言，嵌入度还包括一个重要的维度——"关系"，私人关系破裂是离职行为的重要成本，职业经理在离职过程中会将其纳入考虑范围。

上述研究为我们分析职业经理忠诚度的形成机理提供一定的理论基础和研究框架。但职业经理这一特殊群体对家族企业忠诚与否的决策并不一定完全符合现有过程模型的预测，比如，创业机会带来的"冲击"引致的离职过程就难以归类为 Lee 和 Mitchell（1994）提出的任何一种路径。而与雇主之间"关系"的恶化导致的"背叛"也很难在 Mobley（1977）提出的中介联系模型及其扩展框架下得到考察。此外，由于东西方文化背景和制度环境存在很大差异，很多对离职过程和机制具有重要影响的本土因素难以在国外研究框架下得到考察，比如，中国家族企业员工常常将组织与雇主自身等同，其对雇主特征和行为的感知在决策过程中具有关键作用，而现有过程模型却并未对此加以关注。而现阶段法律制度不健全、市场约束不完善也会影响到家族企业职业经理对于离职成本和收益的计算，此种外部环境的差异也难以在现有框架下进行分析。基于中国情景提出并验证职业经理忠诚度的形成过程模型，揭示其影响路径和作用机理非常必要。

## 三、研究方法

### （一）理论框架

在现有文献及企业实地调查访谈基础上，我们提出了如图 1 所示的理论框架：相关因素通过两次中介效应的传导最终决定职业经理对家族企业的忠诚度。（具体理论基础备索）

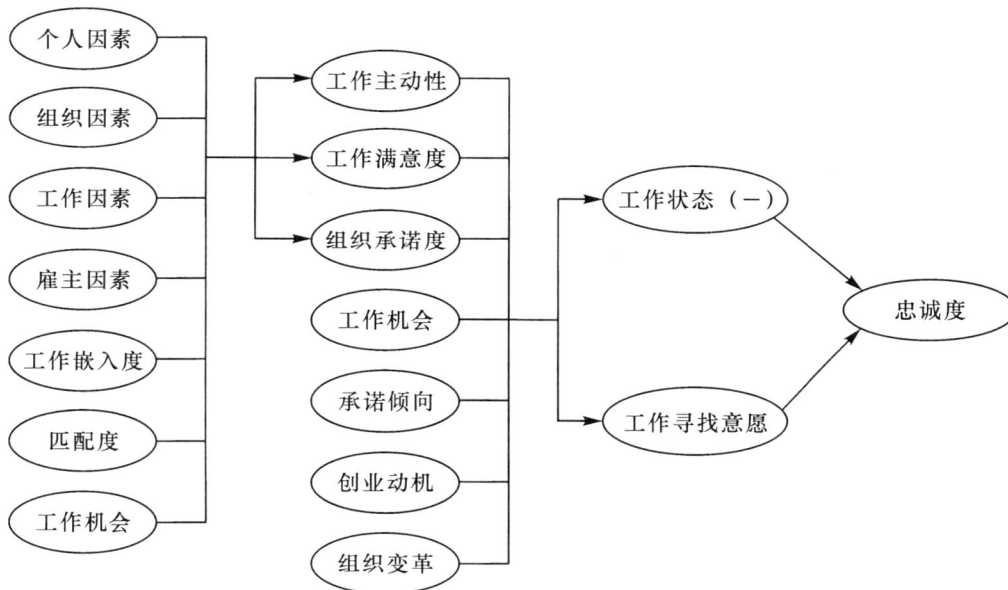

图 1　理论框架

### （二）样本

调查对象为家族企业的职业经理，样本取自广东省。量表通过现场填写、邮寄以及电子邮件等方式发放。发出 1500 份，回收 568 份，回收率达到 38%。去除含有过多缺填项或明显随意填写的问卷后，有效问卷为 550 份。调查对象中男性 332 人、女性 201 人、未填写性别者 17 人；已婚 217 人、未婚 316 人，未填者 17 人。根据有效问卷提供的简单描述统计信息可知（见表 1），用于实证分析的样本能够充分代表抽样总体。

表1

**样本简单描述统计量**

| 变量 | 均值 | 最大值 | 中位数 | 最小值 | 标准差 | 样本数 |
|------|------|--------|--------|--------|--------|--------|
| 年龄（岁） | 28.45 | 60 | 27 | 18 | 5.79 | 528 |
| 职位 | 1.61 | 3 | 2 | 1 | 0.64 | 524 |
| 总工龄（年） | 6.92 | 37 | 5 | 0.5 | 5.80 | 509 |
| 本公司工龄（月） | 33.42 | 214 | 24 | 1 | 29.50 | 517 |
| 教育程度 | 2.16 | 4 | 2 | 1 | 0.88 | 528 |
| 工作经验（家） | 2.11 | 13 | 2 | 0 | 1.70 | 508 |
| 所在公司规模 | 1.80 | 3 | 2 | 1 | 0.58 | 522 |
| 公司历史（年） | 10.22 | 30 | 9 | 1 | 8.04 | 509 |

## （三）变量和测项

我们首先经过文献筛选初步确定引入模型进行实证检验的变量，并按照相关文献提供的量表设计测度指标；之后根据实地调查和深度访谈资料对原始量表作进一步修改和扩展；随后经过多轮内部和外部会议讨论，按照英文原文和中文语言习惯对相关变量、测项及其表述进行删改和扩充，使之既符合中文表述习惯且易于理解，又满足内容效度的要求；最后将由此形成的量表请5位不同学历层次的在职职业经理和5位在校非本专业的学生试填，并给出试填的感受和建议，在此基础上再通过内部会议讨论，最终确定用于正式调查的量表。

我们用问题"我希望在公司一直工作到退休"（Likert 7 分制）来度量被解释变量——职业经理忠诚度。应用 SPSS16.0 软件对调查数据进行探索性因子分析（EFA）。KMO 检验统计量为 0.938，Bartlett 球形检验统计量为 3160（$p < 0.001$），表明数据非常适合进行因子分析。在获得因子结构后，根据相关因子载荷矩阵及其对应测项的含义重新定义变量和归并，重新定义和命名新构念。EFA 中因载荷过低而被删除的变量包括职业成长机会和匹配度，表明本文构造的这两个构念其效度不能满足分析要求（见表2）。在 EFA 给出的因子结构基础上，我们选取每个因子所包含测项中载荷值最大的四个（不足四个测项的全部选取）应用 LISREL8.72 软件进行验证性因子分析（CFA）。并将通过验证性因子分析的构念（$\lambda > 0.5$）进行进一步的信度检验，具体采用 SPSS 给出的 Cronbach's $\alpha$ 系数进行判断，系数 $\alpha > 0.7$ 的变量通过信度检验。

表2

**变量和测项数**

| 简写 | 测项数 | 变量名 | 简写 | 测项数 | 变量名 | 简写 | 测项数 | 变量名 |
|------|--------|--------|------|--------|--------|------|--------|--------|
| JSC | 4 | 满意度和承诺度 | JC | 3 | 工作自主性 | OJ | 2 | 其他工作机会 |
| JFC | 4 | 工作主动性 | JP | 4 | 工作压力 | JI | 3 | 工作参与度 |
| JA | 2 | 工作状态（-） | BCI | 4 | 雇主重视 | PC | 3 | 承诺倾向 |
| JL | 3 | 工作寻找意愿 | BFT | 4 | 雇主公平与信任 | EM | 3 | 创业动机 |
| OSC | 4 | 组织条件和机会 | BLH | 4 | 雇主领导力 | CR | 1 | 组织变革 |
| SR | 3 | 关系氛围 | JE | 2 | 工作嵌入度 | TOVL | 1 | 忠诚度 |

## （四）实证检验方法

通过前面一系列效度和信度检验后的数据用于之后的正式实证分析。SEM 应用 LISREL8.72 软件的路径分析程序进行，我们先按照图 1 给出的假设路径进行初始模型的拟合，然后根据反馈出来的修正指数以及相关理论逐步修改模型，最终获得拟合程度最佳且符合理论的"好"模型。

# 四、结果

## （一）职业经理忠诚度形成过程模型的拟合优度

图 2 给出两个待选模型的基本结构，表 3 给出原模型 M1 和修订模型 M2 的主要拟合指数。根据 SEM 拟合标准可以判定，M2 对于本研究样本数据具有较高的拟合优度，是一个"好"模型，可以确定为最终的职业经理忠诚度形成过程模型。

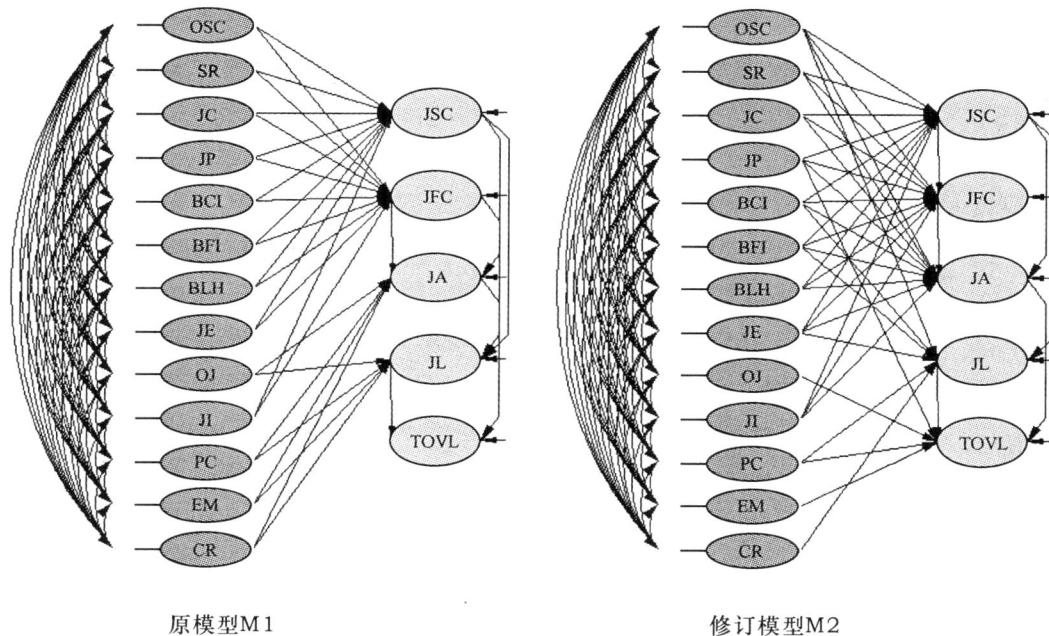

原模型M1    修订模型M2

图 2　SEM 检验待选模型

表 3　　　　　　　　　　　　　　　　SEM 模型拟合指数比较

| 模型 | | df | RMSEA | AIC | NFI | NNFI | CFI | GFI | AGFI |
|------|---------|------|-------|---------|------|------|------|------|------|
| M1 | 2630.16 | 1069 | 0.057 | 3042.16 | 0.94 | 0.96 | 0.96 | 0.81 | 0.78 |
| M2 | 2471.02 | 1058 | 0.054 | 2905.02 | 0.95 | 0.96 | 0.97 | 0.82 | 0.78 |

## （二）标准化路径系数及影响效应分解

表 4 给出了最终选定模型 M2 的标准化路径系数及其显著性，表 5 给出了各变量对被解释变量的直接效应、间接效应和总效应，这是本文的核心结果。

表4　　　　　　　　　　　　结构方程模型 M2 的标准化路径系数

| | 变量 | JSC | JFC | JA( − ) | JL | TOVL |
|---|---|---|---|---|---|---|
| 中介变量 | 满意度和承诺度(JSC) | —— | 0.39 *** | − 0.43 *** | − 0.09 | —— |
| | 工作主动性(JFC) | —— | —— | 0.09 | —— | —— |
| | 工作状态(JA)( − ) | —— | —— | —— | —— | − 0.12 ** |
| | 工作寻找意愿(JL) | —— | —— | —— | —— | − 0.54 *** |
| 前因变量 | 组织条件和机会 | − 0.02 | − 0.1 | − 0.1 | − 0.18 ** | —— |
| | 雇主领导力 | 0.09 | 0.37 *** | 0.11 | —— | —— |
| | 雇主公平与信任 | 0.02 | − 0.16 * | 0.07 | − 0.13 | —— |
| | 雇主重视 | 0.14 * | − 0.02 | 0.2 ** | − 0.12 * | —— |
| | 工作压力 | − 0.08 | − 0.05 | 0.48 *** | —— | 0.16 *** |
| | 工作自主性 | 0.17 ** | 0.18 ** | − 0.22 *** | —— | —— |
| | 工作参与度 | 0.26 *** | 0.15 ** | − 0.04 | —— | —— |
| | 关系氛围 | 0.25 *** | − 0.02 | 0.13 | —— | —— |
| | 工作嵌入度 | 0.06 | − 0.13 *** | 0.03 | − 0.16 *** | —— |
| | 创业动机 | —— | —— | —— | —— | − 0.05 |
| | 承诺倾向 | —— | —— | —— | − 0.31 *** | 0.23 *** |
| | 其他工作机会 | —— | —— | —— | —— | − 0.09 ** |
| | 组织变革 | —— | —— | —— | 0.10 ** | —— |
| | $R^2$ ( N = 456) | 0.53 | 0.55 | 0.56 | 0.53 | 0.52 |

注:* 表示在 0.10 的水平上显著;** 表示在 0.05 的水平上显著;*** 表示在 0.01 的水平上显著。

## 五、讨论

根据上节结构方程模型检验结果发现,职业经理对决定是否忠诚于家族类企业主的基本过程包括四个阶段。首先,对自身、组织、雇主、工作和其他工作机会因素进行感知。其次,感知水平的上升使得工作满意度、组织承诺度以及工作主动性等发生变化。再次,职业经理工作状态好转,从而降低工作搜寻动机。最后,职业经理的忠诚度得以维持。其作用机理以下给予具体讨论:

### (一)前因变量的影响效应

Mobley[1] 等,Maertz 和 Griffeth[2] 等指出,个人、组织、雇主以及工作等方面因素对离职的影响作用是间接发生的,职业经理对这些因素的感知并不会立刻反映在是否忠诚的最终决策上。我们的研究在中国情境下证实了这一离职的"过程论"。本文发现,就总效应而言,承诺倾向、组织条件和机会、工作压力、工作嵌入度、其他工作机会、雇主公平与信任、组织变革、工作自主性和工作参与度等九个前因变量会通

---

① Mobley, W. H.. Intermediate linkages in the relationships between job satisfaction and employee turnover[J]. Journal of Applied Psychology, 1977, 62: 237-240.

② Kevin, M., John, L. C., and Adrian, W.. The role of shocks in employee turnover[J]. British Journal of Management, 2004, 15: 335-349.

过一系列中间过程影响职业经理的忠诚度(见表5)。其中,经理人对工作自主性、工作参与度的感知状况显著影响其工作满意度和组织承诺度;雇主公平与信任、工作自主性、工作参与度和工作嵌入度则显著影响工作主动性。这些感知类变量通过满意度、主动性等态度类变量的中介作用最终影响忠诚度。工作压力和工作自主性还通过影响工作状态的渠道对职业经理忠诚度产生效应。而组织条件和机会、工作嵌入度、承诺倾向和组织变革则通过工作搜寻动机来影响职业经理的忠诚度。此外,工作压力、承诺倾向和其他工作机会对忠诚度具有直接效应。这一系列复杂的影响机制得到了本文实证结果的支持(见表4)。

表5 各变量影响效应分解

| | 变量 | 直接效应 | 间接效应 | 总效应 |
|---|---|---|---|---|
| 中介变量 | 满意度和承诺度 | —— | 0.10 ** | 0.10 ** |
| | 工作主动性 | —— | -0.01 | -0.01 |
| | 工作状态(-) | -0.12 ** | —— | -0.12 ** |
| | 工作寻找意愿 | -0.54 *** | —— | -0.54 *** |
| 前因变量 | 组织条件和机会 | —— | 0.11 ** | 0.11 ** |
| | 雇主领导力 | —— | 0.02 | 0.02 |
| | 雇主公平与信任 | —— | 0.07 * | 0.07 * |
| | 雇主重视 | —— | 0.05 | 0.05 |
| | 工作压力 | 0.17 *** | -0.07 ** | 0.10 ** |
| | 工作自主性 | —— | 0.04 ** | 0.04 ** |
| | 工作参与度 | —— | 0.03 ** | 0.03 ** |
| | 关系氛围 | —— | 0.01 | 0.01 |
| | 工作嵌入度 | —— | 0.09 *** | 0.09 *** |
| | 创业动机 | -0.05 | —— | -0.05 |
| | 承诺倾向 | 0.23 *** | 0.17 *** | 0.40 *** |
| | 其他工作机会 | -0.09 ** | —— | -0.09 ** |
| | 组织变革 | —— | -0.06 ** | -0.06 ** |

注:* 表示在 0.10 的水平上显著;** 表示在 0.05 的水平上显著;*** 表示在 0.01 的水平上显著。

### (二)中介变量的作用机理

就总体效应而言,四个中介变量中有三个对经理人的忠诚度具有显著影响。首先,较高的满意度和承诺度会提高职业经理忠诚度,经理人是否充满工作热情,是否能从工作中获得满足感以及是否在感情上忠诚于公司对其是否愿意留在公司具有重大影响。现有研究表明,导致这类心理态度变化的原因非常多[①]。但正如本文过程模型所揭示的那样,经理人对自身、组织、雇主、工作以及其他机会的感知是其核心影响变量,这些因素通过该渠道间接影响职业经理是否忠诚于公司。

其次,工作状态对忠诚度具有较强解释力。在我们最终选定的过程模型 M2 中,工作状态对忠诚度的影响是直接的。虽然据此不能完全判定二者的因果关系,但至少可以确定的是,较差的工作状态伴随着较

---

① Price, J. L. . Reflections on the determinants of voluntary turnover[J]. International Journal of Manpower, 2001, 22(7): 600-624.

低的职业经理忠诚度。工作状态反映出经理人为了获取组织报酬而愿意付出努力的程度，努力意愿的减少可以看成是员工计划离开公司的一个信号。影响工作状态的直接前因较为复杂，除了工作满意度和承诺度之外，雇主重视、工作压力、工作自主性等三个变量也对其具有直接影响。

最后，工作寻找意愿对忠诚度具有较强的影响效应，其标准化路径系数达到惊人的 0.54（p < 0.001）。中介联系模型指出，工作搜寻在员工的离职决策过程中扮演着非常重要的角色。不过奇怪的是，现有文献还鲜有研究发现工作寻找与忠诚度之间的显著关系①。本文利用截面数据获得了两者之间负相关的有力证据。该结果表明，经理人在产生离职倾向之前会保持谨慎，即其忠诚度决策并不是贸然作出的，在真正下决心辞职之前已经通过工作搜寻获得足够信息以做好充分准备。当然，产生工作寻找动机的原因是复杂的，正如表 4 所示，除了一些前因变量的间接影响之外，组织因素、雇主重视、工作嵌入度、承诺倾向以及组织变革等都会直接促使经理人产生寻找其他工作机会的想法。

## 六、结论

对职业经理忠诚度形成机理的分析可以帮助家族企业建立和完善其离职预控体系，一方面有利于民营企业持久保留管理资源，提升其管理能力；另一方面则有助于企业家与职业经理之间的相互信任，实现双方的真诚合作，使家族企业从古典企业形态真正成长为"现代企业"。

我们应用结构方程模型方法得到的职业经理忠诚度形成过程模型表明，职业经理忠诚与否的决策沿着一定过程和顺序展开。员工首先对相关个人、组织、雇主、工作以及其他工作机会等因素进行感知，这一感知满意度的增加会反映在工作满意度、组织承诺度以及工作主动性等态度变化上，进而导致员工工作状态好转和工作搜寻动机降低，最后作出决策。

就总效应而言，除工作主动性、雇主领导力、雇主重视、人际氛围、创业动机之外，其他 12 个变量均对职业经理的忠诚度具有显著影响。其中，工作状态、工作寻找意愿、其他工作机会全部通过直接的方式影响忠诚度；工作压力和承诺倾向同时通过直接和间接的渠道影响忠诚度；其他显著变量则完全通过间接渠道对忠诚度产生影响。基于这一形成机理可以设计出相应的多角度、全方位、分阶段的维持职业经理忠诚度的管控措施。

（作者电子邮箱：jiyun@ stu. edu. cn；winkie2004@ 163. com）

## 参考文献

[1]储小平. 家族企业研究：一个具有现代意义的话题[J]. 中国社会科学，2000，2.

[2]戴园晨. 民营企业经理人忠诚靠什么保证[N]. 经济参考报，2003，3.

[3]吉云，张建琦. 民营企业引入职业经理过程中的逆向选择问题[J]. 南方经济，2007，9.

[4]李新春. 经理人市场失灵与家族企业治理[J]. 管理世界，2003，4.

[5]李新春. 信任、忠诚与家族主义困境[J]. 管理世界，2002，6.

[6]张勉. 企业雇员离职意向模型的研究与应用[M]. 北京：清华大学出版社，2006.

[7]Chen, Z. X., and Aryee, S.. Delegation and employee work outcomes: An examination of the cultural context of mediating processes in China[J]. Academy of Management Journal，2007，50(1).

---

① Hom, P. W., Caranikas, W., F., Prussia, G. E., and Griffeth, R. W.. A meta-analytical structural equations analysis of a model of employee turnover[J]. Journal of Applied Psychology，1992，77：890-909.

[8] Holt, D. T. , Rehg, M. T. , and Lin J. S. . An application of the unfolding model to explain turnover in a sample of military officers[J]. Human Resource Management, 2007, 46(1).

[9] Lee, T. W. , and Mitchell, T. R. . An alternative approach: the unfolding model of voluntary employee turnover[J]. Academy of Management Review, 1994, 19(1).

[10] Lee, T. W. , Terence, M. R, and Chris, S. J. . The effects of job embeddedness on organizational citizenship, Job performance, Volitional absences, and voluntary turnover[J]. Academy of Management Journal, 2004, 47(5).

[11] Maertz, C. P. , and Griffeth, R. W. . Eight motivational forces and voluntary turnover: A theoretical synthesis with implications for research[J]. Journal of Management, 2004, 30(5).

[12] March, J. , and Simon, H. . Organization[M]. New York: Wiley, 1958.

[13] Mitchell, T. R. , Holtom, B. C. , and Lee, T. W. . Why people stay: Using job embeddedness to predict voluntary turnover[J]. Academy of Management Journal, 2001, 44(6).

[14] Mossholder, K. W. , Setton, R. P. , and Henagan, S. C. . A relational perspective on turnover: Examining structural, attitudinal, and behavioral predictors[J]. Academy of Management Journal, 2005, 48(4).

# The Determinants and Forming Mechanism of Professional Manager Loyalty:
## An Empirical Research Based on Family Enterprises

Ji Yun[1]   Zhang Jianqi[2]   Yao Hongxin[3]

(1, 3 Business School Shantou University, Shantou, 515063;

2 Lingnan College Sun Yat-sen University, Guangzhou, 510275)

**Abstract:** The lack of professional manager loyalty is a significant problem Chinese family firms are facing. We empirically propose and testify a forming process model of manager loyalty, explain the transmitting channels and generating mechanism of relevant factors. The empirical results indicate that manager firstly takes some perception about the factors such as himself, organization, employer, job and job alternatives. Then the high level of perception results in the attitude change of the job satisfaction (JS), organization commitment (OC) and job initiative. The latter in turn brings about better job state and lower job search motivation. At last, loyalty is maintained. This study focuses on the decision making process through which turnover propensity occurs, deepens understanding of the formation mechanism of professional manager loyalty to family enterprise.

**Key words:** Family enterprise; Professional manager; Loyalty; Forming mechanism

# 中小企业领导者声誉对客户购买意愿的影响[*]

● 黄　静[1]　王新刚[2]　童泽林[3]

（1，2，3 武汉大学经济与管理学院，湖北　武汉　430072）

【摘　要】本文致力于 B2B 商业环境下中小企业领导者声誉对客户购买意愿的影响研究。运用实验法检验了中小企业领导者声誉的两个维度"能力"和"诚信"在不同类型风险条件下对客户购买意愿的影响。结果表明：在非系统风险条件下，能力比诚信对客户购买意愿的积极影响更显著；而在系统风险条件下，诚信比能力对客户购买意愿的积极影响更显著。

【关键词】中小企业领导者声誉　非系统风险　系统风险　购买意愿

## 一、引言

近年来，学术界对企业领导者声誉进行了广泛研究（Clark & Montgomery，1998；Zott et al.，2007），因为企业领导者声誉可通过影响客户的购买意愿来提高企业业绩[①]。有学者甚至认为企业领导者声誉已成为企业的重要资产（Balachander，2000）。在企业实践中也的确如此，我们看到企业领导者声誉影响企业绩效的例子比比皆是。而中小企业领导者的声誉对组织的代表性和影响力更加凸显，当企业规模小时，企业领导者直接与客户接触，其能力和诚信水平更容易为交易伙伴感知[②]。能力和诚信作为构成企业领导者声誉的两个主要维度（Miller et al.，1986）对客户购买意愿具有重要影响（Ewing，Caruana & Loy，1999）。但在复杂的商业环境下，客户往往会面临一些现实的选择困境：有些企业领导者凸显能力强而形成声誉（能人），而有些企业领导者则突出诚信为本建立起声誉（好人）。那么客户究竟是要选择能力强的企业领导者还是选择诚信度高的企业领导者作为合作伙伴呢？由于市场信息不对称，所以风险规避是影响客户购买决策的重要因素之一（Rust et al.，1999）。企业领导者能力和诚信都有利于客户减少风险感知，但是在不同风险类型条件下，企业领导者能力和诚信对客户购买意愿的影响是否有差别呢？对这一现实中十分重要的问题，现有的理论研究还没有答案。本文欲对此展开研究，探讨中小企业领导者声誉的两个维度（能力和诚信）在不同风险条件下对客户购买意愿的影响，即在非系统风险条件下中小企业领导者声誉的能力维度是否对客户购买意愿影响更大，而在系统风险条件下中小企业领

＊ 本文受国家自然科学基金项目"断裂的消费者—品牌关系再续研究"（项目批准号：70772045）和教育部首届学术新人奖项目资助。

① Cheema，A.．Surcharges and seller reputation［J］．The Journal of Consumer Research，2008，35（1）：167-177.

② Mayer，R. C.，and Davis，. J. H. The effect of the performance appraisal system on trust for management：a field quasi-experiment［J］．Journal of Applied Psychology，1999，84（1）：123-136.

导者声誉的诚信维度是否对客户购买意愿影响更大？

## 二、文献回顾

### 1. 企业领导者声誉

关于企业领导者声誉研究的文献中，常常提到企业领导者声誉、首席执行官声誉和企业家声誉（Ross，2002；Ranft et al.，2006）。不论称谓如何变化，这些称呼都是指直接参与经营活动，能够直接代表企业组织，并为企业经营成功或失败负责的人。结合本研究需要将企业领导者、首席执行官和企业家都统称为企业领导者。

虽然不同学科领域对于声誉的研究视角存在差异，但是它们都曾论证过企业领导者声誉的形成机制及其功能。管理学家认为企业领导者声誉是客户或者产品最终使用者对企业领导者行为的感知（Fombrun & Riel，1997）。他们主要通过情感因素，即企业领导者行为所形成的印象来评价企业领导者声誉（Yoon，Guffey & Kijewski，1993）。经济学家认为企业领导者声誉是一种符号，是组织外部利益相关者对企业领导者所创造绩效的感知，他们主要通过企业效益来评价企业领导者声誉（Ferris et al.，2003）。其他学者进一步对企业领导者声誉的功能做了相关实证研究，企业领导者声誉能够吸引和留住优秀员工（Markham，1972），提高客户的信任（Herbig，Milewicz & Golden，1994），降低客户感知到的风险（Ewing et al.，1999），增加企业联合的机会（Dollinger，Golden & Saxton，1997）。总之，企业领导者声誉会对整个企业产生巨大影响（Ram Charan & Geoffrey Colvin，2000）。

Ross（2002）进一步研究了企业领导者声誉的构成要素，如开拓创新、贯彻战略愿景、有效解决危机、诚实、高道德规范等。此外，在企业领导者声誉的测量中，尽管有很多属性构成（Grunig，1993），但在客户心目中，能力和诚信是所有属性当中最重要的属性（Miller et al.，1986）。其中，能力（ability）是指企业领导者完成某项工作所需具备的知识、技术和个性的总和；而诚信（integrity）是指企业领导者坚持贯彻符合社会道德规范的行为（Mayer et al.，1995）。

### 2. 非系统风险和系统风险

在管理学和经济学领域，非系统风险和系统风险有着广泛的研究（Brown & Warner，1985；Brealey et al.，2008）。基于Brown和Warner（1985）的观点，与宏观经济无关的风险称为非系统风险，这种风险只影响某一家企业收益，其他企业的收益则不会受到影响。非系统风险的诱发因素包括人员更替或新技术研发等（Shin & Stulz，2000）。如果企业领导者能良好地管理和控制企业活动，就能够有效控制非系统风险。系统风险则是与宏观经济运行有关的风险，该风险会影响到所有公司的收入（Brown & Warner，1985）。可能导致系统风险的因素包括财政政策、汇率或能源价格等（Brealey，Myers & Allen，2008）。因为系统风险是由宏观经济事件导致的，所以企业领导者一般很难控制该风险。

在营销学领域，非系统风险和系统风险也是一个广泛讨论的话题。现有研究常常将非系统风险和系统风险作为因变量。如果企业声誉（Fombrun，Gardberg & Barnett，2000）和客户忠诚度高[1]，就能够减少非系统风险的威胁[2]。由于这些研究重点是讨论其他变量对非系统风险的影响，因此有学者进一步拓展有关系统风险的研究。对于品牌资产强的企业而言，客户重复购买意愿更强（Keller，2003）、价格敏感性低

---

[1] Xueming，Luo，and Bhattacharya，C. B.. Corporate social responsibility，customer satisfaction，and market value[J]. Jouranl of Marketing. 2006，70(10)：1-18.

[2] Xueming，Luo. Quantifying the long-term impact of negative word of mouth on cash flows and stock price[J]. Marketing Science. 2009，72(9)：198-213.

（Ailawadi，Neslin & Lehmann，2003），并且利益相关者投资意愿更强①，从而实现企业现金流的波动相对较小，最终实现减少企业系统风险的功能。所以品牌资产有利于减少系统风险和非系统风险对企业经营绩效的影响。在营销领域里的这些相关研究充分证明了企业品牌投入、广告宣传、社会慈善捐款等活动对于企业来说并不仅仅是一项花费，而是一种具有长期收益的战略投资（Lukas，Whitwell & Doyle，2005）。但是目前把非系统风险和系统风险作为调节变量的研究甚少。本研究将进一步分析，中小企业领导者声誉（能力和诚信）在非系统风险和系统风险条件下对客户购买意愿的不同影响。

## 三、模型构建与假设

在文献回顾的基础上，本研究构建模型如图1所示。我们将中小企业领导者声誉的两个重要维度（能力和诚信）作为自变量，将客户购买意愿作为因变量。调节变量是市场风险类型，分别为非系统风险和系统风险。

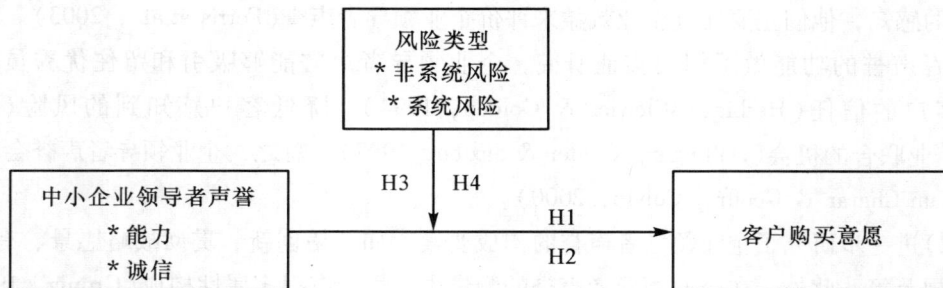

图1　研究模型

1. 中小企业领导者声誉与客户购买意愿

Annette L. Ranft 等（2006）提出企业领导声誉是与成就联系在一起的，它代表了高绩效，反应的是构成领导声誉的能力维度。中小企业领导者运用能力与利益相关者建立起信任关系，从而影响客户购买意愿。当中小企业领导者因为技术研发能力强时就会形成积极的印象，这种印象就会影响客户购买意愿。所以中小企业领导者能力对客户购买意愿会产生影响。Partha Dasgupta（1998）在博弈论的实证研究中发现企业领导的声誉可以解决信息不对称的问题。其原因是良好的声誉是一种资产，可以获得客户的信任，一旦企业领导者声誉受损企业就会蒙受损失（Kiramani & Rao，2000）。为了获得长远的经济效益，企业领导者就会选择诚信行为而放弃投机行为。因此客户更倾向于选择高声誉的卖方，这时企业领导者声誉发挥作用的是诚信维度，可见中小企业领导者诚信对客户购买意愿会产生影响。综上所述，我们提出如下假设：

H1：在 B2B 的商业条件下，中小企业领导者的能力会提高客户购买意愿。

H2：在 B2B 的商业条件下，中小企业领导者的诚信会提高客户购买意愿。

2. 风险类型的调节作用

由于非系统风险与宏观经济环境无关，仅仅是某个企业发生的事件，如新技术研发风险（Shin & Stulz，2000），所以非系统风险直接与中小企业领导者的技术研发能力相关（Chatterjee，Lubatkin & Schulze，1999）。可见，在非系统风险情况下开展交易活动，客户会更加关注中小企业领导者的能力。同

---

① McAlister Leigh，Raji Srinivasan，and MinChung Kim. Advertising，research and development，and systematic equity risk of the firm[J]. Journal of Marketing. 2007，71（1）：35-48.

时，性格归因理论①指出人们在评价能力时，会更加关注正面信息（Madon，Jussim & Eccles，1997；Martijn et al.，1992）。那么在非系统风险条件下，客户通常会选择与能力强的中小企业领导者进行交易。所以，在非系统风险条件下，中小企业领导者能力相比较于诚信而言，对客户购买意愿的积极影响更显著。

相反，系统风险与宏观经济相关，如汇率波动（Brealey，Myers & Allen，2008），所以中小企业领导者凭借其能力很难控制系统风险②。可见，在系统风险情况下开展交易活动，客户为了尽可能避免风险，会更加关注中小企业领导者的诚信。同时，性格归因理论指出人们在评价诚信时，会更加关注消极信息③④。而且人们本能地认为诚信度高的人在什么情况下都不会撒谎，而诚信度低的人，其行为则会视情况而定⑤。那么在系统风险条件下，客户通常不会选择与诚信度低的中小企业领导者进行交易。所以，在系统风险条件下，中小企业领导者诚信相比较于能力而言，对客户购买意愿的积极影响更显著。基于以上理论分析，我们提出如下假设：

H3：在非系统风险条件下，中小企业领导者能力相比较于诚信而言，对客户购买意愿的积极影响更显著。

H4：在系统风险条件下，中小企业领导者诚信相比较于能力而言，对客户购买意愿的积极影响更显著。

## 四、研究设计

研究设计为2（能力/诚信）×2（系统风险/非系统风险）的组间设计。本实验参与者为武汉地区高校在读MBA。男性占总人数的57%，女性占总人数的43%。该实验参与者基本上都具有五年及以上的工作经验。实验参与者共126人，实验参与者被告知，完成实验将获得5分平时成绩。实验过程大约40分钟。最终获得有效问卷112份，有效率为88%。

首先让实验参与者阅读一段有关中小企业领导者的简要描述。实验参与者被随机分配到凸显中小企业领导者能力或诚信的小组，通过阅读脚本激发实验参与者对中小企业领导者声誉的认知。为检验操控是否成功，实验参与者要求填写中小企业领导者声誉操控检查量表。检验操控完成以后，实验参与者被随机分配到非系统风险和系统风险环境中，并让实验参与者阅读脚本，激发其对非系统风险和系统风险的认知。最后，通过购买意愿测量检查中小企业领导者能力和诚信在非系统风险和系统风险条件下对客户购买意愿产生不同的影响。

本研究所使用的量表来自于前人的研究。中小企业领导者能力和诚信测量的问项来自于Kim等. (2004)关于企业高管能力和诚信的研究。该量表测量的内容完全适用于本研究中小企业领导者声誉中的

---

① Reeder，G. D.，and Brewer，M. B.. A schematic model of dispositional attribution in interpersonal perception［J］. Psychological Reviw，1979，86：61-79.

② Lubatkin Michael，and Sayan Chatterjee. Extending modern portfolio theory into the domain of corporate diversification：Does it apply？［J］. Academy of Management Journal，1994，37：109-136.

③ Madon，S.，Jussim，L.，and Eccles，J.. In search of the powerful self-fulfilling prophecy［J］. Journal of Personality and Social Psychology，1997，72：791-809.

④ Martijin，C.，Spears，R.，Van der Plight，J.，and Jakobs，E.. Negativity and positivity effects in person perception and inference：Ability versus morality［J］. European Journal of Social Psychology. 1992，22：453-463.

⑤ Peter H. Kim，Donald L. Ferrin，Ceciby D. Cooper，and Kurt T. Dirks. Removing the shadow of suspicion：The effects of apology versus denial for repairing competence-versus integrity-based trust violations［J］. Journal of Applied Psychology，2004，89（1）：104-118.

能力和诚信维度。例如，能力的问项有 6 个，主要问项为"他的能力足以胜任其工作"，诚信问项有 5 个，主要问项为"他有极强的正义感"和"他总是公平地对待其他人"。关于购买意愿测量的量表较多，本研究采用 Hean Tat Keh & Yi Xie(2008)关于组织购买意愿的量表。该量表适用于 B2B 的交易情景。客户购买意愿的问项有 3 个，主要问项为"我公司愿意从他那里购买产品或服务"。

## 五、数据分析

### 1. 信度和效度分析

我们对 112 份有效问卷进行了信度分析，能力测量问项的 Cronbach α 系数为 0.826，诚信测量问项的 Cronbach α 系数为 0.829，购买意愿测量问项的 Cronbach α 系数为 0.826。各变量测量的信度均在可接受水平。

为了确保量表翻译准确，我们首先请通过英语专业八级的营销学博士生将量表翻译成中文，然后又请具有英国留学背景的营销学博士生把中文的量表翻译成英文进行对比，并进行多次比较和修改。最后，通过几位营销学专家的认可，才最终定稿。因此，本研究量表具有较高的内容效度。

此外，本研究采用因子分析验证量表的结构效度，其 KMO 值为 0.767，并通过 Barlett's 球形检验（$p < .000$），表明量表数据存在高度相关，适合作因子分析。然后，采用 varimax 正交旋转验证分别有 6 项语句聚合在能力、5 项语句聚合在诚信和 3 项语句聚合在购买意愿的因子上。因此，各量表的结构效度良好。

### 2. 操控检验

当实验参与者阅读能力的脚本以后，能力得分显著高于诚信得分（$M_{能力} = 6.25$，$M_{诚信} = 3.95$，$F(1, 99) = 36.92$，$p < .000$），表明能力的脚本操控成功，实验参与者认为该脚本中的企业领导者能力更高。当实验参与者阅读诚信的脚本以后，诚信得分显著高于能力得分（$M_{诚信} = 6.49$，$M_{能力} = 4.49$，$F(1, 99) = 80.42$，$p < .000$），表明诚信的脚本操控成功，实验参与者认为该脚本中的企业领导者诚信度更高。系统风险和非系统风险按照 Brown & Warner(1985)的定义，把新技术研发划分为非系统风险，汇率波动划分为系统风险。另外，实验表明 MBA 是能够清楚区分两种风险类型的。

### 3. 实证研究结果

中小企业领导者能力和诚信对客户购买意愿的回归方程为：$WTP = 0.256X_1 + 0.44X_2$。$\beta_{X1} = 0.256$，$t = 2.880$，$p < 0.005$；$\beta_{X2} = 0.44$，$t = 4.946$，$p < 0.000$（见表 1）。$X_1$ 代表能力，$X_2$ 代表诚信，WTP 代表购买意愿。由于能力和诚信对购买意愿的影响系数均是正数，并均显著。所以中小企业领导者能力和诚信会提高客户的购买意愿，H1 和 H2 得到证明。

在不同类型风险条件下，采用设置虚拟变量的方法，将风险类型设为（N）。当 N = 1 时，代表非系统风险；当 N = 0 时，代表系统风险。中小企业领导者能力和诚信对客户购买意愿的回归方程为：$WTP = 1.141N \cdot X_1 + 0.757X_2 - 1.273N \cdot X_2$。$\beta_{NX1} = 1.141$，$t = 7.021$，$p < 0.000$；$\beta_{X2} = 0.757$，$t = 9.676$，$p < 0.000$；$\beta_{NX2} = -1.273$，$t = -8.384$，$p < 0.000$（见表 1）。$X_1$ 代表能力，$X_2$ 代表诚信，WTP 代表购买意愿。

当 N = 1 时，即在非系统风险条件下，中小企业领导者能力和诚信对客户购买意愿的回归方程简化为：$WTP = 1.141X_1 - 0.516X_2$。由于能力对客户购买意愿的影响系数是正数，而诚信对顾客购买意愿的影响系数是负数，而且都显著，所以能力对客户购买意愿的影响更显著。另需说明的是，中小企业领导者诚信系数之所以为负数，是因为实验设计的中小企业领导者属于高能力、低诚信和高诚信、低能力两种情况。当中小企业领导者能力高时，意味着他的诚信度低，所以诚信产生了负作用。综上所述，在非系统风险条件下，中小企业领导者能力相比较于诚信而言，对客户购买意愿的积极影响更显著，H3得到证明。

当 N = 0 时，即在系统风险条件下，中小企业领导者能力和诚信对客户购买意愿的回归方程简化为：$WTP = 0.757 X_2$。在回归方程中只有中小企业领导者诚信对客户购买意愿具有显著影响，并且影响系数是正数。所以在系统风险条件下，中小企业领导者诚信相比较于能力而言，对客户购买意愿的积极影响更显著，H4得到证明。

表1 实验数据结果汇总表

| 回归方程模型 | 标准化回归系数 | T | Sig. | 共线性统计量 | |
|---|---|---|---|---|---|
| | | | | 容忍度 | 方差膨胀因子 |
| 1 常数 | | .784 | .435 | | |
| 能力 | .256 | 2.880 | .005 | .992 | 1.008 |
| 诚信 | .440 | 4.946 | .000 | .992 | 1.008 |
| 2 常数 | | 2.396 | .019 | | |
| 能力 | -.115 | -1.312 | .193 | .595 | 1.679 |
| 诚信 | .757 | 9.676 | .000 | .748 | 1.337 |
| 能力*风险类型 | 1.141 | 7.021 | .000 | .173 | 5.765 |
| 诚信*风险类型 | -1.273 | -8.384 | .000 | .199 | 5.032 |

注：因变量是客户购买意愿。

## 六、结论与管理启示

本研究探讨中小企业领导者声誉的两个维度（能力和诚信）在不同类型风险条件下对客户购买意愿的影响，并得出以下研究结论：

（1）在非系统风险条件下中小企业领导者能力比诚信对客户购买意愿的积极影响更显著。因为非系统风险可以通过提升中小企业领导者能力来化解。以本研究中的新技术研发为例，如果中小企业领导者的技术研发能力强，能够确保产品达到客户的技术标准，那么该技术风险就得到了化解。对于B2B商务实践而言，中小企业领导者，尤其是产品供应商，在非系统风险条件下应该重点提高技术研发实力，以此突出其能力强大。因为在非系统风险情况下，客户一般会选择"能人"作为其合作伙伴。

（2）在系统风险条件下中小企业领导者诚信比能力对客户购买意愿的积极影响更显著。因为系统风险是由宏观环境造成的，每个企业对此都无法规避。以本研究的汇率变动为例，假如其他生产商面对人民币升值而临时要求采购商提高美元结算金额时，某位中小企业领导者不为利益所动，依然按承诺进行交易。那么当市场处于汇率变动或其他系统风险条件时，这位中小企业领导者将成为广大客户的优先选择。此时，中小企业领导者便凭借其"好人"的声誉而赢得了市场。所以，在B2B商务实践方面，中小企业领导者在市场处于系统风险时更加要信守承诺，坚持做个"好人"。因为这时正是中小企业领导者提高其"好人"声誉的契机，这将有利于中小企业领导者获得更长远的利益。

## 七、研究局限性及未来研究展望

本研究存在以下局限：首先，实验对象缺少外贸工作经验。虽然本研究实验参与者是MBA，他们心智发展都达到了成熟的阶段，但他们中的有些人来自制造企业，缺少外贸工作的经验，因此对风险感知方面缺少真实体验。其次，交易情景的局限性。本研究交易情景是 B2B 外贸订单加工，引入新技术研发作为非系统风险、汇率变动作为系统风险，但是在现实交易活动中其它类型的非系统和系统风险对客户购买意愿的影响值得进一步研究。通过丰富交易情景可以进一步提高本研究的外部效度。最后，中小企业领导者声誉特点是由情景操控启动，这未免与真实情况有所差异。在以后的研究中可以通过访谈或者调查法来提高外部效度。此外，影响中小企业领导者声誉的因素也值得进一步研究。例如，企业领导者的行为有积极的一面(慈善捐款、资助贫穷学生等)，同时这些企业领导者的行为也有消极的一面(压榨工人、不按照劳动法要求为工人缴纳社会保险等)。当这些矛盾行为发生时，中小企业领导者的行为会对其自身声誉产生什么影响有待进一步研究。

（作者电子邮箱：jinghuang@ sina. com；lzlwxg263@ 126. com；leotong@ 126. com）

## 参考文献

[1]Clark, B. H. , and Montgomery, D. B. . Deterrence, Reputations, and competitive cognition [J]. Management Science, 1998, 44(1)

[2]Zott Christoph, and Quy, N. , Huy. How entrepreneurs use symbolic management to acquire resources[J]. Administrative Science Quarterly, 2007, 52.

[3]Cheema, A. . Surcharges and seller reputation[J]. The Journal of Consumer Research, 2008, 35(1).

[4]Balachander, S. . Warranty signalling and reputation[J]. Management Science, 2001, 47(9).

[5]Mayer, R. C. , and Davis, J. H. . The effect of the performance appraisal system on trust for management：A field quasi-experiment[J]. Journal of Applied Psychology, 1999, 84(1).

[6]Miller, A. H. , Wattenberg, M. P. , and Malanchuk, O. . Schematic assessments of presidential candidates [J]. American Political Science Review, 1986, 80(2).

[7]Ewing, M. T. , Alber Caruana, and Emest, R. Loy. Corporate reputation and perceived risk in professional engineering services[J]. Corporate Communications：An International Journal. 1999, 4(3).

[8]Rust, R. , J. Inman, J. Jia, and Zahorik, A. . What you don't know about customer perceived quality：The role of customer expectation distributions[J]. Marketing Science, 1999, 18(1).

[9]Ross L. Gaines. CEOs standed in wonderland[J]. Journal of Business Strategy, 2002, 3/4.

[10]Ranft, A. L. , Robert Zinko, Gerald R. Ferris, and M. Ronald Buckley. Marketing the image of management：The costs and benefits of CEO reputation[J]. Organizational Dynamics, 2006, 35(3).

[11]Fombrun, Charles J. , and Cees, B. M. van Riel. The reputational landscape[J]. Corporate Reputation Review, 1997, 1(1).

[12]Yoon, E. , Guffey, H. J. , and Kijewski, V. . The effects of information and company reputation on intentions to buy a business service? [J]. Journal of Business Research, 1993, 27.

[13]Ferris, S. , Jagannathan, M. , and Pritchard, A. C. . Too busy to mind the business? Monitoring by directors with multip board appointments[J]. Journal of Finace, 2003, 58(3).

[14]Markham, V. . Planning the corporate reputation[M]. London：George Allen & Unwin, 1972.

[15]Herbig, P. , Milewicz, J. , and Golden J. . A model of reputation building and destruction[J]. Journal of Business Research. 1994, 31(1).

[16] Dollinger, M. J., Golden, P. A., and Saxton, T.. The effect of reputation on the decision to joint venture[J]. Strategic Management Journal, 1997, 18(2).

[17] Gruning, J. E.. Image and Substance: From symbolic to behavioral relationships[J]. Public Relations Review, 1993, 19(2).

[18] Mayer, R. C., J. H. Davis, and Schorman, D. F.. An integrative model of organizational trust[J]. Academy of Management Review, 1995, 20(30).

[19] Brealey, R. A., Myers, A. C., and Allen, F.. Principles of corporate finance[M]. New York: McGraw-Hill, 2008.

[20] Shin, Hyun-Han, and Rene M. Stulz. Firm value, risk, and growth opportunities[D]. Working Paper. National Bureau of Economic Research, 2000.

[21] Lubatkin Michael, and Sayan Chatterjee. Extending modern portfolio theory into the domain of corporate diversification: Does it apply? [J]. Academy of Management Journal, 1994, 37.

[22] Fombrun, Charles, Naomi Gardberg, and Michael Barnett. Opportunity platforms and safety net: Corporate citizenship and reputation risk[J]. Business and Society Review, 2000, 105(1).

[23] Luo, Xueming, and Bhattacharya, C. B.. Corporate social responsibility, customer satisfaction, and market value[J]. Journal of Marketing, 2006, 70(10).

[24] Luo, Xueming. Quantifying the long-term impact of negative word of mouth on cash flows and stock price [J]. Marketing Science, 2009, 72(9).

[25] Ailawadi, Kusum L., Donald R. Lehmann, and Scott, A.. Neshln. Revenue premium as an outcome measure of brand equity[J]. Journal of Marketing, 2003, 67(10).

[26] McAlister Leigh, Raji Srinivasan, and MinChung Kim. Advertising, research and development, and systematic equity risk of the firm[J]. Journal of Marketing, 2007, 71(1).

[27] Lukas, Bryan A., Gregory J. Whitwell, and Peter Doyle. How can a shareholder value approach improve marketing's strategic influence? [J]. Journal of Business Research, 2005, 58(4).

[28] Chatterjee, Sayan, Michael H. Lubatkin, and Willianm S. Schulze. Toward a strategic theory of risk premium: moving beyond CAPM[J]. Academy of Management Review, 1999, 24(3).

[29] Reeder, G. D., and Brewer, M. B.. A schematic model of dispositional attribution in interpersonal perception[J]. Psychological Review, 1979, 86.

[30] Madon. S., Jussim, L., and Eccles, J. In search of the powerful self-fulfilling prophecy[J]. Journal of Personality and Social Psychology, 1997, 72.

[31] Martijin, C., Spears, R., Van der Plight, J., and Jakobs, E.. Negativity and positivity effects in person perception and inference: Ability versus morality[J]. European Journal of Social Psychology, 1992, 22.

[32] Peter H. Kim, Donald L. Ferrin, Ceciby D. Cooper, and Kurt T. Dirks. Removing the shadow of suspicion: the effects of apology versus denial for repairing competence-versus integrity-based trust violations [J]. Journal of Applied Psychology. 2004, 89(1).

[33] Hean T. Keh, and Yi Xie. Corporate reputation and customer behavioral intentions: The roles of trust identification and commitment[J]. Industrial Marketing Management. 2009, 38.

# Effects of the Leader Reputation of Small Businesses on the Purchasing Intention

Huang Jing[1]   Wang Xingang[2]   Tong Zelin[3]

(1, 2, 3  Economics and Management School of Wuhan University, Wuhan, 430072)

**Abstract**: The research focuses on the leader reputation of small businesses, which influences on the purchasing intention in B2B environment. The leader reputation is mainly consisted of ability and integrity. We check how systematic and unsystematic risk moderates the influence of the leader reputation of small business on the purchasing intention in one experiment. Specially, under the unsystematic risk the leader's ability of small businesses will be more effects on the purchasing intention, but under the systematic risk the leader's integrity will be more effects.

**Key words**: The leader reputation; Systematic risk; Unsystematic risk; Purchasing intention

# 基于互联网的病毒式人际信息传播机制[*]

● 黄敏学[1]　王　岩[2]　姜书琴[3]
（1，2，3 武汉大学经济与管理学院　武汉　430072）

【摘　要】病毒式人际信息传播是指个体间对感兴趣的人际交流信息进行的再次传播和多次扩散，并产生人际信息传播的放大式涟漪效应。由于基于互联网的人际交流具有匿名性、广泛性和记录性，它为病毒式人际信息传播提供了适宜的土壤。本文以虚拟网络论坛为研究对象来探讨基于互联网的病毒式人际信息传播机制，探寻影响帖子（即基于互联网的人际传播信息）阅读者的再传播因素。研究结果发现意见搜索者而非意见领袖更容易成为病毒式人际信息传播的推动者，他们比较喜欢接受那些自己认为高质量和高权威性的帖子，然后再分享给予他们有一定虚拟关系的社区和网站成员。

【关键词】病毒式传播　人际传播　意见领袖　意见搜索　互联网

## 一、引言

人际信息传播是人类传播沟通中最广泛的方式之一，在传播学、社会学、管理学等各个领域都进行了不同视角的研究，如传播学中探究其传播过程，社会学解读谣言和舆论的形成，管理学中探究人际交流信息对消费行为的影响。已有研究的一个共性是将人际信息传播作为一种面对面的直接式交流，交流环境具有私密性（封闭空间），交流对象具有针对性（熟人），交流内容具有易逝性（口头信息）。而在互联网环境下，人际信息传播的载体不再是基于口头信息的直接交流，可以是基于书面文字的间接交流（如在网上发帖子、写博客、QQ 文字聊天等），加之互联网的开放性（可以自由参加）、匿名性（可以不知道对方是谁）、广泛性（各类人都可能交流）、记录性（能以文字的方式记录交流信息），使得基于互联网的人际信息传播比现实环境的人际传播更具有广泛性和爆炸性，比如，"人肉搜索事件"、"贾君鹏事件"、"奥运会抵制事件"、"三聚氰胺牛奶事件"等都是由互联网的人际信息传播发起和推动的，而且这些事件在短短的几天内就产生了全社会性的影响，可见基于互联网的人际信息传播速度和影响力都远远超过现实环境的人际信息传播，产生了类似于"甲型流感"等超级病毒在人际间传播的效应。

问题首先是，每天在互联网上讨论交流的主题非常多，为什么只有少数的主题或者信息得到了广泛的传播从而形成病毒式人际信息传播的效果呢？其次，在现实的熟人环境中，一般认为意见领袖是人际信息传播的主要推动者，而在互联网环境下人际信息传播属于间接交流，大家可能都不认识，那么还会是意见

＊ 本文受国家自然科学基金项目"营销信息在网络环境下的口碑传播机制及其影响"（项目批准号：70672067）以及"网络环境下关联消费者的相互影响与购买行为研究"（项目批准号：70972091）的资助。

领袖在起主要推动作用吗？最后，如上所述，现实环境中人际信息传播主要发生在熟人之间，那么基于互联网的生人之间的人际信息传播又是如何发生的呢？相互之间不认识，他们又为什么进行人际信息传播呢？回答这些问题具有重要的意义：从现实意义来说，中国网民越来越多地依赖通过虚拟社会网络的人际交流来获取信息，目前有50%以上的中国网民将虚拟社会网络作为重要信息来源，因此了解基于互联网的人际信息交流模式对理解当前的人际信息交流具有重要意义；再从理论意义来说，可以拓展对基于互联网的、非面对面的、基于文本的、陌生人之间的人际信息交流模式的理解和理论认识，帮助情报学理解如何解读和获取网络人际传播信息，帮助社会学解释为什么网络舆论的形成更加迅速和有影响力，帮助传播学理解互联网环境下的独特传播过程，以及帮助管理学如何借助互联网的人际信息传播实现低成本的病毒式营销。本文通过研究基于互联网的病毒式人际信息传播的机制来回答上述问题，即研究在互联网上什么样的信息、会被什么样的人、向谁进行广泛的再传播和多次传播？

## 二、研究回顾

### 1. 人际信息传播

从传播过程理论来说，人际信息传播就是一个信息传递的过程，即"谁将什么内容告诉谁"，这个过程包括人际传播者(Who)、接受者(Whom)、信息(What)和传播时机(When)。Buttle从个人的角度对人际信息传播的过程进行了分析，他认为人际信息传播的过程是一个输入与输出的过程，在这一过程中传播行为既会受到外部环境(如文化、社会网络、商业氛围)的影响，也受到消费者自身因素的影响。Katz和Lazarsfield则从宏观上分析了人际信息传播链，即口碑信息首先来源于意见领袖，他们受大众传媒或企业营销的影响后，再将信息传播给其他的意见搜索者。已有的关于口碑传播过程的研究主要集中在影响人际信息传播者的因素(如满意、抱怨)、影响接受者接受信息的因素(如传播者角色、社会关系)、信息因素的作用(如权威性)等，关注的是人际信息的说服性。但是，对于人际信息的再次传播机制(即病毒式人际传播模式)的研究却很少，本文将探讨在互联网环境下，病毒式人际信息传播模式是如何发挥作用的。

### 2. 涟漪效应与病毒式人际信息传播机制

涟漪效应是病毒式人际信息传播模式形成的关键①，它通过个体者间的相互交流以实现信息的多次复制和再传播(见图1)。在这个传播链中，受主流媒体的影响，当个体A看到信息后，通过消化和理解并将信息与个体B分享，然后个体B会告诉个体C有关A介绍的信息，再随之，个体C告诉个体D，如此传播下去。其中，信息接受者可以分为两类：再传播者(如个体C、D、E和F)和纯接受者(如个体B)。再传播者既是信息接受者也是信息传播者。因此，再传播者对口碑涟漪效应的宽度和长度都有重要作用。在虚拟社区中，人际信息传播链的宽度依赖于社区成员的多少，而传播链的长度依赖于有再传播意愿的成员多少。再传播者的分享或传播意愿越强烈，传播链就会越长，人际信息传播的涟漪效应就越大。因此，探讨影响病毒式人际信息传播的机制或者涟漪效应的关键，在于理解人际信息传播中影响个体再传播意愿的因素。

第一，传播信息本身(What)就是一个影响个体再传播意愿的重要因素(Hartmann et al.，2008)。特别是互联网环境下，人际信息传播者之间并不熟悉，个体在考虑再传播人际传播的信息时，判断的主要线索就是信息本身，而在现实环境下还可以借助人际关系等线索来判定。另外，由于现实环境下人际传播的口

---

① Hartmann, W. R., Manchanda, P., Nair, H., Bothner, M., Dodd, S. P., Godes, D., Hosanagar, K., and Tucker. C.. Modeling social interactions: Identification, Empirical methods and policy implications[J]. Marketing Letters, 2008, 19(3-4): 287-304.

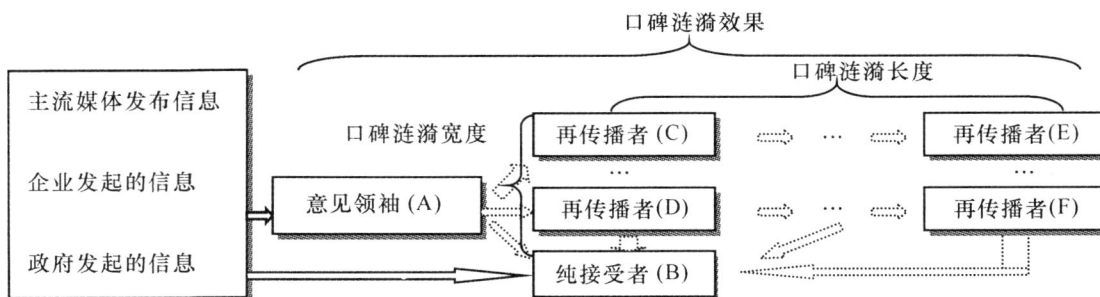

图 1　病毒式人际传播模型

头信息难以记录，已有的研究只回答了信息偏向（即正面或者负面）的影响，而在互联网环境下，我们可以跟踪和记录人际传播的信息，是不是可以探索更多的影响再传播意愿的信息特性呢？

第二，传播者的角色（Who）可能影响再传播意愿。已有研究指出意见领袖和意见搜索行为会影响消费者的人际信息传播意愿。虽然意见领袖在网下更可能传播口碑信息，但是在互联网上却不一定，如 Tsang 和 Zhou 发现网下的意见领袖倾向于到网上搜索信息，并且 Sun 等也指出互联网上的意见领袖也进行信息搜索，表现为意见搜索。那么，在互联网环境下，这两种角色对信息再传播的作用有何变化呢？

第三，传播者的动机（When）同样会影响其再传播者行为。为什么人们会自动地给予他人有用的信息呢？信息传播决策不仅仅需要考虑个人效用，而且还要考虑这种行为是否对他人有利，是否达到社会利益。在互联网的生人环境下，传播者又是基于什么动机呢？

第四，传播者和接受者间的社会关系（Who）也可能影响信息的扩散。Brown 和 Reingen 证实，消费者经常通过弱关系（weak ties）来获取信息，然后通过强关系（strong ties）再次传播信息，因为弱关系在不同群体之间起到了桥梁的作用，从而可以接触到更广泛的信息①，强关系可以加快信息传播的效率。在互联网环境下，人际信息传播会在什么样的关系下发生呢？

### 三、研究框架和研究假设

1. 基于互联网的人际信息传播过程与研究框架

结合前面的研究回顾，本文借用 McGuire 的五阶段模型（暴露、注意、理解/评价、接受、保留/传播）来探讨相关信息的病毒式传播（即再传播）机制②（见图 2）。本文将互联网上发的帖子看做人际信息传播的信息记录。在研究框架中，"再传播意愿"指信息阅读者将传播或分享所得到的人际传播信息（即帖子）传播给其他人的可能性（Sun et al.，2006）；"接受帖子"指阅读者在多大程度上相信帖子的信息，以及接受此信息中建议的可能性；"对他人的价值"指阅读者感知到的帖子信息可能为其他信息接受者提供购买参考和降低风险程度。互联网环境下，人际信息传播者首先作为阅读者来评价和决定是否接受人际传播信息（即帖子），然后是从传播者的角度出发，看帖子对别人是否有价值，可能有哪些人想了解这些内容，来决定是否在互联网上对该帖子进行扩散（如转帖、发邮件）。

---

① Granovetter, M. . The strength of weak ties: A network theory revisited[J]. Sociological Theory, 1983, 1: 201-233.

② McGuire, W. J. . Attitude change: The information-processing approach[C]// in: Experimental Social Psychology[M]. New York: Rinehart and Winston, 2001: 145-150.

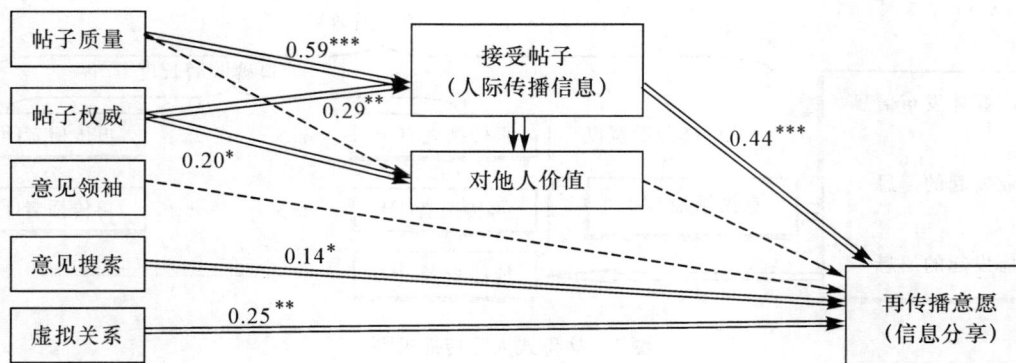

注：━━▶ 表示假设并验证路径；- - -▶ 表示假设没有验证路径；──▶ 表示增加路径；
路径系数的显著性：*$p<0.05$ **$p<0.01$ ***$p<0.001$

图 2　研究框架与假设检验

2. 再传播什么？（What）

精细可能性模型（elaboration likelihood model）表明信息的质量是决定信息的说服效果的一个决定因素。他们的控制实验的结果表明信息的质量会影响消费者对产品的态度，也就是说，有关产品的信息的质量越高，消费者对该产品的态度就越积极。针对网络信息，Rieh 认为消费者感知到的信息的质量会影响到他们对信息的评价判断。另外，信息的质量与人际传播者感知到的信息对他人的价值有关系。当信息的质量越高，其他消费者从信息中可以得到更重要的、有用的信息，从而可以避免错误的行为。因此，信息的质量是人际传播者对信息的接受和对他人价值的感知的一个主要决定因素。

H1a：人际信息传播者认为帖子质量越高，对帖子的接受度就越高。

H1b：人际信息传播者认为帖子质量越高，就越认为对他人有价值。

由于传统环境下的人际信息传播者之间都有真实关系，而互联网信息交流的匿名性，使得互联网上的人际传播者在作出行为决策之前需要判断帖子是否可信。Rieh 认为信息的权威性（authority）会影响到他们对信息的评价判断，它使人际信息传播者更容易信任该信息，而信任是个体参与人际信息传播的重要因素。因此，信息的权威性影响人际信息传播者对信息的接受和对他人的价值的感知。

H2a：人际信息传播者认为帖子越权威，对帖子的接受度也就越高。

H2b：人际信息传播者认为帖子的权威性越高，就越认为对他人有价值。

人际信息传播决策不仅仅需要考虑个人效用，而且还要考虑这种行为是否对他人有利，是否达到社会利益。例如，在互联网环境下的转帖时，消费者会考虑现有的这个帖子的价值是否能够满足自身的需要，然后以己及人，根据自己的评估推测其是否能满足潜在人际信息传播者的需要，如果他认为这个帖子对他人也非常有价值，就会谨慎地考虑是否要发布。因此，互联网上的人际信息传播者对信息的接受程度，会影响其感知到此信息对虚拟网络社区中的成员的价值，因为处于同一虚拟网络社区中的是"同类人"，可能需要同样的信息。因此：

H3：人际信息传播者对帖子的接受度越高，就越认为对他人有价值。

3. 什么时候再传播？（When）

互联网的人际信息传播也有与传统的人际信息传播一样的功能，信息再传播者会把虚拟社会网络作为一个有效的人际沟通和保持人际关系的工具，在此交流过程中，他们可能获得友谊或者社会利益。因此在虚拟社会网络中，社区成员会遵循一定的社区礼仪。如果某成员所转的帖子不能得到其他成员的广泛认可的话，那么他/她便有了"灌水"的嫌疑，会被认为违背社区礼仪而受到批评。因此，社区成员在转帖之前一般都会以自己的接受程度来推论他人的接受程度，以此来确定是否进行信息再传播。另外，一旦认为帖子对他人是有用的，就会更容易地分享帖子，因为帮助他人的过程中，自己也可能获利，例如引起他人的注意、表现自己的鉴赏能力、展现出更多的产品相关知识、成为意见领袖、展现更高的社会地位、证实自己的判断，并且，感知到信息对他人的价值越高，会更可能进行人际信息传播。因此：

H4：人际信息传播者对于帖子越接受，与他人分享的再传播意愿越高。

H5：人际信息传播者感到帖子对他人的价值越高，与他人分享的再传播意愿越高。

4. 谁会传播？（Who）

意见领袖是活跃在人际网络中，经常为他人提供信息、观点或建议并对他人施加个人影响的人，也就是说，意见领袖给出建议，意见搜索者寻求建议。这两个概念并不是完全相对的，具有交叠之处，一个意见领袖（再传播者）也可能是一个意见搜索者（信息接受者）。Katz 和 Lazarsfeld 的两阶段传播理论（two-steps flow）描述了意见领袖作为媒介信息影响大众的中间环节在信息的传播过程中举足轻重的作用。同时，意见领袖对于信息的推广、新产品扩散也具有重要作用。在传播信息过程中，意见领袖可能从大众传媒或者其他人那里得到信息后再传播，并且由于互联网的方便性，他们更可能融入信息分享的过程中。Roper 发现网上具有影响力的人发送 E-mail 的数量是那些不具有影响力的人的两倍，Sun 等也指出意见领袖与音乐论坛中的信息转帖正相关。因此：

H6a：人际信息传播者的意见领袖倾向越高，与他人分享的再传播意愿越高。

意见搜索是信息传播中的一个重要环节，它促使信息扩散到更广泛的范围中。对于一个意见领袖来说，当其搜索知识时，也就转变为意见搜索者。Tsang 和 Zhou 发现网下的意见领袖会到网上搜索并消费相关的知识。由此可见，意见搜索倾向对于信息扩散的重要作用，Sun 等指出意见搜索行为与音乐帖子的转载行为相关。之所以会产生此行为，因为消费者通过搜索引擎可以非常方便快捷地获得大量信息，意见搜索倾向较高的网民，更主动地去寻找自己感兴趣的信息，更容易发现自己认为对他人也非常有价值的信息，然后出于社会交往的动机传播给与自己关系密切的人。Watts 和 Dodds 的计算机模拟实验也发现[①]：人际传播信息流（cascade）的延伸不是来自于有影响力者（influential），而是那些易受影响者。因此：

H6b：人际信息传播者的意见搜索倾向越高，与他人分享的再传播意愿越高。

5. 会传播给谁？（Whom）

Dichter 提出人际信息传播过程依赖于传者和受者之间的关系。个体经常通过弱关系来获取信息，然后通过强关系再次传播信息，Reingen 和 Kernan 及 Bone 的研究发现，人际信息传播活动更可能在强关系中发生，因为强关系者更了解口碑搜寻者的需求、偏好、评价标准，可以降低信息接受者的感知风险并改善传播效率和效果，并且根据社会交换理论，强关系更容易传递高经济价值。

在互联网上，人们可以直接根据兴趣和需要，在虚拟的网络空间里聚合，发展社会关系形成虚拟型社会网络，并且网民可以自由加入各种虚拟社会网络（如博客、交友网、同学录、贴吧）。事实上，网络正在由通信工具发展为交往工具，越来越多的人在网络中展开社会交往，并通过社会网络来获取信息。并且，以网络为平台形成和培养起来的人群之间的虚拟关系，经过长时间的持久交流后，也会形成类似现实世界中的亲密关系。因此，由共生关系范式推知网上虚拟关系强度可能会影响信息的再传播意愿。

H7：人际信息传播者与他人的虚拟关系越强，与其分享的再传播意愿越高。

---

① Watts, D. J., and Dodds, P. S. . Influentials, Networks, and public opinion formation [J]. Journal of Consumer Research, 2007, 34(4):441-458.

## 四、研究设计与数据分析

### 1. 实验研究设计

本文以互联网的网络论坛为研究情景来验证上述假设。为此，需要收集被调查对象的个人特质信息，还需要收集被调查者对论坛帖子的认知和行为意愿等信息。为收集上述信息，我们需要模拟一个真实的论坛情景来收集数据，我们首先通过一个预研究来筛选出真实的网络帖子以构建出一个能产生病毒式人际信息传播的模拟网络论坛。

预研究。为了尽可能真实的模拟出一个互联网环境，我们通过直接观测的方法来选择网上流行的帖子，以模拟病毒式人际传播的效果。首先，在著名的 C2C 社区（taobao. com）和论坛（mop. com，bbs. sina. com. cn，bbs. sohu. com）搜索帖子。然后，通过两大搜索引擎谷歌（www. google，cn）和百度（www. baidu. com）检测引用这些帖子的网页数量，筛选出排名在前100的帖子，考虑到帖子的价值信息，本次选取的帖子都是包含有实质的信息（本研究选择的是含有某个产品的相关信息）。最终，得到23条帖子。在帖子中，我们需要操纵对信息的关注性（高度关注与低度关注）和信息偏向（正面信息与负面信息）。因为：其一，对信息的关注性会影响个体对不同信息的依赖性；其二，口碑信息的偏向是影响阅读者是否相信信息的关键因素。为此，我们让15名研究生对帖子进行分类判断，其中信息的关注度采用 McQuarrie 和 Munson's 的方法[①]，信息偏向采用 Godes 和 Mayzlin 的分类标准[②]。最终，我们选择了4条帖子，它们分别是：数码相机手机（高度关注且正面信息）、一个一般性的脸部保护的化妆品（高度关注且负面信息）、珍珠粉（低度关注且正面信息）和牙刷（低度关注且负面信息）。

正式研究。正式研究是一个2（高度关注信息和低度关注信息）× 2（正面信息和负面信息）的实验。正式的模拟实验分为两个步骤来完成：

首先，每名被试者完成一份纸质的调查问卷，内容包括信息关注度、个人的意见领袖和意见搜索倾向以及一些个人信息。调查结束后，被试者留下 E-mail 地址，以便接收调查结果。最终，有效调查393份，被试者包括本科生、研究生、在职研究生和培训班学员。

在两周后，发邮件给每个被试者邀请他们访问模拟的论坛，其中，模拟论坛中的帖子保持与原帖子格式一样不变。自愿访问者在点击帖子下方的链接后，可以填写一份网络调查问卷，包括对帖子信息的感知、接受程度、对他人价值感知、再传播意愿等。最终，回收210份有效调查问卷，实际参与调查的人口统计特征符合中国网民的特征。

### 2. 变量测量与效度检验

本研究的测量量表均借鉴已有研究的成熟量表，其中测量互联网人际信息的"帖子质量"和"帖子权威性"是借鉴 Rieh 及 Huang, Cai, Tsang 和 Zhou 的探索性研究；"对他人价值"的测量是借鉴 Hennig-Thurau 等和 Phelps 等的有关人际传播动机的研究；"帖子接受度"的测量是借鉴 Gershoff, Mukherjee 和 Mukhopadhyay 的有关网民对网络建议的接受程度的研究；"意见领袖和意见搜索倾向"的量表来自 Flynn, Goldsmith 和 Eastman 的量表；"虚拟关系"借鉴的是 Bruyn 和 Lilien 与 Brown 和 Reingen 对社会关系强度的研究；"再传播或分享意愿"采用 Schlosser, White 和 Lloyd 对可能性进行测量时所用量表。

---

① McQuarrie, E., F., and Munson, J. M. . A revised product involvement inventory: Improved usability and validity[J]. Advances in Consumer Research, 1992, 19(1): 108-115.

② Godes, D., and Mayzlin, D.. Using online conversations to study word of mouth communication[J]. Marketing Science, 2004, 23(4): 545-560.

**110**

上述变量的测量，均为 7 级 Likert 量表（1 表示完全不同意，7 表示完全同意）。为了进一步验证测量的信度和效度，我们利用 Lisrel8. 7 进行验证因子分析（CFA），结果显示所有测量都具有较好的结构效度，如表 1 所示。

表 1                              测量项目和测量效度检验（N=210）

| 测量项目 | Lambda 负载 | Cronbach Alpha 信度 | 结构信度 CR | 平均抽取 AVE |
|---|---|---|---|---|
| 帖子质量 | | 0.77 | 0.78 | 0.54 |
| 对的（Right） | 0.60 | | | |
| 有用的（Useful） | 0.83 | | | |
| 重要的（Important） | 0.76 | | | |
| 帖子权威性 | | 0.86 | 0.87 | 0.69 |
| 可信的（Credible） | 0.85 | | | |
| 值得信任的（Trustworthy） | 0.91 | | | |
| 可靠的（Reliable） | 0.72 | | | |
| 对他人价值 | | 0.69 | 0.75 | 0.50 |
| 减少购买风险（Reducing Risk） | 0.73 | | | |
| 提供参考信息（Reference） | 0.67 | | | |
| 认为无聊（Boredom，反向） | 0.72 | | | |
| 对帖子接受度 | | 0.87 | 0.88 | 0.70 |
| 或许（Likely） | 0.83 | | | |
| 可能（Probable） | 0.87 | | | |
| 影响力（Influential） | 0.81 | | | |
| 意见领袖倾向 | | 0.80 | 0.76 | 0.51 |
| 别人根据我说的选择（People choose based on what I told them） | 0.73 | | | |
| 说服别人（Persuade others） | 0.80 | | | |
| 影响别人（Influence others） | 0.60 | | | |
| 意见搜索倾向 | | 0.88 | 0.88 | 0.71 |
| 请求建议（Ask for advice） | 0.81 | | | |
| 愿意得到别人意见（Like to get others' opinion） | 0.91 | | | |
| 得到别人的赞同让我更舒服（Feel comfortable when opinion of others' is obtained） | 0.81 | | | |
| 虚拟关系 | | 0.61 | 0.67 | 0.50 |
| 转给我熟悉的网站社区（Familiar） | 0.70 | | | |
| 转给我加入的网站社区（Member） | 0.72 | | | |
| 再传播意愿 | | 0.92 | 0.92 | 0.79 |
| 或许（Likely） | 0.84 | | | |
| 可能（Possible） | 0.96 | | | |
| 非常可能（Probable） | 0.86 | | | |
| 验证因子分析参数（CFA） | $X^2(202) = 273. 07$；RMSEA $= 0.041$；CFI $= 0.98$；NFI $= 0.94$；GFI $= 0.90$； | | | |

## 3. 模型优化与假设检验

我们用 Lisrel8.7 结构方程模型来验证提出的假设。Model 0 验证的是假设模型，根据软件修改指示，进一步发展出模型 1 即增加路径"意见搜索到对他人价值"，发现模型的拟合度得到显著的改进（见表 2）。为了进一步简化模型，我们将模型中系数不显著的路径逐一进行删除，分别形成了模型 2、模型 3 和模型 4，结果显示模型的自由度在增加的同时，模型的卡方值（$X^2$）增加均不显著，说明模型的简化是合理的。为了进一步检验是否有更优的模型，我们尝试提高模型的自由度如表 2 中的模型 5，但结果显示模型的拟合度都显著下降，因此模型 4 是拟合的最优模型。

根据最优的拟合模型 4，结果显示大部分假设得到验证，如图 2 中的实线所示，图中的系数表明拟合的结构方程模型的影响系数。但是假设模型中也有三个假设没有得到验证，即"H1b：人际信息传播者认为帖子质量越高，就越认为对他人有价值"、"H5：预期的帖子对他人的价值越高，与他人分享的意愿越高"、"H6a：人际信息传播者的意见领袖倾向越高，与他人分享意愿也越高"。下面将进一步讨论和说明没有验证的假设。

表 2                       **模型的优化过程**

| | $X^2$ | df | $P(X^2)$ | RMSEA | GFI | CFI | $\Delta X^2$ | $\Delta$df | $p$ 值 |
|---|---|---|---|---|---|---|---|---|---|
| Model 0：<br>假设模型 | 286.15 | 210 | <0.001 | 0.042 | 0.89 | 0.98 | | | |
| Model 1：<br>增加：意见搜索→对他人价值 | 277.07 | 209 | <0.01 | 0.039 | 0.90 | 0.98 | -9.08 | -1 | <0.05 |
| Model 2：<br>去掉：意见领袖→再传播意愿 | 277.04 | 210 | <0.01 | 0.039 | 0.90 | 0.98 | -0.03 | +1 | >0.05 |
| Model 3：<br>去掉：帖子质量→对他人价值 | 276.99 | 211 | <0.01 | 0.039 | 0.90 | 0.98 | -0.05 | +1 | >0.05 |
| Model 4（最后模型）：<br>去掉：他人价值→再传播意愿 | 278.00 | 212 | <0.01 | 0.039 | 0.90 | 0.98 | +1.01 | +1 | >0.05 |

# 五、讨论与结论

## 1. 基于互联网的人际传播成为网民交流的习惯

最终模型 4 显示，假设 H1a 显著，而 H1b 不显著，说明帖子质量与感知到对他人价值的直接作用不明显，而是通过对帖子的接受程度来影响"对他人的价值"。也就是说，阅读者在看到帖子后，会先通过帖子质量来评价自己是否能够接受，而后推己及人，来判定对他人的价值，因为社区中他人和自己可能有相同的评价标准和爱好。

另外，假设 H5 不显著，人际传播者预期帖子对他人的价值越高，并不一定与他人分享的再传播意愿越高。人际传播者在传播信息的时候，主要考虑自己是否接受这个帖子，但是再传播的动机既非单纯利他，也非单纯利己。网络虚拟社区的成员间互动遵循着一种礼物经济学，即传播者无私地为他人传递信息却不求回报，其行为可以看做是一种互联网上的赠予行为。但是这种信息的赠予，并不是利他主义，可能只是一种随意性质的善举，一种互联网风格和虚拟社区礼仪。这是因为人际信息传播者提供的信息本来就是从网上搜索到的,基本没有成本,风险也很小,所以即使传播大量信息也没有什么损失。

2. 意见搜索者而非意见领袖是互联网上病毒式人际传播的推动者

上述数据检验中,假设 H6a 不成立,而 H6b 成立,即是意见搜索倾向的高低而不是意见领袖倾向的高低对再传播意向有积极的影响。这个结论似乎与大家认为是意见领袖倾向影响再传播意愿的直觉相违背,然而事实并非如此,这是因为对于意见领袖来说,他们为了维持自己的专家地位,不会轻易传播不是自己观点和见解的信息,而那些意见搜索倾向较高的网民,会更主动地去寻找自己感兴趣的信息,并将阅读别人的观点作为信息来源而不介意此信息是不是自己的观点,也更容易发现对他人也非常有价值的信息,并出于网络虚拟社会交互的需要无特别目的性的与自己存在一定虚拟关系的个体进行再传播和分享。

这个结论并不与传统的人际信息传播认为意见领袖作用更大的研究发现相冲突。意见领袖和意见搜索者都有传播信息的意愿,如图 1 所示,意见领袖在人际信息传播的早期起到更为重要的作用,而意见搜索者在传播的后期即发生涟漪效应时,作用更为突出。由于传统人际信息传播研究注重信息的说服性作用以及网下人际信息传播的涟漪效应不明显,因此意见领袖的作用比较显著,而在互联网上,网络虚拟社会的成立本身就是为了共同的兴趣和解决问题的,如前所述,当网络虚拟社区的成员获得信息后,会出于群体共生和群体资源利益的考虑而再传播或者分享信息给其他成员。这与 Watts 和 Dodds 的计算机模拟实验的发现相一致,即病毒式人际信息传播链的延伸不是依靠那些有影响力者(类似于意见领袖),而是依靠那些易受影响者(类似于意见搜索者)。

3. 研究意义

在理论上,本研究丰富了人际信息传播的研究,将以往基于现实环境下的面对面的人际信息传播模式,拓展到基于互联网环境下的间接的人际信息传播模式的研究,特别是回答了基于互联网的病毒式人际信息传播机制。再则,拓宽了对意见搜索者的理解,研究结论显示意见搜索者在基于互联网的病毒式人际信息传播中起主要作用,而意见领袖更乐意表达自己的观点,却很少再传播他人的观点。

在实践上,本研究有助于我们理解和利用互联网环境下的人际信息传播来解决数据收集和信息传播问题,比如,有互联网研究公司通过跟踪虚拟社区上的热点交流信息来分析大众的看法,也有的企业或者政府部门通过收集被大规模传播的热点帖子来收集有价值的个人数据,还有的企业通过制造热点帖子并借助基于互联网的病毒式人际信息传播渠道,来低成本地提升企业的知名度。

(作者电子邮箱: jsqin@ foxmail. com)

## 参考文献

[1] Wasko, M. M., and Faraj, S.. Why should I share? Examining knowledge contribution in networks of practice[J]. MIS Quarterly, 2005, 29(1).

[2] Katz, E., and Lazarsfeld, P. F.. Personal Influence[M]. New York: Free Press, 1955.

[3] Anderson, E.. Customer satisfaction and word of mouth[J]. Journal of Service Research, 1998, 1(1).

[4] CNNIC 中国互联网网络信息中心. 中国互联网络发展状况统计报告(2011 年 1 月)[R]. http://www. cnnic. net. cn/uploadfiles/pdf/2011/1/13/92458. pdf.

[5] Stem, B.. A revised communication model for advertising: Multiple dimensions of the source, the message, the recipient[J]. Journal of Advertising, 1994, 23(2).

[6] Buttle, F. A.. Word of mouth-understanding and managing the referral marketing[J]. Journal of Strategic Marketing, 1998, 6(3).

[7] Matos, C. A., and Vargas Rossi, C. A.. Word of mouth communications in marketing: A meta-analytic review of the antecedents and moderators[J]. Journal of the Academic Marketing Science, 2008, 36(4).

[8] Sweeney, J. C., Soutar, G. N., and Mazzarol, T.. Factors influencing word of mouth effectiveness: Receiver perspectives[J]. European Journal of Marketing, 2008, 42(3/4).

[9] Rieh, S. Y.. Judgment of information quality and cognitive authority in the web[J]. Journal of the American Society for Information Science and Technology, 2002, 53(2).

[10] Granovetter, M.. The strength of weak ties: A network theory revisited[J]. Sociological Theory, 1983, 1.

[11] Godes, D., and Mayzlin, D.. Using online conversations to study word of mouth communication [J]. Marketing Science, 2004, 23(4).

[12] Tsang A. S. L., and Zhou, N.. Newsgroup participants as opinion leaders and seekers in online and offline communication environment[J]. Journal of business research, 2005, 58(9).

[13] Sun, T., Youn, S., Wu, G., and Kuntaraporn, M.. Online word-of-mouth(or mouse): An exploration of its antecedents and consequences[J]. Journal of Computer-Mediated Communication, 2006, 11(4).

[14] Flynn, L. R., Goldsmit, R. E., and Eastman, J. K.. Opinion leaders and opinion seekers: Two new measurement scales[J]. Journal of the Academy of Marketing Science, 1996, 24(2).

[15] Hirschman, E. C.. People as products: Analysis of a complex marketing exchange [J]. Journal of Marketing, 1987, 51(1).

[16] Dichter, E.. How word-of-mouth advertising works[J]. Harvard Business Review, 1966, 44(6)

[17] Frenzen, J., and Davis, H. L.. Purchasing behavior in embedded markets [J]. Journal of Consumer Research, 1990, 11.

[18] Brown, J. J., and Reingen, P. H.. Social ties and word-of-mouth referral behavior [J]. Journal of Consumer Research, 1987, 14(3).

[19] Gershoff, A. D., Mukherjee, A., and Mukhopadhyay, A.. Consumer acceptance of online agent advice: Extremity and positivity effects[J]. Journal of Consumer Psychology, 2003, 13(1&2).

[20] Hennig-Thurau, T., Gwinner, K. P., Walsh, G., and Gremler, D. D.. Electronic word-of-mouth via consumer-opinion platforms: What motivates consumers to articulate themselves on the internet[J]. Journal of Interactive Marketing, 2004, 18(1).

[21] Petty, R. E., Cacioppo, J. T., and Schumann, D.. Central and peripheral routes to advertising effectiveness: The moderating role of involvement[J]. Journal of Consumer Research, 1983, 10(2).

[22] Engel, J. F., Blackwell, R. D., and Miniard, P. W.. Consumer behavior[M]. Chicago: Dryden Press, 2000.

[23] Sundaram, D. S., and Webster, C.. The role of brand familiarity on the impact of word-of-mouth communication on brand evaluations[J]. Advances in Consumer Research, 1999, 26(1).

[24] Aronson, E., Wilson, T. D., and Akert, R. M.. Social psychology[M]. N. J.: Prentice Hall, 2007.

[25] Bohlmann, J. D., Rosa, J. A., Bolton, R. N., and Qualls, W. J.. The effect of group interactions on satisfaction judgments: Satisfaction escalation[J]. Marketing Science, 2006, 25(4).

[26] Zinkhan, G. M., Kwak, H., Morrison, M., and Peters, C. O.. Web-based chatting: Consumer communication in cyberspace[J]. Journal of Consumer Psychology, 2003, 13(1/2).

[27] Scheuermann, L., and Taylor, G. Netiquette[J]. Internet Research: Electronic Networking Applications and Policy, 1997, 7(4).

[28]Mann, C. , and Stewart, F. . Internet communication and qualitative research: A handbook for researching online[M]. London: Sage Publications, 2000.

[29]Hartline, M. , and Jones, K. C. . Employee performance cues in a hotel environment: Influences on perceived service quality, Value and word of mouth intentions[J]. Journal of Business Research, 1996, 35 (3).

[30]Van den Bulte, C. , and Joshi, Y. V. . New product diffusion with influentials and imitators[J]. Marketing Science, 2007, 26(3).

[31]Venkartraman, M. P. . Opinion leaders, Adopters, and communicative adopters: A role analysis [J]. Psychology & Marketing, 1989, 6(1).

[32]Goldenberg, J. , Han, S. , Lehmann, D. R. , and Hong, J. W. . The role of hubs in the adoption process [J]. Journal of Marketing, 2009, 73(2).

[33]Phelps, J. E. , Lewis, R. , Mobilio, L. , Perry, D. , and Raman, N. . Viral marketing or electronic word-of-mouth advertising: Examining consumer responses and motivations to pass along email[J]. Journal of Advertising Research, 2004, 45(4).

[34]Roper, S. . Online opinion leader are highly influential[R]. NUA Analysis, 2000, 19.

[35]Lampert, S. I. , and Rosenberg, L. J. . Word of mouth activity as information search, A reappraisal[J]. Journal of the Academy of Marketing Science, 1975, 3(4).

[36]Reynolds, F. D. , and Darden, W. R. . Mutually adaptive effects of interpersonal communication [J]. Journal of Marketing Research, 1971, 8(4).

[37]Reingen, P. H. , and Kernan, J. B. . Analysis of referral networks in marketing: Methods and illustration [J]. Journal of Marketing Research, 1986, 23(4).

[38]Bone, P. F. , and Ellen, P. S. . The generation and consequences of communication-evoked imagery[J]. Journal of Consumer Research, 1992, 19(1).

[39]Von Wangenheim, F. , and Bayon, T. . The effect of word of mouth on service switching[J]. European Journal of Marketing, 2004, 38(9/10).

[40]Frenzen, J. , and Nakamoto, K. . Structure, Cooperation, and the flow of marketing information [J]. Journal of Consumer Research, 1993, 20(3).

[41]Lai, S. L. , and Turban, E. . Groups formation and operations in the web 2.0 environment and social networks[J]. Group Decision and Negotiation, 2008, 17(5).

[42]Clark, M. S. , and Mills, J. . The difference between communal and exchange relationships: What it is and is not[J]. Personality and Social Psychology Bulletin, 1993, 19(6).

[43]East, R. , Hammond, K. , and Wright, M. . The relative incidence of positive and negative word of mouth: A multi-category study[J]. International Journal of Research in Marketing, 2007, 24(2).

[44]Huang, M. , Cai, F. , Tsang, A. S. L. , and Zhou, N. . Making your online voice loud: The critical role of WOM information[J]. Europe Journal of Marketing, 2011, 45(7/8).

[45]De Bruyn A. , and Lilien, G. L. . A multi-stage model of word of mouth influence through viral marketing [J]. Internal Journal of Research in Marketing, 2008, 25(3).

[46]Schlosser, A. E. , White, T. B. , and Lloyd, S. M. . Converting web site visitors into buyers: How web site investment increases consumer trusting beliefs and online purchase intentions[J]. Journal of Marketing, 2006, 70(2).

# The Mechanism of Online Viral Interpersonal Communication

Huang Minxue[1]    Wang Yan[2]    Jiang Shuqin[3]

(1, 2, 3  Economics and Management School of Wuhan University, Wuhan, 430072)

**Abstract**: Viral interpersonal communication refers to that individual diffuses messages from interpersonal communication, producing a ripple effect of interpersonal communication. Online interpersonal communication platforms provide a great fundamental for promoting interpersonal communication because of their anonymousness, diversifies, record ability. This paper employed online data from discussion forum into studying the mechanism of viral communication model, especially analyzed the influence of post(data of online interpersonal communication). The results indicated that opinion seekers play the important role in online viral interpersonal communication, those who prefer to send or share messages with quality and authority to other members in the same group or other groups through virtual social ties.

**Key words**: Viral diffusion; Interpersonal communication; Opinion leadership; Opinion seeking; Internet

# 基于 IPO 市场上风险投资股权的多属性拍卖机制设计 *

● 郑君君[1]  韩 笑[2]

（1，2 武汉大学经济与管理学院 武汉 430072）

【摘 要】将风险投资股权设计成拍卖物品，并应用多属性拍卖理论，设计一套两阶段拍卖机制来研究风险投资在 IPO 市场的退出问题。研究结果表明，该机制不仅可以揭示风险项目的真实价值，而且能够合理地配置资源，并具有较强的可操作性。

【关键词】机制设计 多属性拍卖 风险投资 两阶段拍卖

## 一、引言

风险投资退出的方式之一是首次公开募股（IPO，Initial Public Offering）。根据国际经验，IPO 定价一般有三种方式：固定价格出售、拍卖、累计投标（又称询价制）。虽然固定价格出售方式在一些中小型新兴金融市场仍然存在，但国内外理论研究均已表明，与后两者相比，固定价格出售并不是资源配置的有效方式。从普遍的经验看，累计投标的抑价水平高于拍卖的抑价水平，但拍卖定价机制近年来却很少采用，这种现象被 Chemmanur 和 Liu（2003）称为"IPO 拍卖之谜"。

在风险投资退出市场上，由于风险投资家作为内部投资者比外部投资者对风险投资项目（或风险企业）的质量拥有更多信息，因此存在信息不对称。拍卖本质上是一种非对称信息情况下的资源配置手段和价值揭示机制。通过合理的拍卖机制设计可以有效地克服不对称信息带来的收益损失。Ji-Chai Lin，Yi-Tsung Lee and Yu-Jane Liu[1] 研究发现当 IPO 采用拍卖定价时，由于机构投资者掌握的私人信息更多，因此机构投资者对 IPO 的报价要高于其他的投资者。国内学者郑君君、汤芃[2]在产权交易市场信息不对称的背景下研究了采用第一价格密封多属性拍卖确定风险企业实际价格的问题，并设计了可行的拍卖机制。综上所述，可以将风险投资股权设计成拍卖物品在 IPO 市场上进行拍卖，以达到揭示风险投资项目的真实价值以及合理配置资源的目的。针对风险投资的特性，本文通过引入多属性拍卖来提高风险投资退出时的资源配置效率，为风险投资退出风险企业提供参考。

---

① Ji-Chai Lin, Yi-Tsung Lee, and Yu-Jane Liu. IPO auctions and private information［J］. Journal of Banking & Finance, 2007, 31：1483-1500.

② Zheng Junjun, and Tang Peng. The optimal multi-attribute auction mechanism and analysis of price fixing based on venture enterprise［D］. Wireless Communications, Networking and Mobile Computing, 2008：1-4.

## 二、相关研究背景与研究基础

拍卖是IPO定价的最优机制之一。理论上，拍卖本质上是一种非对称信息情况下的资源配置手段和价值揭示机制。与其他估值方法相比，拍卖具有如下优势：高效性——将资源分配给对拍卖物品估值最高的投标人；客观性——通过价格竞争以及机制设计保证每个参与者汇报真实估价。因此，通过合理地拍卖机制设计可以有效地克服不对称信息带来的收益损失。作为市场化程度最高的发行机制，拍卖的透明度和不易产生腐败性决定了它是IPO发售制度发展的最终趋势；实践上，较多的数据证明拍卖能够提高IPO定价的准确性，降低发行价格与真实价值之间的差距。近年来，在一些国家和地区，拍卖的多种改进机制被用在IPO定价过程中，并被认为是最优的定价机制。

IPO市场上风险投资退出采用拍卖的原因主要包括三个方面：(1)帮助风险投资家发现风险项目的真实价值，准确评估本轮风险投资收益；(2)帮助风险企业寻找合适的机构投资者。拍卖可以帮助风险企业获得追加投资机会，以及在项目运营中的增值服务。增值服务主要体现在帮助风险企业进行市场宣传、提供优质客户以及拓宽融资渠道等；(3)为风险投资机构提供一条快速的资金回笼渠道。风险投资的目的不在于获得股权，而是得到超额的投资收益。资金的时间成本决定了风险投资家希望能够在风险投资退出阶段迅速地回笼资金，这对他们将资金投入到下一个风险项目中，实现风险资本的高效运转是非常重要的。

风险投资的特殊性使得风险投资股权拍卖成为一个多维投标(Multi-dimensional Bidding)：潜在买家的竞争内容不仅仅是股票的转让价格，还包括追加投资、增值服务、管理经验、支付方式、交割时间等多个方面(见图1)，风险投资家通过权衡各方面利弊来确定最终获胜者。

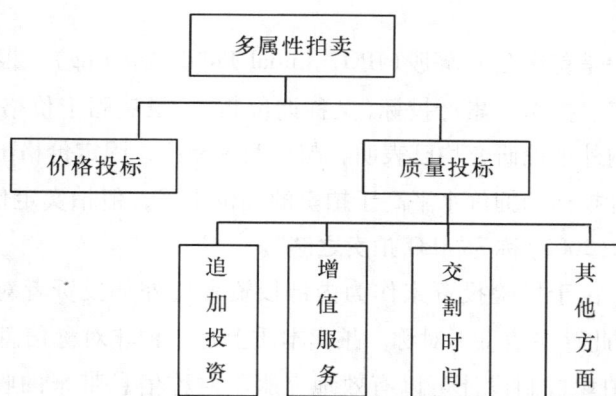

图1 多属性拍卖维度划分

Laffont和Tirole[1]，McAfee和McMillian[2][3]首先展开了关于多属性投标的研究。Cripps和Ireland[4]认为在采购拍卖中引入价格和质量的二维竞争是不现实的，因为关于质量的评判是多方面的，采购者无法详

---

① Laffont. J., and Tirole, J.. Auctioning incentive contracts[J]. Journal of Political Economy, 1987, 95: 921-937.

② McAfee, P., and McMillian, J.. Competition for agency contracts[J]. Rand Journal of Economics, 1987, 18: 296-307.

③ McAfee, P., and McMillian, J.. Multidimensional incentive compatibility and mechanism design[J]. Journal of Economic Theory, 1988, 46: 335-354.

④ Cripps, M., and Ireland, N.. The design of auctions and tenders with quality thresholds: The symmetric case[J]. Economic Journal, 1994, 104: 316-326.

尽自身对质量的全部偏好。鉴于此，一个更为合理的机制应该是设置最低质量标准（quality threshold）对供应商进行筛选，达到最低质量标准者再参与到价格竞争中。他们证明了这种机制与投标者同时进行价格、质量的二维投标机制是收益等价的，并且在这两类拍卖机制中，最低质量标准都能实现。

考虑到风险投资的特性，笔者认为多属性拍卖是风险投资退出时一种比较恰当的方式。在多属性拍卖中，风险投资家关注的投标属性主要包括价格、追加投资、增值服务、支付条件、交割时间、机构商誉等多个方面。本文将最低质量标准引入到机制设计中，使风险投资股权退出的多属性拍卖机制更加具有可操作性。

## 三、风险投资股权多属性两阶段拍卖

### 1. 基本模型与假设

风险投资家在 IPO 市场上通过出售其欲减持的风险企业股份，以实现风险投资退出。由于散户投资者在信息收集方面的劣势，所以在设计模型时，假定散户不参与发行公司 IPO 阶段的股票申购。IPO 参与者只有风险投资家持股的风险企业与机构投资者。市场上潜在的机构投资者用集合 $N = \{1, 2, \cdots, n\}$ 表示。风险投资家欲减持的风险企业股份总数为本次拍卖供给。为了分析方便，假设一级市场上的每个机构投资者最多只能申购一单位股份，有多单位需求的投资者可以看成多个这类投资者的简单叠加。

其他假设如下：

假设 1：风险投资股权退出采用多属性拍卖，多属性的内容包括价格属性与其他维度的属性。为了便于分析，其他维度的属性统称为质量属性；

假设 2：拍卖参与者，包括所有机构投资者和风险投资家均为风险中性，即当拍卖参与者 $i$ 收益为 $\pi_i$ 时，其效用函数为 $U(\pi_i) = \pi_i$；

假设 3：每位机构投资者仅凭私有信息就能对拍卖品估价，不受其他人信息的影响。即机构投资者对风险投资股权的估值是其私有信息的函数，即使获得了其他竞买者的估价信息也不会再改变自己的估价；

假设 4：各个机构投资者之间是非合作博弈关系，即不存在投标人共谋情况；

假设 5：风险投资家就是拍卖者，不存在交易费用。

### 2. 多属性两阶段拍卖

在信息不对称的风险投资退出市场上，风险投资家采用拍卖方式退出是为了获得对风险投资项目的真实估值，迅速回笼资金以及为风险企业寻求后期的优秀投资人。因此，拍卖机制只需对价格属性满足激励相容约束，帮助风险投资家发现风险项目的真实价值。而对于质量属性则不需要激励投标人采用说真话策略，因为投标人在这些属性上的真话策略对拍卖者没有很大的意义，拍卖者只需要通过质量属性效用函数进行选优即可。

考虑到上述原因以及现实可操作性，本文建立了一套两阶段拍卖机制：第一阶段通过质量最低标准筛选出一部分投标人，第二阶段在剩余的这些投标人中展开价格维度的竞争，以便最终确定获胜者。具体过程如图 2 所示：

第一步：风险投资家组织多属性拍卖，并公布多属性的内容以及效用函数，设定质量投标最低标准（该标准不公布）；

第二步：机构投资者估算自己实现质量投标属性的成本，并估计风险企业股票价值；

第三步：综合考虑投标成本与收益，机构投资者决定是否参加拍卖，参加拍卖的投标者上报质量投标；

第四步：风险投资家根据最低质量标准，从参与拍卖的机构投资者中筛选出一批进行下一轮的拍卖；

第五步：风险投资家组织剩余的机构投资者进行价格维度的竞争，并决定获胜者；

第六步：风险投资家与获胜者签订合同，双方按照合同约定履行义务。

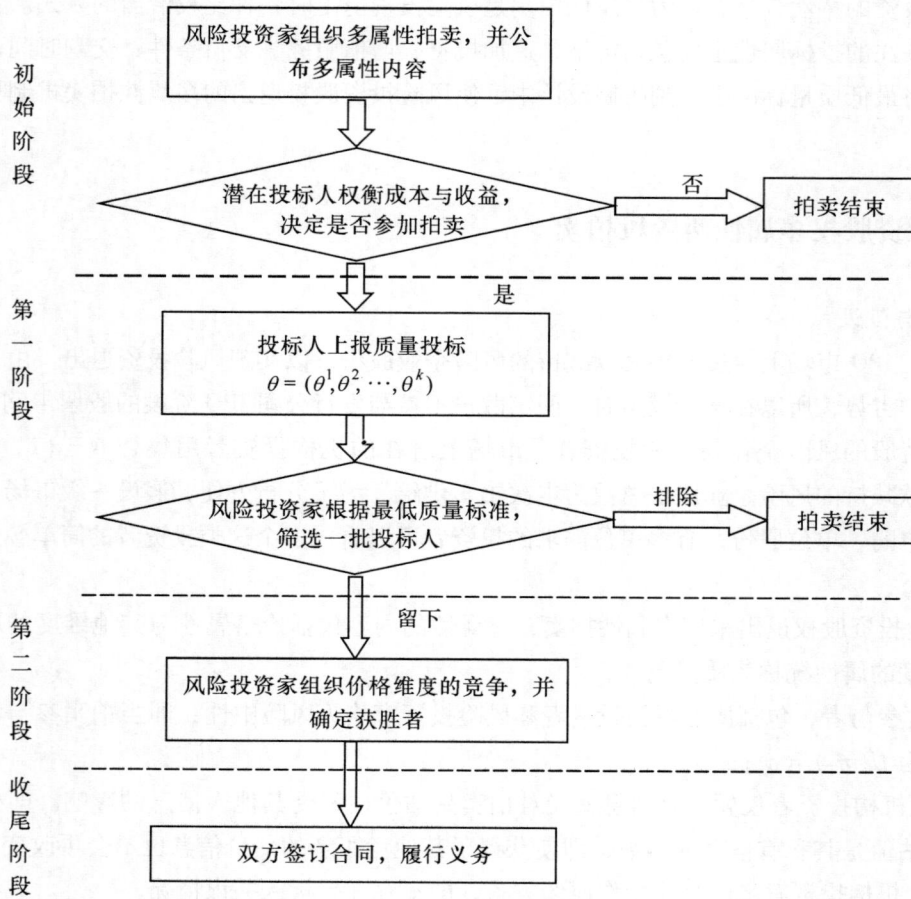

图2　风险投资股权多属性两阶段拍卖流程

**3. 多属性两阶段拍卖机制设计**

**（1）质量投标阶段的机制设计**

在质量投标阶段，风险投资家公布质量投标的内容 $\theta = (\theta^1, \theta^2, \cdots, \theta^k)$ 以及关于质量属性的效用函数：

$$\psi(\theta) = \sum_{m=1}^{k} \psi(\theta_m) \tag{1}$$

其中，$m = 1, 2, \cdots, k$ 是风险投资家对竞买者价格之外要求的属性序列。承前所述，风险投资家关注的质量属性主要包括追加投资、增值服务、支付条件、交割时间、机构商誉等多个方面。风险投资家通过效用函数可以确定对质量属性投标的最低标准，该标准只有风险投资家自己知道，投标人并不知道，其作用类似传统拍卖中的保留价。该标准可以帮助风险投资家在拍卖的第一阶段筛选出部分投标人。当然，在现实生活中多属性中的各个属性可能是相互冲突的，如愿意对风险企业追加最多投资的投标人不一定能够提供最好的增值服务。因此，在设置效用函数时，风险投资家需要在这些维度之间进行权衡。

用如下向量表示投标者 $j$ 在质量属性投标阶段的投标：

$$\theta_j = (\theta_j^1, \theta_j^2, \cdots, \theta_j^k) \tag{2}$$

120

其中，$j=1,2,\cdots,n$ 是 IPO 市场上机构投资者的数目，$\theta_j^m$ 表示第 $j$ 个机构投资者对第 $m$ 个质量属性的投标，投标人 $j$ 的成本函数为 $c_j(\theta_j)$。事实上，由于市场上投标人的综合能力千差万别，不同投标人对质量属性各个内容上的投标有不同的成本，最终这种差异会反映在投标人对风险企业的估值以及报价中。

下面便来解决风险投资家如何确定第一阶段获胜投标人的问题。设风险投资家对质量属性的最低要求，即最低质量标准为 $\psi_{\text{reserve}}(\theta)$，那么投标人 $i$ 能够进入到第二阶段拍卖的条件为：

$$\psi(\theta_i) \geqslant \psi_{\text{reserve}}(\theta) \tag{3}$$

设投标人能够进入第二阶段拍卖的概率为 $p_{1i}(\theta_i)$，则：

$$p_{1i}(\theta_i) = \begin{cases} 1, & \psi(\theta_i) \geqslant \psi_{\text{reserve}}(\theta) \\ 0, & 其他 \end{cases} \tag{4}$$

风险投资家通过计算各个投标人质量投标的效用水平，并与最低质量标准比较，便可排除一部分投标人，而保留另一部分投标人进入到第二阶段的拍卖竞争中。

（2）价格投标阶段的机制设计

根据上节的描述，拍卖第二阶段实质上是投标人为了获得风险企业股票而在价格维度上展开竞争。为了便于分析，这里假设投标人均为风险中性，且满足：

假设 6：私有价值假设。即投标人 $i$ 对拍卖物品的真实估值为 $v_i$，只有他自己知道 $v_i$ 的大小，拍卖者和其他投标人都不知道 $v_i$，但是 $v_i$ 的分布是公共知识：$v_i \in [a, z]$，且 $v_i$ 的分布函数为 $F_i(v_i)$，概率密度为 $f_i(v_i)$。

假设 7：独立性假设。即随机变量 $v_1, v_2, \cdots, v_n$ 是独立不相关的，$v_1, v_2, \cdots, v_n$ 联合分布函数为：$F(v_1, v_2, \cdots, v_n) = F_1(v_1)F_2(v_2)\cdots F_n(v_n)$。

根据显示原理，风险投资家可以将最优拍卖机制的搜寻范围缩小到具有激励相容的直接显示机制 $(p, e)$ 上来，其中，$p(v)$ 和 $e(v)$ 都定义在所有投标人估价支撑的乘积空间 $V$ 上，$p_i(v)$ 表示投标人 $i$ 获胜的概率，$e_i(v)$ 代表投标人 $i$ 的支付额，即 $p: V \to R^n$ 和 $e: V \to R^n$，二者分别表示拍卖机制的配置规则和支付规则。风险投资家作为拍卖机制的制定者，他的目标是实现自己的期望收益最大化：

$$u_0(p,e) = \left(1 - \sum_{i=1}^{n} p_i(v_i)\right)v_0 + \sum_{i=1}^{n} e_i(v_i) \tag{5}$$

其中，$1 - \sum_{i=1}^{n} P_i(v_i)$ 表示所有投标人均未获胜的概率，此时风险投资家保留拍卖物品，其效用为（5）式中等号右边的第一项，等号右边的第二项表示所有投标人向风险投资家发生的支付。

根据前面讲到的机制设计，风险投资家设计的直接拍卖机制必须满足两个条件。

第一，竞买者参加拍卖获得的期望效用不低于他的保留效用（通常假定竞买者的保留效用为 0），即为个体理性条件：

$$u_i(v_i, v_i) \geqslant 0 \tag{6}$$

其中，$u_i(v_i, v_i)$ 表示在其他投标人均诚实报价的前提下，投标人 $i$ 估值为 $v_i$，报价为 $v_i$ 时的期望收益。

第二，竞买者汇报真实报价所获得的效用至少不低于他报告任何其他估价时获得的效用，这样才有"说真话"的激励，即为激励相容条件：

$$u_i(v_i, v_i) \geqslant u_i(r_i, v_i) \tag{7}$$

其中，$u_i(r_i, v_i) = p_i(r_i)v_i - e_i(r_i)$ 表示在其他竞买人都诚实报价的情况下，竞买人 $i$ 估价为 $v_i$，报价

为 $r_i$ 时的期望收益。注意到(7)式等价于下式成立:

$$u_i(v_i,\ v_i) = \max_{r_i} u_i(r_i,\ v_i) \tag{8}$$

于是有 $\left.\dfrac{\partial u_i(r_i,\ v_i)}{\partial r_i}\right|_{r_i=v_i} = 0$,而由于 $\dfrac{\partial u_i(r_i,\ v_i)}{\partial r_i} = p_i'(r_i)v_i - e_i'(r_i)$,因此可得:

$$e_i'(v_i) = p_i'(v_i)v_i \tag{9}$$

下面考虑个体理性条件的满足。$e_i'(v_i) = p_i'(v_i)v_i$ 对于 $v_i \in [a_i,\ b_i]$ 均满足,可以对等式左右两边同时积分:

$$\int_{a_i}^{v_i} e_i'(z)\,\mathrm{d}z = \int_{a_i}^{v_i} p_i'(z)z\,\mathrm{d}z \tag{10}$$

即:

$$e_i(v_i) - e_i(a_i) = v_i p_i(v_i) - a_i p_i(a_i) - \int_{a_i}^{v_i} p_i(z)\,\mathrm{d}z \tag{11}$$

由于 $a_i p_i(a_i) - e_i(a_i) = u_i(a_i,\ a_i)$,故(11)式可以转换为:

$$e_i(v_i) = v_i p_i(v_i) - u_i(a_i,a_i) - \int_{a_i}^{v_i} p_i(z)\,\mathrm{d}z \tag{12}$$

又由于 $a_i p_i(a_i) - e_i(a_i) = u_i(a_i,\ a_i)$,故(12)式可以转换为:

$$u_i(v_i,v_i) = u_i(a_i,a_i) + \int_{a_i}^{v_i} p_i(z)\,\mathrm{d}z \tag{13}$$

下面再来考虑拍卖者的收益:

$$
\begin{aligned}
u_0(p,e) &= \left(1 - \sum_{i=1}^{n} p_i(v_i)\right)v_0 + \sum_{i=1}^{n} e_i(v_i) \\
&= v_0 - \sum_{i=1}^{n} (p_i(v_i)v_0 - e_i(v_i)) \\
&= v_0 - \sum_{i=1}^{n} [p_i(v_i)v_0 - p_i(v_i)v_i + p_i(v_i)v_i - e_i(v_i)]
\end{aligned}
\tag{14}
$$

将(7)式与(6)式结合可得:

$$u_0(p,e) = v_0 - \sum_{i=1}^{n} \left[p_i(v_i)(v_0 - v_i) + \int_{a_i}^{v_i} p_i(z)\,\mathrm{d}z\right] - \sum_{i=1}^{n} u_i(a_i,a_i) \tag{15}$$

从(15)式可以看出,拍卖者期望收益 $u_0(p,e)$ 与 $u_i(a_i,\ a_i)$ 成负相关。基于拍卖者期望收益最大化的角度出发,要求 $u_i(a_i,\ a_i)$ 越小越好,由于 $u_i(a_i,\ a_i) \geqslant 0$,可知 $u_i(a_i,\ a_i) = 0$ 是最佳选择,这表示拥有最低估价信号的投标人的期望收益为零。此时,由(13)式可知投标人的收益变成了 $u_i(v_i,v_i) = \int_{a_i}^{v_i} p_i(z)\,\mathrm{d}z$,易知此式恒大于等于 0,故个体理性条件 $u_i(v_i,\ v_i) \geqslant 0$ 也能得到满足。

综上所述,风险投资家的目标就是从直接拍卖机制中选择能够实现最大期望剩余的机制 $(p,\ e)$,从形式上可以阐述如下:

$$
\begin{aligned}
\max_{(p,e)} u_0(p,e) &= v_0 - \sum_{i=1}^{n} \left[p_i(v_i)(v_0 - v_i) + \int_{a_i}^{v_i} p_i(z)\,\mathrm{d}z\right] \\
\text{s.\,t.}\quad & u_i(a_i,\ a_i) = 0 \\
& e_i'(v_i) = p_i'(v_i)v_i
\end{aligned}
$$

$$\sum_{i=1}^{n} p_i(v_i) \leq 1, p_i(v_i) \geq 0$$

$$\forall s_i, t_i \in [a_i, b_i], \text{若} s_i \leq t_i, \text{则} p_i(s_i) \leq p_i(t_i)$$

实际上，由于问题的理论性和复杂性，有关机制设计的论文大都只能给出激励相容和分配效率的机制满足的性质，很难在一般情况下求解出机制的支付函数和分配函数。因此，这里我们不再求解，而是给出如下最优的拍卖机制$(p(v), e(v))$：

① 分配规则：风险投资家根据每个投标人报价计算拍卖参与者的收益，并将拍卖物品分配给具有最高边际收益的拍卖参与者。即：

$$p_i(v) = \begin{cases} 1, & \text{如果 } r_i(v_i) = \max_{j \in M} r_j(v_j) \\ 0, & \text{其他} \end{cases} \tag{16}$$

② 支付规则：若所有投标人的边际收益低于风险投资家的边际收益（也即真实估值），则风险投资家保留拍卖物品；否则，获胜投标人支付的价格为使其边际收益不低于其他拍卖者的最低估价。即：

$$e_i(v) = \begin{cases} h_0, & \text{如果 } p_i(v) = 1, \text{且} i \neq 0 \\ 0, & \text{其他} \end{cases} \tag{17}$$

其中，集合 $M = \{0, 1, 2, \cdots, n\}$ 表示包括风险投资家在内的 $(n+1)$ 个投资者，$r_0(v_0) = v_0$ 表示风险投资家的边际收益，$r_i(v_i) = v_i - \dfrac{1 - F_i(v_i)}{f_i(v_i)}$，$(i \in N)$ 表示投标人 $i$ 的边际收益，从风险投资家的角度来看，$r(\cdot)$ 是由于非对称信息导致机构投资者调整后愿意支付的最高价。$h_0 = \min\{v^* \mid r_i(v^*) \geq r_j(v_j)$，$\forall j \neq i\}$，表示赢家支付不是以往文献描述的边际收益或者报价。

4. 多属性两阶段拍卖机制的最优性

本文设计了一套在第一阶段通过质量最低标准筛选出一部分投标人，然后在第二阶段进行价格投标以便确定最终获胜者的多属性两阶段拍卖机制。根据陈剑、步艳红等人的观点，一套最优拍卖机制应该是指在这种拍卖机制下，对拍卖物品估值最高（即类型最高）的投标人获得拍卖物品，同时拍卖者获取最大期望支付。

通过研究本文设计的股权多属性拍卖机制中的价格属性拍卖，可以发现：

（1）获胜投标人是最有效的投标人，即估值最高的投标人。

在独立私有价值假设的基础上，若投标人满足对称性，即当估值的概率分布函数完全相同时，则此时保留价对所有的投标人都相同。由于已经假定边际收益与估值严格正相关，因此本文设计的拍卖机制实际上是将拍卖物品分配给了估值最高（且高于保留价）的投标人。

（2）获胜投标人的期望支付与在最优拍卖机制下的期望支付相同。

本文设计的拍卖机制要求获胜投标人支付 $\max\{r^{-1}(v_0), v_{(n-1)}\}$，其中 $r(v) = v - \dfrac{1 - F(v)}{f(v)}$，$v_{(n-1)}$ 表示第二高的估价，这相当于一个设置了最优保留价格为 $r^* = r^{-1}(v_0)$ 的封标第二价格拍卖。在独立私有价值假设的基础上，根据收益等价性定理可知，在本文设计的拍卖机制下，获胜投标人的期望支付与最优拍卖机制下的期望支付相同。

由上可见，第二阶段价格属性拍卖的分配机制和支付机制与最优拍卖机制的结果是等价的。

本文设计的两阶段拍卖机制充分考虑了风险投资退出的现实情况，即风险投资家退出风险企业时，主要目标是为了获得对风险投资项目的真实估值，而对于其他诸如迅速回笼资金、寻求后期的优秀投资人等目标，拍卖者并不需要投标人的"讲真话"策略，只需要通过质量属性效用函数进行择优。另外，本文设计的机制也借鉴了先前研究者（如 Cripps and Ireland[①]，Branco[②]）的研究成果，即理论上的多维属性同时拍卖在实际操作中是不太现实的，而通过设定最低质量标准（quality threshold）对供应商进行筛选，达到最低质量标准者再参与到价格竞争中的这种机制，不仅更具有可操作性，而且与投标者同时进行价格、质量的二维投标机制是收益等价的。

综上所述，本文设计的多属性拍卖机制是在风险投资退出股权拍卖的情形下的一种最优拍卖机制。

## 四、算例

下面通过算例来介绍风险投资股权多属性两阶段拍卖机制的具体实施。

为了分析方便，假设有 4 个投标人参与风险投资股权多属性拍卖。多属性内容包括报价、追加投资以及增值服务。将追加投资划分为五个区间（单位：万元）：$(0, 50]$、$(50, 100]$、$(100, 300]$、$(300, 500]$、$(500, +\infty)$，对应的数值依次为：0、0.25、0.5、0.75、1。借用模糊数学的思想，将增值服务划分为五个等级：很差、较差、中等、较好、很好，依次对应的数值分别为：0、0.25、0.5、0.75、1。风险投资家公布的质量属性效用函数 $\psi(\theta) = 0.7\theta^1 + 0.3\theta^2$，$\Psi_{\text{reserve}}(\theta) = 0.55$。投标人上报的质量投标如表 1 所示：

表 1 投标人的质量投标

| 投标人质量属性 | 追加投资（万元） | 增值服务 |
| --- | --- | --- |
| 1 | 80 | 中等 |
| 2 | 400 | 较差 |
| 3 | 250 | 中等 |
| 4 | 300 | 较好 |

可以将投标人的质量投标转化为如下矩阵 $R$：

$$R = \begin{pmatrix} 0.25 & 0.5 \\ 0.75 & 0.25 \\ 0.5 & 0.5 \\ 0.5 & 0.75 \end{pmatrix}$$

则投标人的得分矩阵 $S$ 为：

$$S = R \cdot \Psi = \begin{pmatrix} 0.25 & 0.5 \\ 0.75 & 0.25 \\ 0.5 & 0.5 \\ 0.5 & 0.75 \end{pmatrix} \cdot \begin{pmatrix} 0.7 \\ 0.3 \end{pmatrix} = (0.325 \quad 1.275 \quad 0.5 \quad 0.575)^{\text{T}}$$

因为 $\Psi_1(\theta_1) < \Psi_{\text{reserve}}(\theta)$，$\Psi_3(\theta_3) < \Psi_{\text{reserve}}(\theta)$ 故 1，3 号投标人退出拍卖，2、4 号投标人进入到第二阶段的拍卖。

不妨设两个投标人的估值均服从在 $[100, 500]$ 上的均匀分布（单位：万元），容易验证投标人边际收

---

① Cripps, M., N. Ireland. The design of auctions and tenders with quality thresholds: The symmetric case[J]. Economic Journal, 1994, 104: 316-326.

② Branco, F.. Sequential auction with synergies: An example [J]. Economics Letters, 1997, 54: 159-163.

益随估值严格递增，且边际收益 $r_2(v) = r_4(v) = 2v - 500$。已知 2 号投标人和 4 号投标人报价分别为：350、380，风险投资家的估值为 240。通过计算可知 2 号投标人的边际收益为 $r_2(v_2) = 200$，4 号投标人的边际收益为 $r_4(v_4) = 260$，风险投资家的边际收益为 $r_0(v_0) = 240$。所以 $r_4(v_4) = \max_{j \in M} r_j(v_j)$，故 $p_4(v) = 1$，即 4 号投标人赢得拍卖物品，且支付为 $h_0 = \min \{v^* \mid r_j(v^*) \geqslant r_j(v_j)\} = 370$。

## 五、结语

针对目前我国 IPO 市场采用询价制存在的问题，本文尝试探讨了 IPO 市场上的拍卖定价方式。由于风险投资在 IPO 市场上退出不仅追求尽可能高的出售价格，还要考虑诸如追加投资、增值服务等非价格因素，因此将风险投资股权设计成拍卖物品，采用多属性拍卖方式来帮助风险投资家发现风险项目的真实价值，迅速回笼资金并为风险企业寻找优秀的后期投资者，以实现风险投资的高效退出。

由于传统的多属性拍卖方法在实际中难以操作，本文设计了一套在第一阶段进行质量投标，在第二阶段进行价格投标的多属性两阶段拍卖机制，并给出了相应阶段的获胜者确定问题表达式。最后通过算例说明本文设计的机制不仅能够很好地满足拍卖者的需求，而且具有较强的可操作性。通过本文的研究以期为风险投资参与者及相关部门提供借鉴和参考依据。

（作者电子邮箱：99zhengjunjun@163.com）

## 参考文献

[1] 殷红. 几类特性物品的拍卖机制设计理论及方法研究 [M]. 武汉：武汉大学出版社，2005.
[2] 陈剑，陈熙龙，宋西平. 拍卖理论与网上拍卖 [M]. 北京：清华大学出版社，2005.
[3] 步艳红. 产权、拍卖与并购——企业产权交易中的拍卖机制设计 [M]. 北京：经济科学出版社，2006.
[4] Chemmanur TJ, Liu. How should a firm go public? A dynamic model of the choice between fixed-price offerings and auctions in IPOs and privatization [D]. Working Paper, 2003.

## Mechanism Design of Multi-attribute Auction Based on Venture Capital in IPO Market

Zheng Jun-jun[1]    Han Xiao[2]

(1, 2 Economics and Management School of Wuhan University, Wuhan, 430072)

**Abstract**: This paper designs the venture capital equity as an object auctioned, and employs multi-attribute auction theory to help venture capital exit perfectly. We merger all non-price attributes into one quality dimension and design a two-stage auction mechanism. It turns out that the auction mechanism not only reveals the true value of risky projects, but also allocates resources rationally, and has a strong operability.

**Key words**: Mechanism design; Multi-attribute auction; Venture capital; Two-stage auction

# 股票市场投资者情绪与证券投资基金超额收益

● 丁庭栋

（中国人民大学商学院　北京　100872）

【摘　要】本文将证券选择能力与市场时机选择能力作为控制变量，研究投资者情绪是如何影响基金超额收益水平的。结果表明，样本基金表现出较强的证券选择能力，基金经理能够发掘价值被低估的股票；在大多数情况下，样本基金并不具有较强的市场时机选择能力，基金经理未能采取进取或避险策略，不具有高超的操盘能力；在各个阶段及整体阶段，样本基金都表现出受到股票市场投资者情绪的较强影响。这一结果说明，当前我国基金市场存在严重的迎合"投资者行为"的现象，这需要政府监管部门为完善基金市场监管，促进基金市场有效运行作出更进一步的努力。

【关键词】证券投资基金　证券选择能力　市场时机选择能力　投资者情绪

## 一、引言

在国外，Treynor 和 Mazuy（1966）利用二次方程模型（TM 模型）对共同基金进行研究，几乎没有找到任何基金经理把握市场时机的证据。Fama（1972）认为基金可以通过两种预测能力进行分析：一是相对于各股票整体而言，预测个股的价格走势的能力；二是预测整个股票市场的总体价格走势的能力。前者通常称为证券选择能力，后者称为市场时机把握能力。Admati，Bhattacharya，Pfleiderer 和 Ross（1986）论证了 TM 模型在衡量市场时机选择能力是有效的。Cumby 和 Glem（1990）对美国 15 个国际投资基金在 1982 年 1 月至 1988 年 6 月（不包括 1987 年）的业绩进行了分析，其中也使用了 TM 模型，研究发现样本的绝大部分呈现一种负的市场时机选择能力。Henriksson 和 Merton（1981）在 CPAM 模型中增加了一个二项式随机变量对 1968 年至 1980 年的 116 家共同基金进行了回归检验。从总体来看，62% 的基金其市场时机选择能力是负的。因此，这些结果对基金经理把握市场时机的能力同样没有提出多少有力的证据。Bhattacharya 和 Pfleiderer（1983）对 HM 模型的研究表明，经过他们改进后的模型可以判断基金经理是否正确地利用了正确的信息。Connor 和 Kora Jczyk（1991）研究表明在基金组合与市场收益率之间有协偏度（Coskewness）时，TM 和 HM 模型会得到错误的结论。Chang 和 Lewellen（1984）基于 APT 模型提出了一种新的检验方法，通过计算双贝塔变量的差来判断资产管理人的择时能力。Grinblatt 和 Titman（1989，1994）提出了 Positive Period Weighting Measure（PPW）的模型，此模型通过计算期内各时期的超额收益率的加权收益率，给出了择股和择时能力的综合检验结果。另外，在财务学的相关文献中，Kon 和 Jen（1978），Hendricks，Patel 和 Zeckauser（1993），Grebe（1996）等都各自在基金经理的证券选择、时机选择等方面提出了相关的模型和方法。

在国内，周晓华（2001）使用简单线性回归、二次回归及虚拟变量回归等方法发现基金业绩显著源于较好的市场时机把握能力。沈维涛，等（2001）用风险调整指数法、TM 模型和 HM 模型对基金业绩进行研究，认为基金良好业绩是通过一定的证券选择获得的，没有足够的证据表明基金经理具有市场时机选择能力。张新和杜书明（2002）对封闭式基金运用 HM 和 TM 模型研究，认为没有足够的证据表明基金取得了超越基准指数的表现，各个基金均未显示出优异的选股能力和择时能力。汪光成（2002）采用 TM、HM、Gll 与非参数检验模型进行了研究，认为基金在季度内没有表现出明显的市场时机把握能力；整个样本期间内，基金没有显著的市场时机把握能力；基金具有一定的选股能力，但它对基金超额收益的贡献甚微，表现显著的基金不多。周泽炯、史本山（2004）用 TM 模型和 HM 模型对开放式基金的选股能力和择时能力进行研究，认为基金经理不具备选股能力，但具备一定的择时能力。申团营、邱长溶与刘华芳（2005）以 TM 模型为基础构建了含偏度调整的条件二次模型，得出了基金不具有市场时机把握能力，基金管理人把过多的精力用在了个股选择，而忽视了对证券市场总体把握从而增加了基金投资组合的风险。傅安里、马超群与杨晓光（2005）以改进 Busse 的波动择时模型对中国 2000 年以前发行的 22 只封闭式基金进行研究，发现基金具有显著的波动择时能力，这种现象在开放式基金中更为明显。肖奎喜、杨义群（2005）运用参数检验方法对 42 只股票型开放式基金进行分年度检验，发现，开放式基金在 2003 年具有较强的证券选择能力，但不具备市场时机把握能力，在 2004 年上半年显示出了一定的市场时机把握能力，却从总体上表现出负向证券选择能力。基于 2003 年的基金年报分析显示，开放式基金在对未来市场趋势的预测上存在明显的"羊群行为"。胡畏、张明（2006）基于持股数据对 54 只封闭式基金进行分析，发现它们有明显的选股能力。刘建桥、陈方正、孙文全（2007）在传统模型基础上融入 ARCH 效应分析基于时变的基金的选股择时能力，发现去除波动状况的模型比传统的模型更能说明择时选股能力。杨湘豫、谭国威（2007）运用双向表法研究基金的选时与选股能力，认为基金经理选时与选股能力在某一时期内高度一致，同正同负，表现了一定的"羊群行为"，同时还发现基金经理有"热手"现象。

上述相关研究并没有涉及投资者情绪对基金收益水平的影响，也没有将其归纳到回归方法中去。行为金融学认为，信念和偏好异质的投资者常常是非理性的，而且由于情绪感染、模仿、学习等非市场互动（即社会互动）机制的影响，以及套利成本、时间及风险等约束机制的存在，会致使市场误定价现象很难消除。当投资者情绪具有很大的社会性时，人们的行为就会在社会互动机制作用下趋于一致，致使大家都犯相同的错误，从而影响市场定价。针对该问题，本文将选股与择时能力作为控制变量，研究投资者情绪是如何影响基金收益水平的。另外，将投资者情绪划分为三种阶段，并进一步研究投资者情绪、证券选择能力与市场时机选择能力对基金超额收益的影响。

## 二、理论模型

### （一）投资者情绪指数 ISI 构建

本文使用反映股票市场股票投资者情绪的客观变量构建投资者情绪指数，说明如下：

1. 沪深股票月平均交易量 $TURN_t$

Jones（2001）发现，高成交量往往伴随着低回报，即可作为股票收益的反向预测指标；Scheinkman 和 Xiong（2003）认为交易量反映了投资者对当前市场估价的分歧程度，分歧越小，成交量就越大；Baker 和 Stein（2004），Baker 和 Wurgler（2006）认为成交量或者流动性水平可以作为衡量投资者情绪的一个有效指标。

$$TURN_t = \sum_{i=1}^{n} TURN_i \Big/ \sum_{i=1}^{n} MEV_i \qquad (1)$$

式中，$n$ 为沪深市场当季度的交易天数；$TURN_i$ 沪深市场日交易量；$MEV_i$ 为沪深市场日流通市值。

2. 市场平均指数收益率

采用上证指数月收益率 $R_t^m$ 来衡量市场平均指数收益情况对基金业绩的影响。

3. 上证指数月波动率 $\sigma_t$

$$\sigma_t = \sqrt{\sum_{i=1}^{n} \frac{SZ_i - \overline{SZ}}{n-1}} \qquad (2)$$

式中，$n$ 为月度内交易天数；$SZ_i$ 表示月度内第 $i$ 天的上证指数开盘、最高、最低、收盘价格平均数；$\overline{SZ}$ 为 $n$ 日 $SZ_i$ 的算术平均数。该指标滚动计算，反映股票市场波动对基金业绩的影响。

4. 月度 IPO 数量 $IPON_t$ 及月度内 IPO 首日收益率 $IPOR_t$

在股票市场中常常存在"热市"与"冷市"的现象，IPO 收益低是市场时机选择的结果，即 IPO 时机选择问题。因此，IPO 数量及上市首日收益均能较好反映投资者的热情程度，且均为情绪的正向指标。考虑许多有关 IPO 发行起始日的数据缺省，本文采取以发行公告日为基准统计每季度内 IPO 数量；IPOR 采用的是加权平均形式。Ljungqvist 等（2006）研究发现投资者情绪对新股价格确实存在着影响。王春峰（2007）发现，投资者情绪与发行价格、上市首日交易价格和新股抑价间存在正相关关系。韩立岩和伍燕然（2007）研究发现投资者情绪可全面解释国内市场中的 IPO 抑价和溢价现象，是资产定价的重要因素。

$$IPOR_t = \sum_{i=1}^{n} \left[ (P_i - P_i') \times LSN_i \right] / \sum_{i=1}^{n} LSN_i \tag{3}$$

式中，$n$ 为当月度内新股发行数量，$P_i$ 为新股 $i$ 上市首日的收盘价，$P_i'$ 为其发行价格，$LSN_i$ 为其发行在外的流通股数。

5. 全国消费者信心指数 CCI

前述四个均是衡量投资者情绪的客观指标，全国消费者信心指数是该综合指数中唯一的主观指标。从理论上讲，投资者信心指数应该比消费者信心指数更能反映投资者的情绪状况，但考虑到数据的可获得性，而且不少学者也研究发现全国消费者信心指数确实能够较好度量投资者情绪的变化，如薛斐（2005）研究发现，全国消费者信心指数确实是一个比较好的情绪指标，故本文选取全国消费者信心指数作为情绪主观代理指标。

本文通过公式（4）提取主要成分信息，计算如下：

$$ISI^1 = \frac{\sum_{i=1}^{5} r_i \times ISI_{pi}}{\sum_{j=1}^{5} r_j} \tag{4}$$

式中，$ISI_{pi}$ 为第 $i$ 主成分的投资者情绪指数；$r_i$ 和 $r_j$ 为第 $i$ 或者 $j$ 主成分的特征值。

Baker 和 Wurgler（2006）认为，由于不同指标对投资者情绪的反映可能存在着时间上的"领先"与"滞后"关系。在确定指标之间的"领先"与"滞后"后进行第二次加权计算投资者情绪指数同样适用该方法。

## （二）检验模型

本文构建的检验模型如下：

$$R_{it} - R_{ft} = \alpha_{it} + \beta_{i1t} \max\{0, R_{mt} - R_{ft}\} + \beta_{i2t} \min\{0, R_{mt} - R_{ft}\} + \beta_{i3t} ISI_{t-1} + \varepsilon_{it} \tag{5}$$

式中，$R_{it}$ 为在考察期内基金 $i$ 的累计净值收益率；$R_{ft}$ 为在考察期内的无风险收益率，本文选取最近 30 个交易日沪市国债 7 日回购利率的平均值计算；$R_{mt}$ 为在考察期内市场基准组合的平均回报率，这里取上证指数收益率；$\alpha_{it}$ 为基金经理的选股能力系数；$\beta_{i1t}$ 和 $\beta_{i2t}$ 分别表示多头和空头的市场系数。当 $\beta_{i1t}$ 和 $\beta_{i2t}$ 显著不为零时，并且 $\beta_{i1t}$ 大于 $\beta_{i2t}$，说明管理人有择时能力，即市场处于上涨阶段和下跌阶段两种不同情况下，将基金的收益与市场无风险收益做比较，来衡量基金经理对市场趋势研判和时机把握的准确程度；$ISI_{t-1}$ 为投资者情绪因素；$\beta_{i3t}$ 为投资者情绪影响基金超额收益的程度；$\varepsilon_{it}$ 为残差项。

# 三、数据说明与 ISI 的构建

## （一）样本数据

基金数据从 2004 年 1 月末到 2010 年 5 月末，时间频率为月。我们剔除新股配售对基金业绩的影响。

128

本文选取股票型基金和混合型基金两种类型基金①。沪深股票月平均交易量、上证指数月收益率、上证指数月波动率、月度 IPO 数量、月度内 IPO 首日收益率、全国消费者信心指数等变量样本期间为数据从 2004 年 1 月末到 2010 年 5 月末。数据来源为中经数据库、上海聚源数据库和财汇数据库。

## (二)ISI 构建

首先，领先与滞后指标的选取。对于 ISI 的构建，本文研究发现，第一次主成分提取的主要成分除了"沪深股票月平均交易量"为 89.1% 外，其余的指标变量都达到了 90%。本文采用保留特征值大于 0.5 的进行提取，累计方差解释率达到了 94.977%，表 1 给出了指标变量"领先"与"滞后"的检验结果。

表1　　　　　　　　　　　　　　投资者情绪指数与相关变量的"领先"与"滞后"

| | $TURN_{t-1}$ | $\sigma_{t-1}$ | $R^m_{t-1}$ | $IPON_t$ | $IPOR_t$ | $CCI_{t-1}$ | $TURN$ | $\sigma_t$ | $R^m_t$ | $IPON$ | $IPOR$ | $CCI_t$ |
|---|---|---|---|---|---|---|---|---|---|---|---|---|
| $ISI_t$ | 0.693*** | 0.39*** | 0.301*** | 0.131*** | -0.089 | 0.561*** | 0.774*** | 0.53*** | 0.322*** | 0.037*** | 0.395*** | 0.503*** |
| $N$ | 77 | 77 | 77 | 77 | 77 | 77 | 77 | 77 | 77 | 77 | 77 | 77 |

注:*** 表示 1% 显著性水平。

其次，将上述反映投资者情绪的指标进行标准化。检验发现，只有标准化后沪深股票月平均交易量、标准化后上证指数月波动率、标准化后上证指数月收益率、IPO 数量滞后和消费者信心指数滞后、标准化后 IPO 首日收益率共六个指标相关程度比较高，但是只有 IPO 数量滞后和消费者信心指数滞后提前反映投资者情绪。从上述六个指标构建投资者情绪指数，数据分析结果发现，第一次和第二次合成指数相关系数为：0.761，在显著性水平 1% 的条件下通过检验。表 2 给出了最后的投资者情绪指数与各个被选择变量之间的相关系数检验结果。

表2　　　　　　　　　　　　　投资者情绪指数与各个被选择变量之间的相关系数

| | $ISI_t$ | $TURN_t$ | $\sigma_t$ | $R^m_t$ | $IPOR_t$ | $IPON_{t-1}$ | $CCI_{t-1}$ |
|---|---|---|---|---|---|---|---|
| $ISI_t$ | 1 | | | | | | |
| $TURN_t$ | 0.768 | 1 | | | | | |
| $\sigma_t$ | 0.181 | 0.39 | 1 | | | | |
| $R^m_t$ | 0.412 | 0.296 | -0.234 | 1 | | | |
| $IPOR_t$ | 0.197 | -0.006 | -0.123 | 0.034 | 1 | | |
| $IPON_{t-1}$ | 0.61 | 0.213 | -0.035 | -0.083 | -0.128 | 1 | |
| $CCI_{t-1}$ | 0.351 | 0.216 | 0.316 | 0.13 | -0.167 | -0.006 | 1 |

最后，构建投资者情绪指数。获得的投资者情绪指数走势图如图 1 所示。本文划分为四个阶段：情绪低落阶段（2004 年 1 月至 2005 年 6 月）；情绪高涨阶段（2005 年 7 月至 2007 年 10 月）；情绪低落阶段（2007 年 11 月至 2008 年 11 月）；情绪恢复阶段（2008 年 12 月至 2010 年 5 月）。

---

① 这里基金类型划分采用北京济安金信科技有限公司基金评价中心的定义，不包括封闭式基金。股票型基金：投资者长期理财工具，适合具有高风险承受能力的投资者，主要配置权益类资产，重视基金管理团队的选股择时能力，基金管理团队坚持价值投资的理念。分享国民经济和资本市场的成长是股票型基金的价值所在。混合型基金：作为投资者长期理财工具，适合具有高风险承受能力的投资者；资产配置、时机选择方面都给基金管理人的主动管理提供了充分的空间，要求管理团队拥有较高操作水平，主动为投资者取得尽可能高的长期回报。

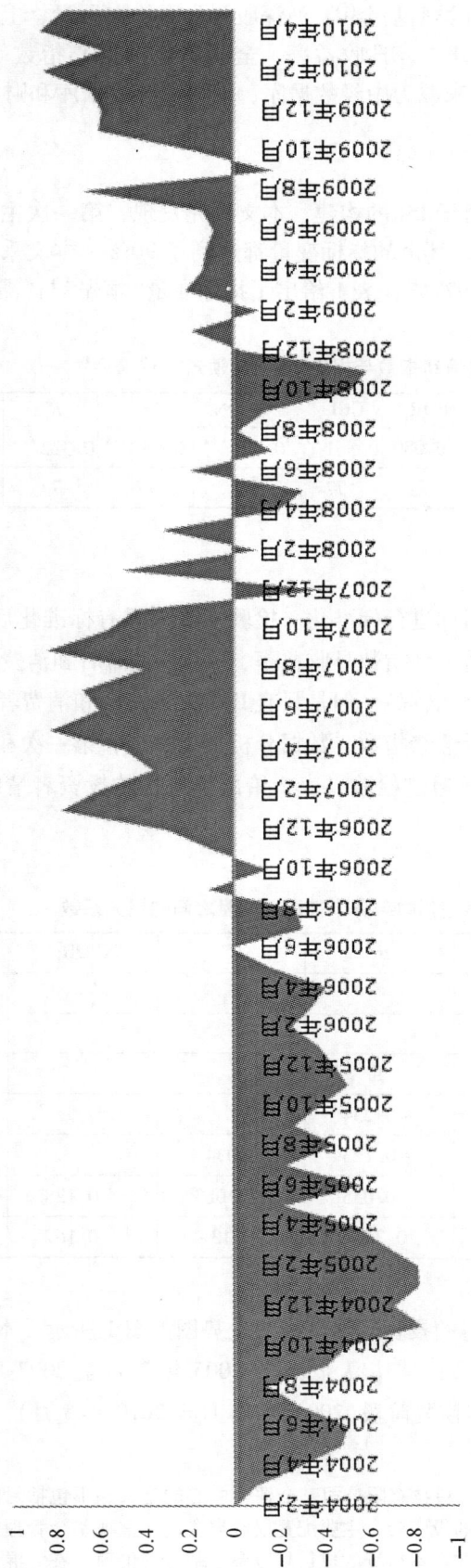

图1　股票市场投资者情绪指数走势

## 四、实证检验

本部分给出不同阶段的实证检验结果(见表3、表4)。

表3 不同状态阶段投资者情绪与基金超额收益

模型: $R_{it} - R_{ft} = \alpha_{it} + \beta_{i1t}\max\{0, R_{mt} - R_{ft}\} + \beta_{i2t}\min\{0, R_{mt} - R_{ft}\} + \beta_{i3t}\mathrm{ISI}_{t-1} + \varepsilon_{it}$

| 状态 | 2004年1月至2005年6月 情绪低落 | | | 2005年7月至2007年10月 情绪高涨 | | | 2007年11月至2008年11月 情绪低落 | | |
|---|---|---|---|---|---|---|---|---|---|
| | 股票 | 混合 | 整体 | 股票 | 混合 | 整体 | 股票 | 混合 | 整体 |
| $N$ | 136 | 493 | 629 | 224 | 812 | 1036 | 104 | 377 | 481 |
| $\alpha_{it}$ | .0124 (1.98 **) | .0110 (3.40 ***) | .0113 (3.94 ***) | .0174 (3.49 ***) | .0240 (9.61 ***) | .0226 (10.10 ***) | .0185 (−2.14 **) | .0195 (−5.23 ***) | .0193 (−5.54 ***) |
| $\beta_{i1}$ | .4438 (3.32 ***) | .4353 (6.31 ***) | .4372 (7.14 ***) | .6661 (14.43 ***) | .5536 (23.89 ***) | .5779 (22.86 ***) | 1.0958 (6.91 ***) | .9022 (13.15 ***) | .9440 (14.75 ***) |
| $\beta_{i2}$ | .7514 (9.72 ***) | .7064 (17.72 ***) | .7161 (20.26 ***) | .8496 (4.32 ***) | .9016 (9.13 ***) | .8903 (10.07 ***) | .5666 (10.42 ***) | .5006 (21.27 ***) | .5149 (23.46 ***) |
| $\beta_{i3}$ | .0193 (−2.17 **) | .0158 (−3.45 ***) | .0166 (−4.08 ***) | .0015 (2.32 **) | .0105 (3.13 ***) | .0086 (2.85 ***) | .0209 (3.74 ***) | .0002 (2.835 ***) | .0047 (2.901 ***) |
| $R^2$ | 0.6542 | 0.633 | 0.6374 | 0.6469 | 0.6118 | 0.6182 | 0.8306 | 0.8513 | 0.8433 |
| $R^2_{adjust}$ | 0.6464 | 0.6308 | 0.6357 | 0.6421 | 0.6104 | 0.6171 | 0.8255 | 0.8501 | 0.8423 |

注: *** 、** 分别表示1%、5%显著性水平。

表4 不同状态阶段投资者情绪与基金超额收益(续)

模型: $R_{it} - R_{ft} = \alpha_{it} + \beta_{i1t}\max\{0, R_{mt} - R_{ft}\} + \beta_{i2t}\min\{0, R_{mt} - R_{ft}\} + \beta_{i3t}\mathrm{ISI}_{t-1} + \varepsilon_{it}$

| 状态 | 2008年12月至2010年5月 情绪恢复 | | | 2004年1月至2010年5月 整体阶段 | | |
|---|---|---|---|---|---|---|
| | 股票 | 混合 | 整体 | 股票 | 混合 | 整体 |
| $N$ | 144 | 522 | 666 | 608 | 2204 | 2812 |
| $\alpha_{it}$ | .0161 (2.60 ***) | .0094 (3.59 ***) | .0108 (4.42 ***) | .0136 (5.56 ***) | .0136 (11.43 ***) | .0136 (12.67 ***) |
| $\beta_{i1}$ | .5987 (8.83 ***) | .5857 (20.56 ***) | .5885 (21.99 ***) | .6722 (23.06 ***) | .6097 (42.99 ***) | .6234 (48.70 ***) |
| $\beta_{i2}$ | .8283 (15.03 ***) | .7571 (32.69 ***) | .7725 (35.51 ***) | .7289 (26.33 ***) | .6879 (51.14 ***) | .6968 (57.40 ***) |
| $\beta_{i3}$ | .0080 (2.87 ***) | .0094 (2.31 **) | .0088 (2.40 **) | .0002 (3.07 ***) | .0020 (3.24 ***) | .0016 (3.11 ***) |
| $R^2$ | 0.8199 | 0.8581 | 0.847 | 0.7951 | 0.795 | 0.7941 |
| $R^2_{adjust}$ | 0.816 | 0.8573 | 0.8463 | 0.7941 | 0.7947 | 0.7939 |

注: *** 、** 分别表示1%、5%显著性水平。

（一）情绪低落阶段（2004 年 1 月至 2005 年 6 月）

在择券能力方面，择券能力系数 $\alpha_{it}$ 显著大于零，因此股票型基金和混合型基金具有择券能力；在市场时机把握能力方面，$\beta_{i1} - \beta_{i2}$ 显著小于零，因此股票型基金和混合型基金不具有市场时机把握能力；在投资者情绪方面，投资者情绪反应系数 $\beta_{i3}$ 通过显著性水平检验，说明投资者情绪对基金超额收益具有重要影响。从整体样本来看，$\alpha_{it}$ 显著大于零，样本基金具有择券能力；$\beta_{i1} - \beta_{i2}$ 显著小于零，样本基金不具有市场择时能力；$\beta_{i3}$ 通过显著性水平检验，投资者情绪对基金超额收益具有重要影响。

（二）情绪高涨阶段（2005 年 7 月至 2007 年 10 月）

在择券能力方面，择券能力系数 $\alpha_{it}$ 显著大于零，因此股票型基金和混合型基金具有择券能力；在市场时机把握能力方面，$\beta_{i1} - \beta_{i2}$ 显著小于零，因此股票型基金和混合型基金不具有市场时机把握能力；在投资者情绪方面，投资者情绪反应系数 $\beta_{i3}$ 通过显著性水平检验，说明投资者情绪对基金超额收益具有重要影响。从整体样本来看，$\alpha_{it}$ 显著大于零，样本基金具有择券能力；$\beta_{i1} - \beta_{i2}$ 显著小于零，样本基金不具有市场择时能力；$\beta_{i3}$ 通过显著性水平检验，投资者情绪对基金超额收益具有重要影响。

（三）情绪低落阶段（2007 年 11 月至 2008 年 11 月）

在择券能力方面，择券能力系数 $\alpha_{it}$ 显著大于零，因此股票型基金和混合型基金具有择券能力；在市场时机把握能力方面，$\beta_{i1} - \beta_{i2}$ 显著大于零，因此股票型基金和混合型基金具有市场时机把握能力；在投资者情绪方面，投资者情绪反应系数 $\beta_{i3}$ 通过显著性水平检验，说明投资者情绪对基金超额收益具有重要影响。从整体样本来看，$\alpha_{it}$ 显著大于零，样本基金具有择券能力；$\beta_{i1} - \beta_{i2}$ 显著大于零，样本基金具有市场择时能力；$\beta_{i3}$ 通过显著性水平检验，投资者情绪对基金超额收益具有重要影响。

（四）情绪恢复阶段（2008 年 12 月至 2010 年 5 月）

在择券能力方面，择券能力系数 $\alpha_{it}$ 显著大于零，因此股票型基金和混合型基金具有择券能力；在市场时机把握能力方面，$\beta_{i1} - \beta_{i2}$ 显著小于零，因此股票型基金和混合型基金不具有市场时机把握能力；在投资者情绪方面，投资者情绪反应系数 $\beta_{i3}$ 通过显著性水平检验，说明投资者情绪对基金超额收益具有重要影响。从整体样本来看，$\alpha_{it}$ 显著大于零，样本基金具有择券能力；$\beta_{i1} - \beta_{i2}$ 显著小于零，样本基金不具有市场择时能力；$\beta_{i3}$ 通过显著性水平检验，投资者情绪对基金超额收益具有重要影响。

（五）整体阶段（2004 年 1 月至 2010 年 5 月）

在择券能力方面，择券能力系数 $\alpha_{it}$ 显著大于零，因此股票型基金和混合型基金具有择券能力；在市场时机把握能力方面，$\beta_{i1} - \beta_{i2}$ 显著小于零，因此股票型基金和混合型基金不具有市场时机把握能力；在投资者情绪方面，投资者情绪反应系数 $\beta_{i3}$ 通过显著性水平检验，说明投资者情绪对基金超额收益具有重要影响。从整体样本来看，$\alpha_{it}$ 显著大于零，样本基金具有择券能力；$\beta_{i1} - \beta_{i2}$ 显著小于零，样本基金不具有市场择时能力；$\beta_{i3}$ 通过显著性水平检验，投资者情绪对基金超额收益具有重要影响。

## 五、研究结论

本文探索性地引入股票市场投资者情绪指数对 CL 模型进行改进，并运用改进的模型对我国股票型基金和混合型基金进行了分阶段性的证券选择能力、市场时机选择能力和投资者情绪影响效应检验。结果表明，样本基金表现出较强的证券选择能力，基金经理能够发掘价值被低估的股票；除了在 2007 年 11 月至 2008 年 11 月，样本基金能够表现出较强的市场时机选择能力，在大多数情况下，样本基金并不具有较强的市场时机选择能力，基金经理针对市场的牛市或熊市，未能采取进取或避险策略，不具有高超的操盘能力；在各个阶段及整体阶段，样本基金都表现出受到股票市场投资者情绪的较强影响效果，可见，样本基金所获取的超额收益有一部分来自于股票市场投资者情绪的影响，这种影响是比较大和明显的。这也在一个侧面折射出当前基金所获取的基金业绩可能是通过迎合"股票市场投资者情绪"达到的。这一结果说明，当前我国基金市场存在严重的迎合"投资者行为"的现象，这需要政府监管部门为完善基金市场监管，促进基金市场有效运行作出更进一步的努力。

（作者电子邮箱：dtd801022@yahoo.com.cn）

## 参考文献

[1] 陈信元，张田余，陈冬华. 预期股票收益的横截面多因素分析：来自中国证券市场的经验证据[J]. 金融研究，2001，6.

[2] 单耀文，徐剑刚. PPW 模型、GT 整体检验对基金择股能力的再考察[J]. 系统工程，2004，5.

[3] 郭东辉. 中国证券投资基金择时选股能力的实证研究[D]. 江西财经大学硕士论文，2009.

[4] 牛鸿，詹俊义. 中国证券投资基金市场选时能力的非参数检验[J]. 管理世界，2004，10.

[5] 沈维涛，黄兴孪. 我国证券投资基金业绩的实证研究与评价[J]. 经济研究，2001，9.

[6] 汪光成. 基金的市场时机把握能力研究[J]. 经济研究，2002，1.

[7] 吴世农，李培标. 中国投资基金证券选择和时机选择能力的实证研究[J]. 经济管理，2002，4.

[8] 肖奎喜，杨义群. 我国开放式基金的证券选择和市场时机把握能力研究[J]. 中央财经大学学报，2005，1.

[9] 易志高，茅宁，耿修林. 中国股票市场投资者情绪指数开发研究[D]. 第三届中国管理学年会论文集，2008，11.

[10] 张新，杜书明. 中国证券投资基金绩效研究[J]. 金融研究，2002，1.

[11] Admati, A. R., Bhattacharya, S., Ross, S. A., and Pfleiderer, P.. On timing and selectivity[J]. Journal of Finance, 1986, 41.

[12] Bollen, N., and Busse, J.. On the timing ability of mutual fund managers[J]. Journal of Finance, 2001, 56.

[13] Lehmann Bruce, and David Modest. Mutual fund performance evaluation: a comparison of benchmarks and benchmark comparisons[J]. Journal of Finance, 1987, 42(2).

[14] Henriksson, R., and Merton, R.. On market timing and investment performance: Statistical procedures for evaluating forecasting skill[J]. Journal of Business, 1981, 54.

[15] Treynor, J., and Mazuy K.. Can mutual funds outguess the market[J]. Havard Business Review, 1966, 44.

[16] Malcolm Baker, and Jeffrey Wurgler. Investor sentiment and the cross-section of stock returns[J], Journal of Finance, 2006, 61.

# The Stock Market Investor Sentiment and Securities Investment Fund Excess Returns

Ding Tingdong

(School of Business, Renmin University of China, Beijing, 100872)

**Abstract:** This paper analyses the impact of the stock market investor sentiment on the excess returns of securities investment fund in China with the control variables of the security selection ability and market timing ability. The results provide empirical evidence that the sample funds showed strong security selection ability, fund managers can identify undervalued stocks; in most cases, the sample funds do not take on the strong market timing ability, fund managers failed to take aggressive or hedging strategy and did not have superb capabilities. At all stages and the overall stage, the sample funds are shown great impact of the stock market investor sentiment. This result suggests that at present the securities investment fund market in China there is a serious pandering to the investor behavior phenomenon, which requires the government to make further efforts for improving the capital market regulatory supervision and promoting the effective operation of the fund market.

**Key words:** Securities investment fund; Stock selection ability; Market timing ability; Investor sentiment

# 住房公积金贷款对房地产销售的影响研究[*]

● 赖一飞[1]　龙倩倩[2]　周　雅[3]

（1，2，3 武汉大学经济与管理学院　武汉　430072）

【摘　要】本文运用计量经济学的有关理论和方法，通过对个人住房公积金贷款发放额和住宅类房地产销售面积两组数据进行了 ADF 检验、Granger 因果关系检验、协整检验，检验结果表明武汉市住房公积金个人住房贷款与住宅类商品房销售面积存在长期均衡的协整关系，在此基础上建立了误差修正模型。分析结论对我国住房公积金制度的制定，保障公民住房，以及国家有关房地产市场的宏观调控政策的制定都具有一定的参考与借鉴价值。

【关键词】住房公积金贷款　房地产销售面积　计量经济模型

## 一、引言

公积金制度最先产生于马来西亚，壮大发展于新加坡。1955 年，新加坡开始实行的公积金制度包括住房、医疗、养老金、失业、就学等综合性社会保障的各个方面。这一制度为国家积累发展资金，保障社会和谐稳定与健康发展发挥了极其重要的作用。而在我国，公积金制度主要体现在住房方面。1991 年 5 月，上海市仿照新加坡的公积金制度出台了住房制度改革方案，开始在上海建立住房公积金制度，同年得到了第二次全国房改工作会议的肯定，开始在全国推广[①]。

近年来，我国房地产市场表现出房地产价格逐年攀升的趋势。房价高、买房难已成为普遍公认的问题，住房问题也成了一个亟待解决的问题。住房公积金制度建立的目的在于服务城镇住房体制改革，住房公积金可以用于职工购买、建造、翻建、大修自住住房。它作为一项保障性住房政策，可以有助于较快、较好地解决住房问题。

## 二、文献综述

总结发现，我国对房地产市场的研究大致可以从以下几个方面来阐述：

一是围绕房价的变化趋势进行预测。张文娟[②]应用行为金融学中的噪声交易理论，通过引入一个含有

---

＊　本文受 2010 年度教育部人文社会科学研究规划项目资助（项目批准号：10YJA630077）。

①　任达，屠新曙. 无风险利率下投资组合的有效前沿［J］. 北京理工大学学报，2002，4：75-78.

②　张文娟. 基于噪声交易理论的房地产市场价格波动研究［J］. 商业经济研究，2010，5：126-127.

过度反应系数的世代交叠模型，来分析房地产市场中噪声交易者的过度反应行为对房价波动的影响，进而提出了相应的对策建议。熊玲燕、袁文娟[①]通过对房地产市场的蛛网滞后调节模型相关理论的分析，并以广州市为例，对其1997—2005年住宅市场交易数据进行整合处理，最后根据蛛网模型分析广州住宅市场的状态和特征并提出建议。

二是围绕房地产泡沫及预警进行研究，主要分析是否存在泡沫，是全国性的泡沫还是局部性的泡沫；叶卫平和王雪峰[②]通过Ramsey Model从理论上解决了资产基础价值的确定，然后用资本边际收益率求出资产基础价值，对2000—2004年中国房地产资产是否存在泡沫以及泡沫有多大进行了实证研究，得出该期间我国房地产经历了从负泡沫、无泡沫到正泡沫演变的结论；刘洪玉[③]在建立价格与成本的回归模型后，消除成本影响，计算价格泡沫的增量和价格泡沫累积来说明投机泡沫度，并对北京房地产泡沫进行了实证分析。

三是围绕房地产价格波动的影响因素进行研究，大多把房价影响因素归结为供给因素、需求因素、资本因素等，然后从中选取一些变量进行研究，采用不同的计量分析方法，得出不同的结论。王华欣、孔庆峰[④]从经济因素、制度因素、地理位置、自然环境以及房地产自身结构特征等角度，逐步分析了房地产价格的主要影响因素，进而以房地产统计数据为基础，运用VAR模型和脉冲响应函数实证分析了各因素对房地产价格的影响程度。

从研究的方向来看，有不少学者进行房地产贷款对房地产市场的影响研究，但大多是从整体上研究房地产贷款与房地产价格之间的关系，很少有学者将房地产贷款中的住房公积金贷款单独提出来进行研究，有的也仅是从住房公积金制度对居民购房的影响进行定性分析。朱丹丹[⑤]通过对中国历年来有关住房公积金的统计数据进行分析，对住房公积金新政策实行的益处和具体实施的难点进行了研究。对住房公积金制度对公民住房问题的保障作用实施效果进行定量研究的文献就更少了。本文运用计量经济学的有关理论及方法，从定量的角度讨论了住房公积金贷款的使用对购房能力的影响，对我国住房公积金制度的制定，保障公民住房，以及国家有关房地产市场的宏观调控政策的制定都具有一定导向和指导价值。

## 三、实证研究——以武汉市为例

### （一）指标的选取及数据的收集

住房公积金制度规定，有下列情形之一的，可以提取住房公积金账内的存款余额：
（1）购买、建造、翻建、大修自主住房的；
（2）离休、退休的；
（3）完全丧失劳动能力，并与单位终止劳动关系的；
（4）出境定居的；
（5）偿还房贷本息的；
（6）房租超出家庭工资收入的规定比例的。

---

① 熊玲燕，袁文娟. 房地产市场的供求机制及价格变动——利用蛛网模型的实证分析[J]. 商业营销，2010，2：112-113.
② 叶卫平，王雪峰. 中国房地产市场泡沫测度研究[J]. 山西财经大学学报，2005，8：11-14，22.
③ 刘洪玉，张红. 房地产业与社会经济[M]. 北京：清华大学出版社，2007：189-230.
④ 王华欣，孔庆峰. 我国房地产价格及其影响因素分析[D]. 山东大学硕士学位论文，2009：5-65.
⑤ 朱丹丹. 浅析我国住房公积金支持保障性住房的新规[J]. 建筑监督检测与造价，2010，5：60-62.

鉴于住房公积金的使用限制以及数据的可获得性和完整性，本文选取个人住房公积金贷款额作为衡量公积金使用的指标。住房公积金存储的目的就是要促进居住消费，保障居民住房。因此，本文选取住宅类房地产销售面积作为反映公民购房能力的指标。本文选取了武汉市1998—2008年个人住房公积金贷款额和住宅类房地产销售面积进行研究。具体数据如表1所示。

表1　　　　　武汉市1998—2008年个人住房公积金贷款额和住宅类商品房销售面积统计表

| 年份(年) | 个人住房公积金贷款额 $X$(亿) | 住宅类商品房销售面积 $Y$(平方米) |
| --- | --- | --- |
| 1998 | 1.48 | 2126774 |
| 1999 | 2.78 | 2039220 |
| 2000 | 4.38 | 3392788 |
| 2001 | 6.62 | 3800935 |
| 2002 | 8.19 | 3931254 |
| 2003 | 11.15 | 5121330 |
| 2004 | 15.29 | 6139100 |
| 2005 | 16.17 | 8341755 |
| 2006 | 18.03 | 9089230 |
| 2007 | 30.46 | 10698933 |
| 2008 | 28.35 | 6832436 |

数据来源：表中1998—2005年住房公积金贷款额来自《武汉年鉴》；2006—2008年住房公积金贷款来自于《长江日报》；1998—2008年度住宅类房地产销售面积来自《中国房地产统计年鉴》。

### (二)数据分析

由以上数据绘制个人住房公积金贷款额和住宅类商品房销售面积的折线图，如图1所示。

从以下的折线图可以清晰地看出，武汉市个人住房公积金贷款额和住宅类商品房销售面积之间存在着明显的相关关系。为了进一步深入准确地了解它们之间的关系，本文运用计量经济学的有关理论和方法，利用Eviews软件通过对两组数据进行ADF检验①、Granger因果关系检验②、协整检验③，并在此基础上建立误差修正模型，来检验武汉市住房公积金个人住房贷款与住宅类商品房销售面积是否存在长期均衡的协整关系。

1. ADF检验

如果直接将非平稳时间序列当做平稳时间序列来进行回归分析，可能造成"伪回归"，即变量间本来

---

① ADF检验，即单位根检验，是时间序列平稳性检验方法的一种。当序列存在单位根时，该序列就是非平稳序列；反之，则是平稳序列。

② Granger因果关系检验主要是用来检验时间序列之间是否存在因果关系，以及具体是怎样的因果关系。

③ 协整检验用来检验非平稳经济变量之间是否存在长期稳定的关系。

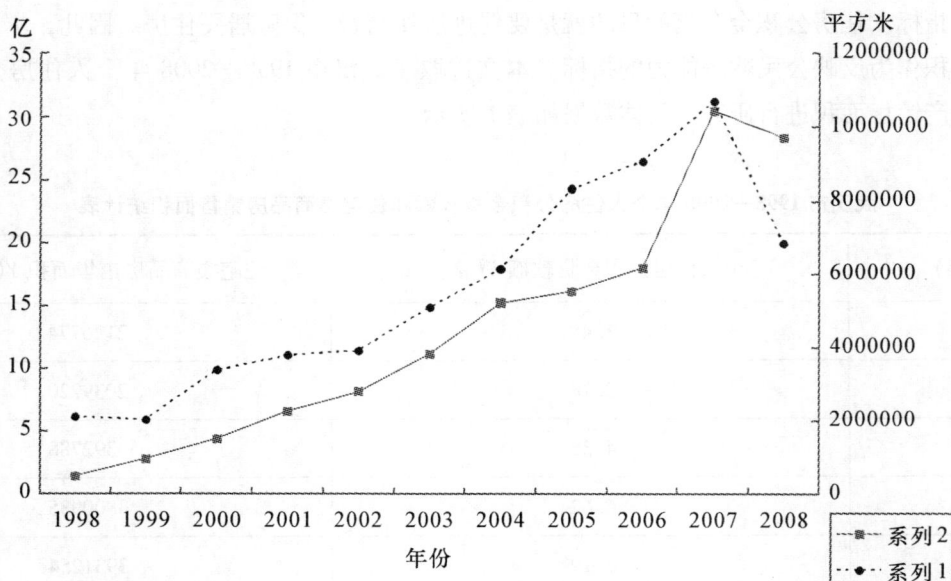

图1　武汉市1998—2008年个人住房公积金贷款额和住宅类房地产销售面积折线图
注：系列1表示住宅类商品房销售面积；系列2表示个人住房公积金贷款额。

不存在相互依存关系，但回归结果却得出存在相互依存关系的错误结论。而我们在实际中遇到的时间序列数据只有极少数属于平稳序列，因此有必要对观测值的时间序列数据进行平稳性检验。本文采用ADF检验来检验时间序列数据的平稳性。对各变量的单位根检验结果如表2所示。

表2　　　　　　　　　　　　时间序列 $X$、$Y$ 的单位根检验

| 时间序列 | 检验类型<br>（c，t，k） | ADF检验值 | 1%显著水平的<br>临界值 | 5%显著水平的<br>临界值 | 10%显著水平的<br>临界值 |
|---|---|---|---|---|---|
| $X$ | （c，t，0） | −2.603075 | −5.295384 | −4.008157 | −3.460791 |
| | （c，0，0） | −0.070157 | −4.297073 | −3.212696 | −2.747676 |
| | （0，0，0） | 1.608162 | −2.816740 | −1.982344 | −1.601144 |
| $Y$ | （c，t，0） | −2.136290 | −5.295384 | −4.008157 | −3.460791 |
| | （c，0，0） | −1.251801 | −4.297073 | −3.212696 | −2.747676 |
| | （0，0，0） | 0.216831 | −2.816740 | −1.982344 | −1.601144 |

注：c表示常数项，t表示趋势项，k表示滞后阶数。

从表2可以看出，采用三种检验方式分别对序列 $X$ 和 $Y$ 进行ADF检验，各ADF的检验值均大于相应显著水平下的临界值，这表明 $X$ 和 $Y$ 均是非平稳的。因此，我们对序列 $X$ 和 $Y$ 进行一阶差分后再进行检验，检验结果表明序列 $X$ 和 $Y$ 在显著水平为10%，检验类型为（0，0，0）时都是一阶单整序列。检验结果见表3。

表3 一阶差分序列 $\Delta X$、$\Delta Y$ 的单位根检验

| 时间序列 | 检验类型<br>(c, t, k) | ADF 检验值 | 1% 显著水平的<br>临界值 | 5% 显著水平的<br>临界值 | 10% 显著水平的<br>临界值 |
|---|---|---|---|---|---|
| $\Delta X$ | (c, t, 0) | −4.996421 | −5.521860 | −4.107833 | −3.515047 |
| | (c, 0, 0) | −4.134641 | −4.420595 | −3.259808 | −2.771129 |
| | (0, 0, 0) | −2.429537 | −2.847250 | −1.988198 | −1.600140 |
| $\Delta Y$ | (c, t, 0) | −1.390871 | −5.521860 | −4.107833 | −3.515047 |
| | (c, 0, 0) | −2.244416 | −4.420595 | −3.259808 | −2.771129 |
| | (0, 0, 0) | −1.799097 | −2.847250 | −1.988198 | −1.600140 |

注：c 表示常数项，t 表示趋势项，k 表示滞后阶数。

### 2. Granger 因果关系检验

在 ADF 检验的基础上，进一步利用 Granger 因果检验法对序列 $X$ 和 $Y$ 进行检验，判断 $X$ 和 $Y$ 是否存在因果关系。检验结果如表4所示。

表4 $X$ 和 $Y$ 的 Granger 因果检验结果表

| 原假设 | F 统计量 | 概率值 |
|---|---|---|
| $X$ 不是 $Y$ 的 Granger 原因 | 8.52014 | 0.0361 |
| $Y$ 不是 $X$ 的 Granger 原因 | 2.65978 | 0.1842 |

注：变量的滞后项为2。

从表4的数据可以看出，原假设"个人住房公积金贷款额($X$)不是住宅类商品房销售面积($Y$)的 Granger 原因"应被拒绝；"住宅类商品房销售面积($Y$)不是住房个人住房公积金贷款额($X$)的 Granger 原因"应被接受，说明随着个人住房公积金贷款额的增长住宅类商品房的销售面积也在增长。

### 3. 协整检验

由以上的单位根检验知，$X$ 和 $Y$ 都是一阶单整序列①，即可表示为 $X \sim (1)$，$Y \sim (1)$，因此，我们利用 $X$ 和 $Y$ 的原始序列作两变量的协整检验。本文将采用"EG 两步法"对变量间的协整关系进行检验。

第一步：利用 OLS 法对变量进行协整回归，得到如下的模型：

$$\hat{Y}_t = 2191593 + 261765.1X_t$$
$$\quad\quad (3.0346) \quad\quad (5.7993)$$

$R^2 = 0.788895 \quad \overline{R^2} = 0.765439 \quad F = 33.63284 \quad D.W. = 1.078978$

$$e_t = Y_t - (2191593 + 261756.1X_t)$$

其中，$R^2$ 表示拟合优度，$\overline{R^2}$ 表示调整后的拟合优度，$e_t$ 表示残差。

第二步：对模型的残差进行 ADF 检验，检验结果如表5所示。

---

① 若一个时间序列 $\chi_t$ 必须经过 $d$ 次差分后才变换成一个平稳的时间序列，则称 $\chi_t$ 为 $d$ 阶单整序列，可用 $\chi_t \sim I(d)$ 表示。

表5

**残差 $e$ 的 ADF 检验结果表**

| 残差序列 | 检验类型<br>($c$, $t$, $k$) | ADF 检验值 | 1% 显著水平的<br>临界值 | 5% 显著水平的<br>临界值 | 10% 显著水平的<br>临界值 |
|---|---|---|---|---|---|
| | (0, 0, 2) | − 3.033071 | − 2.847250 | − 1.988198 | − 1.600140 |
| $e$ | (c, 0, 2) | − 2.709775 | − 4.420595 | − 3.259808 | − 2.771129 |
| | (c, t, 2) | − 4.015492 | − 5.835186 | − 4.246503 | − 3.590496 |

注：c 表示常数项，t 表示趋势项，k 表示滞后阶数。

从表5的数据可以看出，在检验类型为(0，0，2)时，残差 $e$ 的 ADF 检验值为 − 3.033071，而显著性水平取 1%、5%、10% 的临界值分别为 − 2.847250、− 1.988198、− 1.600140，这说明 ADF 检验值小于此临界值，因此应拒绝原假设，故残差序列是平稳的，说明 $Y$ 与 $X$ 之间存在长期均整关系，即协整关系。且由以上回归模型可知，个人住房公积金贷款每增加 1 个单位，对住宅类商品房销售面积的影响是 261765.1 个单位，这说明个人住房公积金贷款对住宅类房地产市场具有一定的拉动作用。

4. 建立误差修正模型，如下所示：

$$\Delta Y_t = 1281967 + 267999.2\Delta X_t - 0.28008EC_{t-1} + u_t$$

$$(1.399679) \quad (2.281044) \quad (-1.899580)$$

$$R^2 = 0.520333 \qquad \overline{R}^2 = 0.383286 \qquad F = 3.796732 \qquad D.W. = 1.154169$$

其中，误差修正项 $EC = Y - 2191593 - 261765.1X$

误差修正模型参数估计量显示，误差修正项的系数为负，符合反向修正机制。变量 $\Delta X$ 通过 $t$ 检验（在显著水平 $\alpha$ 为 10% 的条件下，$t_{\alpha/2}(n-2) = t_{0.05}(9) = 1.833$），短期住房公积金贷款增长 1 个单位，住宅类房地产销售面积增长 26799.2 个单位。但是，模型的拟合优度不高，说明个人住房公积金贷款与住宅类商品房销售面积存在一定的短期线性关系。

## 四、研究结果分析

综合以上的分析结果可以得出，武汉市住房公积金贷款与住宅类房地产的销售具有一定的线性关系，而且住房公积金贷款对住宅类房地产的销售的影响显著，这说明住房公积金对于保障公民住房的作用很大，我们应充分发挥它的作用。纵观历年来武汉市住房公积金贷款的发放额度，有关部门也已经意识到了，并通过增加每年的住房公积金发放力度来发挥住房公积金的保障作用，增加住房公积金的使用率。但是，住房公积金的肆意发放而没有一定的约束条件，必然会导致一部分购房者利用公积金贷款进行投机购房，扰乱房地产市场的秩序。因此，在发放住房公积金贷款的同时一定要确立贷款政策抑制投机性购房。武汉市近期再一次调整住房公积金贷款政策也正说明了这个问题。有关人士也表明，本次住房公积金政策调整对一般购房者不会产生太大影响，主要是对利用公积金贷款买第二套、第三套房的购房者影响较大，可以在一定程度上抑制投机者购房。

## 五、总结

房地产业作为我国国民经济的先导性和支柱性产业，其健康发展关系着国家和人民的命运。住房问题是我国要亟待解决的问题，不仅是一个重大的国家问题，而且也是一个民生问题。本文通过对武汉市个人住房公积金贷款与住宅类商品房的销售情况进行定量分析，得出在降低投机性购买可能的前提下，通过加大对住房公积金的发放力度，增强住房公积金的使用来帮助公民在这个房地产价格逐年攀高的大环境下购房，解决公民基本住房问题是一个不错的选择。国家在制定相应的宏观调控政策时，应充分利用这一政策支持，通过扩大覆盖人群，使更多的中低收入者纳入公积金保障中，将住房公积金与保障性住房政策结合，真正实现居者有其屋。

（作者电子邮箱：lyf37319@163.com）

## 参考文献

[1] 任达，屠新曙. 无风险利率下投资组合的有效前沿[J]. 北京理工大学学报，2002，4.

[2] 张文娟. 基于噪声理论的房地产市场价格波动研究[J]. 商业经济研究，2010，5.

[3] 熊玲燕，袁文娟. 房地产市场的供求机制及价格变动——利用蛛网模型的实证分析[J]. 商业销售，2010，2.

[4] 叶卫平，王雪峰. 中国房地产市场泡沫测度研究[J]. 山西财经大学学报，2005，8.

[5] 刘洪玉，张红. 房地产业与社会经济(第一版)[M]. 清华大学出版社，2007.

[6] 王华欣，孔庆峰. 我国房地产价格及其影响因素分析[D]. 山东大学硕士学位论文，2009.

[7] 朱丹丹. 浅析我国住房公积金支持保障性住房的新规[J]. 建筑监督检测与造价，2010，5.

# Study on the Impact of
# Housing Accumulation Fund Loans for Real Estate Sales

Lai Yifei[1]    Long Qianqian[2]    Zhou Ya[3]

(1, 2, 3　Economics and Management School of Wuhan University, Wuhan, 430072)

**Abstract**：The econometric theories and methods were used in this paper, the ADF test, Granger causality test and cointegration test were applied for the two sets of data, the amount of individual housing accumulation fund loans and residential real estate sales area. The test results showed that there is a long equilibrium cointegration relationship between individual housing fund loans and residential real estate sales of Wuhan City. On this basis, error correction model is established. The conclusions contribute to developing the housing accumulation fund system in China, protecting the citizens have houses to live, and establishing national macro-control policies on the real estate market to some extent.

**Key words**：Housing accumulation; Fund loans; Real estate sales area; Model of econometric

# 第三代前景理论下
# WTA、WTP 与选择的偏好逆转研究[*]

● 刘咏梅[1]　李甜甜[2]

（1，2 中南大学商学院　长沙　410083）

【摘　要】在 Schimidt 的第三代前景理论的基础上引入已有研究的国内与国外的前景理论主观态度系数值对 WTP、WTA 与选择之间的偏好逆转进行了更为深入的分析，研究发现人们的显著性偏好逆转行为较为固定，WTA 与 WTP、WTA 与选择两组上均表现出正向的偏好逆转，WTP 与选择组表现为反向偏好逆转。此外，在获得时，中国人比美国人表现出更多的风险寻求；在损失时，中国人比美国人表现出更多的风险规避，而美国人比中国人更容易发生偏好逆转。

【关键词】第三代前景理论　偏好逆转　损失规避　彩券

## 一、引言

偏好逆转的研究最早始于 1971 年，Slovic 和 Lichtenstein（1971）实验研究：在一组期望值大体相等的彩券中，一只为高概率赢得低额奖金（P 彩券）；另一只为低概率赢得高额奖金（$ 彩券），当要求受试者对这组彩券作出选择并赋予各个彩券某一卖价时，研究发现相当一部分受试者会选择 P 彩券却赋予 $ 彩券更高的卖价。如果将选择和确定卖价看做是彩券的两种不同的偏好显示方式，那么这种采用了不同的偏好显示方式导致受试者对彩券组产生不同的偏好关系的现象就叫偏好逆转（Preference Reversal Phenomenon，PRP）。

自此之后，人们开始对这一违背理性行为的现象展开了一系列的研究，发现在愿接受的卖价——WTA（willingness to accept）、愿支付的买价——WTP（willingness to pay）与选择（choice）两两之间均存在着这样的现象（其中也有部分实证研究将卖价与买价以求均值的方式合并起来统一视为定价，研究定价与选择间的偏好逆转）。其中，Ganzach（1996）在 WTP 与 WTA 之间发现了偏好逆转。Casey（1991）发现偏好逆转与收益值存在相互作用。Schmeltzer（2004）发现，当信息呈现方式固定时，选择和定价间的偏好逆转消失。Grether 和 Plott 等（1979）对偏好逆转现象的存在提出置疑，提出可能是由于动机、收入效应、实验偏差等原因导致，然而他们的修正实验的偏好逆转现象仍然显著。

对于偏好逆转的原因有很多的解释，如后悔理论（Regret Theory）、权变权重理论（Contingent Weight

　＊ 本文是国家自然科学基金项目（项目批准号：71071164）；国家创新研究群体科学基金项目（项目批准号：70921001）的阶段性成果。

Theory）、表达理论（Expression Theory）不完全调整理论中评估理论认为：在独立评估模式下易评估属性对决策起着相对决定性的作用。而在并列评估模式下，能够通过比较使得难评估属性变得相对容易评估从而影响作用会变大，当这一变化比较显著，影响到偏好关系时，偏好逆转就会发生。在两种彩券中作选择时主要受概率值的影响，而分别对彩券赋值时则主要受产出值影响（Lichtenstein & Slovic，1968；Tversky，1990；Irwin，1994）。

WTP、WTA与选择三者之间的偏好逆转毫无疑问已成为行为经济学领域的主要研究对象之一。从上述来看已有大量文献对其表现形式以及形成机理进行研究，其中以 Kahneman 和 Tversky（1979）的第一代前景理论和 Tversky 与 Kahneman（1992）累积前景理论的解释占主流地位。前景理论认为在收益情境下人们一般选择风险规避，但是随着 $ 彩券的中奖概率降低到很小，当其相应的收益值增加到很大的状态时，人们也会将知觉的"可能的收益"间的差异扩大化并赋予其更大的权重，表现为普遍的选择风险彩票 $；而在损失的情境下，人们普遍选择风险寻求，随着 $ 彩券的中奖概率降低到很小，当其相应的损失值增加到很大的状态时，即使 P 彩券改为确定的损失值，人们将转而选择确定的损失，表现为风险回避。因此，随着概率组合的不同主要是选择的偏好发生了改变，而在独立评估的 WTA 与 WTP 上人们的行为倾向无变化。

2008 年，Schimidt 在原有前景理论的基础上引入动态参考点提出了第三代前景理论[①]，并验证了风险交易的 WTA 与选择之间的偏好逆转主要受风险态度系数 $\alpha$，权重系数 $\beta$ 以及损失规避系数 $\lambda$ 的相互作用的影响。现状偏差以及损失规避对风险抉择的影响早被 Harless（1989）所证实，因此从这个角度而言，说明了第三代前景理论对 WTA 与选择之间的偏好逆转的解释能力。然而，在已有的前景理论参数值下 WTP、WTA 与选择三者之间的具体表现究竟如何，呈现何种相关性，是否能够解释已有的研究现象，从而对现实具有一定的指导意义，到目前为止并未有所研究。

前景理论发展至今已有 30 多年的历史，对于 $\alpha$、$\beta$、$\lambda$ 这三个态度参数也有了一定的研究，因此在已有的前景理论主观态度参数值下研究基于第三代前景理论模型的 WTA、WTP 与选择三者之间的偏好逆转，分析第三代前景理论对现实中风险性交易、抉择行为的解释情况，具有一定的理论意义与实践意义。

## 二、第三代前景理论动态建模

第三代前景理论可用如下模型表示：

状态集 $S = \{s_i \mid i = 1, \cdots, n\}$，每个状态 $s_i$ 对应一个客观概率 $p_i$，$\sum p_i = 1$，状态集 $S$ 在概率 $P$ 下的结果为 $X$，$A$ 是所有事件的集合，其中有特定事件 $h, f \in A$，是从 $S$ 到 $X$ 的函数，即有 $h(s_i) \in X, f(s_i) \in X$。$\alpha$ 为对客观收益的一种主观态度，$\lambda$ 为损失情境下的损失规避系数，以 $h$ 为动态参考点，则第三代前景理论的价值函数为：

$$v(f,h) = \begin{cases} [f(s_i) - h(s_i)]^\alpha & \text{当} f \geqslant h \\ -\lambda[h(s_j) - f(s_j)]^\alpha & \text{当} f < h \end{cases} \quad (1)$$

第三代前景理论采用 RDSEU（reference-dependent subjective expected utility theory）方法定义参考点依赖的决策权重，其权重不仅考虑了概率还考虑了该事件 $f$ 相对于参考点 $h$ 在所有结果中的大小顺序位置，如当且仅当 $v[f(s_j), h(s_j)] > v[f(s_i), h(s_i)]$ 时，表示为 $j > i$。当 $h$ 为固定值时，第三代前景理论就相当于

① Schmidt, U., Starmer, C., and Sugden, R.. Third-generation prospect theory[J]. Journal of Risk and Uncertainty, 2008, 36(3): 203-223.

累积前景理论。

在状态 $s_i$ 下比较 $f$，$h$，当 $f(s_i) \geq h(s_i)$ 时，表现为弱获得，令 $m^+$ 表示有弱收益的状态数；当 $f(s_i) \leq h(s_i)$ 时表现为强损失，令 $m^- = n - m^+$ 表示有强损失的状态数。则第三代前景理论权重函数表达式为：

$$W(s_i;f,h) = \begin{cases} w^+(p_i) & \text{当 } i = n \\ w^+\left(\sum_{(j \geq i)} p_j\right) - w^+\left(\sum_{(j > i)} p_j\right) & \text{当 } m^- + 1 \leq i < n \\ w^-\left(\sum_{(j \leq i)} p_j\right) - w^-\left(\sum_{(j < i)} p_j\right) & \text{当 } 1 < i \leq m^- \\ w^-(p_i) & \text{当 } i = 1 \end{cases} \quad (2)$$

其中，

$$w(p) = p^\beta / (p^\beta + [1-p]^\beta)^{1/\beta} \quad (3)$$

令 $F$ 表示 $f(s_i) \geq h(s_i)$ 的状态 $s_i$ 的集合，以 $G$ 表示 $f(s_j) < h(s_j)$ 的状态 $s_j$ 的集合，则第三代前景理论下的效用函数为：

$$V(f,h) = \sum_{i \in F} (f[s_i] - h[s_i])^\alpha W(s_i;f,h) - \sum_{j \in G} \lambda (h[s_j] - f[s_j])^\alpha W(s_j;f,h) \quad (4)$$

## 三、现有前景理论参数的引入

由于第三代前景理论是在第二代和第一代的基础上发展起来的，当其参考点为恒量时其模型即为第二代前景理论，所以已有的前景理论参数值对第三代前景理论模型也同样适用。本文在 Booij 等(2010)研究的基础上对已有研究的前景理论参数值进行了筛选分析，提取出完整地考虑了前景理论损失规避系数、获得和损失时的风险态度系数、权重系数这几个主观态度参数值的文献，仅得到 Tversky(1992)与 Harrison 和 Rutstrom(2009)两篇，为同时进行国内外比较分析，引入国内两位学者的研究，筛选出四组前景理论参数值。

考虑到第一代和第二代前景理论的风险态度系数与权重系数在获得情境和损失情境下并不一致，而第三代前景理论却将其视为无差异。因此，在引入前有研究的风险态度系数与权重系数时，将获得和损失情境进行了均值化处理，最终结果如表1所示：

表1             **选定前景理论参数表**

| | 样本来源 | $\alpha$ | $\beta$ | $\lambda$ |
|---|---|---|---|---|
| Tversky 和 Kahneman(1992) | 美国 | 0.88 | 0.65 | 2.25/1.38 |
| Harrison 和 Rutstrom(2009) | 美国 | 0.72 | 0.91 | 2.25/1.38 |
| 曾建敏① | 中国 | 1.12 | 0.52 | 2.25/1.38 |
| 彭民(2008) | 中国 | 1.15 | 0.57 | 2.25/1.38 |

## 四、WTA、WTP 与选择偏好逆转研究

1. WTA、WTP 与选择等价曲线的引出

设彩券 $h$ 为：以 $p$ 的概率获得 $x$(或损失 $x$)，$1-p$ 的概率没有得失，$A$ 为以定值 WTA 出售该彩券，$P$ 为以定值 WTP 购买该彩券，$C$ 为对该彩券的主观估值 CE(certainty equivalent)，如表2所示：

① 曾建敏. 实验检验累积前景理论[J]. 暨南大学学报(自然科学版)，2007，123(1)：44-47.

表 2 WTA、WTP 与 CE 的引出

| $x>0$ | $h$ | $A$ | $P$ | $C$ |
|---|---|---|---|---|
| $p$ | $x(-x)$ | WTA | WTP | CE |
| $1-p$ | 0 | WTA | WTP | CE |

分别令 $V(A, h)=0$，$V(h, P)=0$，$V(h, 0)=V(C, 0)$ 代入公式（4），得到彩券的 WTA，WTP，CE 值表达式。

从表 3 可见，获得情境下的 WTA 与损失情境下的 WTP 互为相反数，而获得情境下的 WTP 与损失情境下的 WTA 互为相反数。根据第三代前景理论，WTA 与 WTP 主要是由于参考点的转变而有所差异，因而从这点上来说，获得时的 WTA 即为损失时愿意接受的补偿 WTP。而由于第三代前景理论下风险态度系数与权重系数在获得和损失情境下无差异，因此 CE 在获得情境下和损失情境下为相反数。

表 3 获得与损失情境下 WTA、WTP 与 CE 的表达式

| $x>0$ | $x$ 获得 | $-x$ 损失 |
|---|---|---|
| WTA | $\dfrac{x}{\left(\dfrac{1-p}{p}\right)^{\beta/\alpha}(1/\lambda)^{1/\alpha}+1}$ | $\dfrac{-x}{\left(\dfrac{1-p}{p}\right)^{\beta/\alpha}\lambda^{1/\alpha}+1}$ |
| WTP | $\dfrac{x}{\left(\dfrac{1-p}{p}\right)^{\beta/\alpha}\lambda^{1/\alpha}+1}$ | $\dfrac{-x}{\left(\dfrac{1-p}{p}\right)^{\beta/\alpha}(1/\lambda)^{1/\alpha}+1}$ |
| CE | $\dfrac{xp^{\beta/\alpha}}{\left[p^{\beta}+(1-p)^{\beta}\right]^{1/\alpha\beta}}$ | $\dfrac{-xp^{\beta/\alpha}}{\left[p^{\beta}+(1-p)^{\beta}\right]^{1/\alpha\beta}}$ |

设 P 彩券为以概率 $p$ 获得（或损失）奖金 $x=\dfrac{1}{p}$，以 $1-p$ 的概率获得 0 元；\$ 彩券为以概率 $q$ 获得（或损失）奖金 $y=\dfrac{r}{q}$，以 $1-p$ 的概率获得 0 元，其中 $p>q$，$rp>q$，即 P 彩券为高概率低奖金，\$ 彩券为低概率高奖金。其中，标准的偏好逆转与反向的偏好逆转表示如表 4 所示：

表 4 偏好逆转的表现形式

| 偏好逆转 | WTA/WTP | | WTA/选择 | | WTP/选择 | |
|---|---|---|---|---|---|---|
| | WTA | WTP | WTA | 选择 | WTP | 选择 |
| 正向（标准） | \$ | P | \$ | P | \$ | P |
| 反向 | P | \$ | P | \$ | P | \$ |

将 P 彩券与 \$ 彩券的金额与概率代入第三代前景理论模型（表 3 所示公式）中得到 WTA、WTP 与 CE 分别为 $A_P$、$A_\$$、$P_P$、$P_\$$、$C_P$、$C_\$$。本文采用 Schimidt（2008）的方法分析偏好逆转，令 $A_P=A_\$$，$P_P=P_\$$，$C_P=C_\$$，分别得到 WTA 等价曲线、WTP 等价曲线以及选择等价曲线，其表达式如表 5 所示：

表5 等价曲线表达式

| | | 等价曲线 |
|---|---|---|
| WTA $A_P = A_\$$ | 获得 | $$\frac{1/p}{\left(\frac{1-p}{p}\right)^{\beta/\alpha}(1/\lambda)^{1/\alpha}+1} = \frac{r/q}{\left(\frac{1-q}{q}\right)^{\beta/\alpha}(1/\lambda)^{1/\alpha}+1}$$ |
| | 损失 | $$\frac{1/p}{\left(\frac{1-p}{p}\right)^{\beta/\alpha}\lambda^{1/\alpha}+1} = \frac{r/q}{\left(\frac{1-q}{q}\right)^{\beta/\alpha}\lambda^{1/\alpha}+1}$$ |
| WTP $P_P = P_\$$ | 获得 | $$\frac{1/p}{\left(\frac{1-p}{p}\right)^{\beta/\alpha}\lambda^{1/\alpha}+1} = \frac{r/q}{\left(\frac{1-q}{q}\right)^{\beta/\alpha}\lambda^{1/\alpha}+1}$$ |
| | 损失 | $$\frac{1/p}{\left(\frac{1-p}{p}\right)^{\beta/\alpha}(1/\lambda)^{1/\alpha}+1} = \frac{r/q}{\left(\frac{1-q}{q}\right)^{\beta/\alpha}(1/\lambda)^{1/\alpha}+1}$$ |
| 前景值C $C_P = C_\$$ | 获得 | $$\frac{p^{\beta/\alpha-1}}{[p^\beta+(1-p)^\beta]^{1/\alpha\beta}} = \frac{rq^{\beta/\alpha-1}}{[q^\beta+(1-q)^\beta]^{1/\alpha\beta}}$$ |
| | 损失 | $$\frac{p^{\beta/\alpha-1}}{[p^\beta+(1-p)^\beta]^{1/\alpha\beta}} = \frac{rq^{\beta/\alpha-1}}{[q^\beta+(1-q)^\beta]^{1/\alpha\beta}}$$ |

## 2. WTA、WTP 与选择偏好逆转分析

（1）损失规避系数 $\lambda$ 与彩券相对价值 $r$ 的影响分析（如表6、图1、图2所示）

表6 编码

| 编码 | WTP | WTA | 选择 |
|---|---|---|---|
| $r=1.2$ | P1 | A1 | C1 |
| $r=1$ | P2 | A2 | C2 |
| $r=0.6$ | P3 | A3 | C3 |

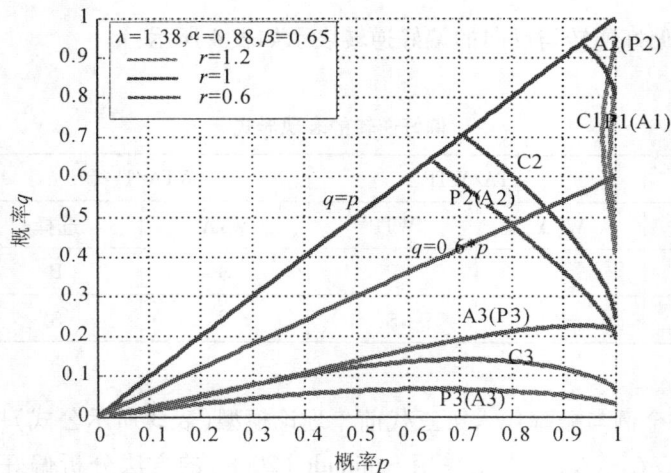

图1 $\lambda=1.38$ 下不同 $r$ 值的偏好逆转分析

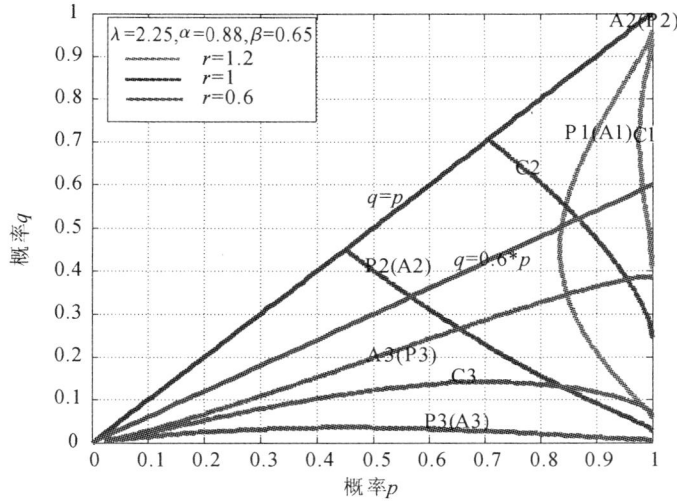

图 2  $\lambda = 2.25$ 下不同 $r$ 值的偏好逆转分析

注:括号内表示为损失情境,非括号则为获得情境,选择等价曲线 C 在获得与损失下保持一致。$p > q$,$rp > q$ 为彩券的基本条件,因此当 $r = 1$ 时仅 $q = p$ 曲线右边的区域成立,当 $r = 0.6$ 时,仅 $q = 0.6p$ 曲线的右边区域成立。

获得情境下在每条等价曲线的下方偏好 \$ 彩券,上方偏好 P 彩券,当 $r = 1.2$ 时等价曲线左方偏好 \$ 彩券,右方偏好 P 彩券;损失情境下在每条等价曲线的上方偏好 \$ 彩券,下方偏好 P 彩券,当 $r = 1.2$ 时等价曲线左方偏好 P 彩券,右方偏好 \$ 彩券。

**推论 1**  当 $r$ 固定时不同的概率组合下人们对于 \$ 彩券与 P 彩券的 WTA、WTP 以及选择的偏好也不一。人们表现出来的决策行为主要有(见表 7):

表 7                     不同概率区间下人们的偏好行为

| 区域/偏好 | WTA | WTP | 选择 | WTA/WTP 偏好逆转 | WTA/选择 偏好逆转 | WTP/选择 偏好逆转 |
|---|---|---|---|---|---|---|
| 1 | P | P | P | 无 | 无 | 无 |
| 2 | \$ | P | P | 正 | 正 | 无 |
| 3 | \$ | P | \$ | 正 | 无 | 反 |
| 4 | \$ | \$ | \$ | 无 | 无 | 无 |

由表 7 我们可以看到第三代前景理论下 WTA 与 WTP、WTA 与选择间只有正向偏好逆转,WTP 与选择间只存在反向偏好逆转,Lichtenstein 和 Slovic,Knez 和 Smith,Casey 等研究发现 WTP 与选择组的正向偏好逆转现象显著性地小于 WTA 与选择组,甚至有时候并不存在;定价中的 WTP 倾向于减少标准偏好逆转,增加反向偏好逆转。然而,已有实证研究中 WTA 与选择、WTA 与 WTP 之间的反向偏好逆转以及 WTP 与选择间的正向偏好逆转虽然不显著,但是仍然存在,我们有理由认为那些少量的与研究结论相反的受试者的前景理论风险态度系数、权重态度系数或者损失规避系数与已有的中美情境存在显著性的差异。

**推论 2**  随着损失规避系数的增大,WTA 上偏好 \$ 彩券、WTP 上偏好 P 彩券的可能性增大,选择上的偏好无变化。

如图 1 和图 2 所示,随着损失规避系数增大,获得情境下 WTA 等价曲线上移,WTP 等价曲线下移,损失情境下 WTA 等价曲线下移,WTP 等价曲线上移。

从前景理论的观点来看，由于 $ 彩券的收益比 P 彩券更高，在 WTA 上人们把彩券出售视为损失，而 $ 损失的值更大，因此对损失越看重则越有可能在 WTA 上赋予 $ 彩券更高的价格，而在 WTP 上则把所拥有的金钱作为损失，而通过彩券的期望收益来弥补这种损失，而 P 彩券的获得可能性更大，因此在损失规避系数增大的情况下人们选择 P 彩券的可能性也增大。

**推论3** 其他参数不变的情况下，随着 $r$ 值的增大，获得情境下人们越偏好 $ 彩券，损失情境下人们越偏好 P 彩券。

如图1、图2所示，随着 $r$ 值的增大，等价曲线均向右上方移动，获得情境下选择、定价偏好 $ 彩券的区域增大，损失情境下则相反。由于随着 $r$ 值的增大，获得情境下 $ 彩券相对于 P 彩券的金额值增大，吸引力也就增大，而损失情境下则相反。

**推论4** 大概率组比小概率组更容易出现偏好逆转。

如图1、图2所示，随着 $p$、$q$ 概率的增大，区域2与区域3的范围也增大。刘薇(2008)通过实验验证得出大概率组和小概率组在偏好分数上差异显著，当选项以大概率的形式呈现时，被试更容易发生偏好逆转。

(2)中美情境对比分析(如图3～图6所示)

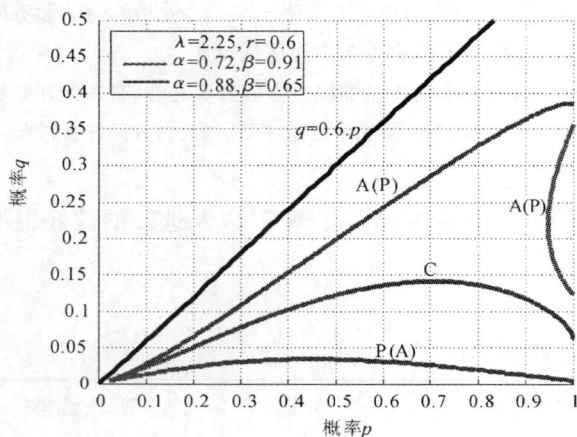

图3

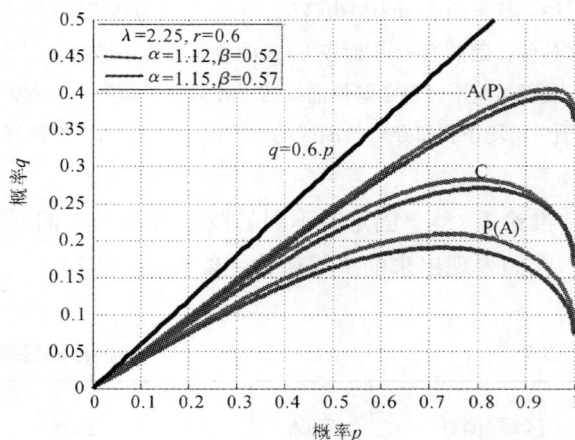

图4

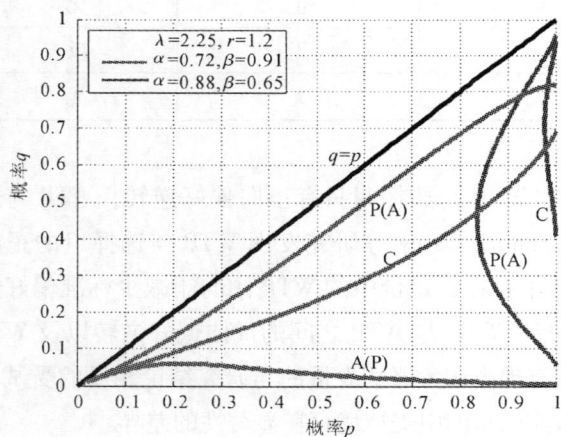

图5

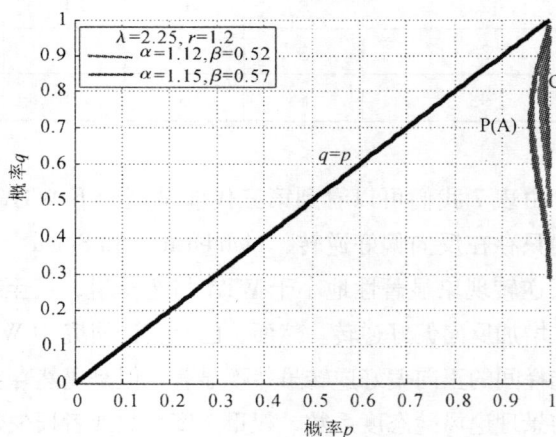

图6

注：获得情境下等价曲线左方偏好 $ 彩券，右方偏好 P 彩券，损失情境下在每条等价曲线左方偏好 P 彩券，右方偏好 $ 彩券。仅当 $\alpha$、$\beta$ 为 [0.72，0.91] 时(如图5红色曲线所示)，获得情境下曲线的下方偏好 P 彩券，上方偏好 $ 彩券，损失情境则相反。

**推论 5** 比较中国人与美国人的偏好，在获得时，中国人比美国人表现出更多的风险寻求；在损失时，中国人比美国人表现出更多的风险规避。

如图 3～图 6 所示，无论 $r>1$ 还是 $r<1$，中国情境下的等价曲线均高于美国情境，说明与美国人相比，无论是 WTA、WTP 还是选择上，在获得时，中国人比美国人偏好 \$ 彩券的可能性更大；在损失时，则中国人比美国人偏好 P 彩券的可能性更大。说明在获得时，中国人比美国人表现出更强的风险寻求；在损失时，中国人比美国人表现出更强的风险规避。Bontempo 等[1]、Weber 和 Hsee[2]、Yates[3]、Fan 和 Xiao[4] 等的研究表明相较于西方人，亚洲人具有更强的风险寻求倾向，更高水平的过分自信。其中，Weber 等在研究中分析了风险倾向系数与概率感知对中国人与美国人风险差异的影响，结果发现风险倾向系数不显著，而主要是由于中国人感知的风险概率更低。

**推论 6** 美国人比中国人更容易发生偏好逆转。

如图 3～图 6 所示，在偏好逆转区域 1 和区域 2，美国人比中国人的概率面积更大，说明美国人比中国人更容易在 WTA、WTP 与选择之间发生偏好逆转。Joyce[5] 等的研究发现，与风险中立的被试相比，在强烈的风险规避和风险寻求者的身上偏好逆转的发生率要小得多。与推论 5 的结论相匹配，由于美国人在获得或损失情境下的风险态度比中国人低，因此美国人更容易发生偏好逆转。

**推论 7** 当 $\alpha>\beta$ 时，在 $r<1$ 的区域存在更大的偏好逆转；当 $\alpha<\beta$ 时，在 $r>1$ 的区域存在更大的偏好逆转。

如图 3 与图 5 所示，当 $\alpha>\beta$ 时，在 $r=0.6$ 时，偏好逆转区域 2 和区域 3 的面积更大，而当 $\alpha<\beta$ 时，在 $r=1.2$ 时，偏好逆转区域 2 和区域 3 的面积更大。

当 $\alpha>\beta$ 时，权重 $\beta$ 表现出更不理性的态度，因此对 \$ 彩券的偏好也更重，而 $r<1$ 则削弱了这种偏好，增大 P 彩券的吸引力，因而导致偏好逆转区域面积增大。而当 $\alpha<\beta$ 时，风险态度系数 $\alpha$ 更不理性，因而在获得时的风险规避和在损失时的风险寻求倾向也更为严重，因而在获得时更为偏好 P 彩券，损失时更为偏好 \$ 彩券，而 $r>1$ 则可削弱这种偏好，从而导致偏好逆转区域面积增大。

## 五、结论

通过对 WTA、WTP 与选择之间的偏好逆转的分析，以及美国与中国的预期表现的分析与比较，我们得到了关于三者之间行为、态度的基本判断与相关推论。

偏好逆转的分析结果表明人们的偏好逆转程度同样也受概率、彩券的相对值 $r$ 和人们的主观态度系数影响，但是人们的显著性偏好逆转行为较为固定，WTA 与 WTP、WTA 与选择组上均为正向偏好逆转，WTP 与选择组表现为反向偏好逆转。此外，在获得时，中国人比美国人表现出更多的风险寻求，在损失

① Bontempo, R., Bottom, W., and Weber, E.. Cross-cultural differences in risk perception: A model-based approach[J]. Risk Analysis, 1997, 17(4): 479-488.

② Weber, E., and Hsee, C.. What folklore tells us about risk and risk taking: Cross-cultural comparisons of American, German, and Chinese proverbs[J]. Organizational Behavior and Human Decision Processes, 1998, 75(2): 170-186.

③ Yates, J., et al.. Cross-cultural variations in probability judgment accuracy: Beyond general knowledge overconfidence? [J]. Organizational Behavior and Human Decision Processes, 1998, 74(2): 89-117.

④ Fan, J., and Xiao, J.. Cross-cultural differences in risk tolerance: A comparison between Chinese and Americans[J]. Journal of Personal Finance, 2006, 5(3): 54-75.

⑤ Joyce, E. B., John, W. D., and Thomas, A. R.. Preference reversals and induced risk preferences: Evidence for noisy maximization[J]. Journal of Risk and Uncertainty, 2003, 27(2): 139.

时，中国人比美国人表现出更多的风险规避，而美国人比中国人更容易发生偏好逆转。

虽然现实生活中，风险性行为的 WTA、WTP 与选择的偏好逆转并非如实验中那般显著地存在并占有一定的比例①。因此，从对现实的指导作用而言，通过研究分析第三代前景理论对现实中风险性交易、抉择行为的解释情况，在科学验证的基础上，可以进一步将对人们行为的预测应用到很多风险性行为抉择上。例如，从市场营销上来说，可以辅助人们对彩券、保险等风险品的定价决策，以及辅助预测人们对某一股票的选择、购买倾向；从政策管理上来说，如税收筹划中制定一个多大程度的偷税漏税惩罚措施可以在更大程度上驱使人们选择正常纳税，等等。

受限于第三代前景理论函数表达式，本文未对既有获得又有损失的混合情况进行分析，因而也就无法对现实问题中的混合情况进行判断与预测。此外，本文仅考虑 WTA、WTP 和 CE 两两比例，未将物品金额的绝对值考虑进来，即排除了框架效用的影响。然而，在很多文献中已验证了框架效应对 WTA、WTP 间差异的显著影响，因此框架效应的影响可以作为今后进一步研究的内容。本文中大部分推论已得到了实证检验，还有部分推论仍待进一步实证检验，并且以彩券为基础的风险性交易品研究结论是否适用于环境、健康等非市场品还有待实证检验。

（作者电子邮箱：liuyongmeicn@ yahoo. com. cn；doublesweetli@ gmail. com）

## 参考文献

[1] 曾建敏. 实验检验累积前景理论[J]. 暨南大学学报(自然科学版)，2007. 123(1).

[2] 彭民. 考虑决策者决策偏好与心理预期的订货问题研究[D]. 中南大学，2008.

[3] 刘薇. 人格类型、概率特点对偏好反转的影响[D]. 东北师范大学，2008.

[4] Lichtenstein, S. , and Slovic, P. . Reversals of preference between bids and choices in gambling decisions [J]. Journal of experimental psychology, 1971, 89(1).

[5] Ganzach, Y. . Preference reversals in equal-probability gambles: A case for anchoring and adjustment[J]. Journal of Behavioral Decision Making, 1996, 9(2).

[6] Casey, J. T. . Reversal of the preference reversal phenomenon[J]. Organizational Behavior and Human Decision Processes, 1991.

[7] Schmeltzer, C. , Caverni, J. , and Warglien, M. . How does preference reversal appear and disappear? Effects of the evaluation mode[J]. Journal of Behavioral Decision Making, 2004. 17(5).

[8] Grether, D. , and Plott, C. . Economic theory of choice and the preference reversal phenomenon[J]. The American Economic Review, 1979, 69(4).

[9] Tversky, A. , Sattath, S. , and Slovic, P. . Contingent weighting in judgment and choice[J]. Psychological Review, 1988, 95(3).

[10] Goldstein, W. , and Einhorn, H. . Expression theory and the preference reversal phenomena [J]. Psychological Review, 1987, 94(2).

[11] Slovic, P. , and Lichtenstein, S. . Preference reversals: A broader perspective [J]. The American Economic Review, 1983, 73(4).

---

① Bohm, P. , and Lind, H. . Preference reversal, real-world lotteries, and lottery-interested subjects [J]. Journal of Economic Behavior & Organization, 1993, 22(3): 327-348.

[12] Hsee, C., et al. . Preference reversals between joint and separate evaluations of options: A review and theoretical analysis[J]. Psychological Bulletin, 1999, 125(5).

[13] Slovic, P., and Lichtenstein, S.. Relative importance of probabilities and payoffs in risk taking[J]. Journal of experimental psychology, 1968, 78(3).

[14] Tversky, A., Slovic, P., and Kahneman, D.. The causes of preference reversal[J]. The American Economic Review, 1990, 80(1).

[15] Irwin, J.. Buying/selling price preference reversals: Preference for environmental changes in buying versus selling modes[J]. Organizational Behavior and Human Decision Processes, 1994, 60.

[16] Kahneman, D., and Tversky, A.. Prospect theory: An analysis of decision under risk[J]. Econometrica, 1979, 47(2).

[17] Tversky, A., and Kahneman, D.. Advances in prospect theory: Cumulative representation of uncertainty [J]. Journal of Risk and Uncertainty, 1992, 5(4).

[18] Harless, D.. More laboratory evidence on the disparity between willingness to pay and compensation demanded[J]. Journal of Economic Behavior & Organization, 1989, 11(3).

[19] Booij, A., Van Praag, B., and Van de Kuilen, G.. A parametric analysis of prospect theory's functionals for the general population[J]. Theory and Decision, 2010, 68(1).

[20] Harrison, G., and Rutstrm, E.. Expected utility theory and prospect theory: One wedding and a decent funeral[J]. Experimental Economics, 2009, 12(2).

[21] Knez, M., and Smith, V.. Hypothetical valuations and preference reversals in the context of asset trading [J]. Laboratory Experimentation in Economics: Six Points of View, 1987.

# A Study of Preference Reversal on WTA, WTP and Choice with Third Generation Prospect Theory

Liu Yongmei[1]    Li Tiantian[2]

(1, 2 Business School of Central South University, Changsha, 410083)

**Abstract:** Subjective attitude parameters in and abroad were introduced on the basis of the third generation prospect theory to study the preference reversal on willingness to accept, willingness to pay and choice. Results suggest that people's preference are relatively significant constant. There are absolutely standard preference reversal in groups of WTA/WTP and WTA/Choice and non-standard preference reversal in group of WTP/Choice; Besides, Chinese is more risk seeking in gain and more risk aversion in loss than American while American presents more preference reversal than Chinese.

**Key words:** Third generation prospect theory; Preference reversal; Loss aversion; Lottery

珞珈管理评论［2011年卷 第1辑（总第8辑）］　　Luojia Management Review No. 1, 2011 (Sum. 8)

# 商业银行组织模式变迁
# 与流程型组织的构建
## ——基于中国民生银行事业部制改革的实践

● 龚志坚[1,2]

（1 武汉大学经济与管理学院　武汉　430072；2 中国民生银行发展规划部　北京　100031）

【摘　要】本文对商业银行组织模式进行重新审视，在基于组织模式变迁的影响因素分析的基础上，把握国际先进银行的组织架构变革趋势以及组织演化规律，从民生银行事业部制改革的实践入手，提出我国商业银行组织架构的总体目标模式，并具体阐述了商业银行全面迈向流程型组织模式的实施路径和步骤。

【关键词】商业银行组织模式　流程型组织　改革

## 一、文献综述

商业银行组织结构是决定其经营状况好坏、经营效率高低和竞争能力强弱的重要因素。20世纪70年代以后，国外有很多学者从不同的角度对商业银行组织结构进行了研究：Fama(1983)提出了代理人剩余索取权的主张，固定回报制度和剩余财产索取权的结合，形成了现代银行组织。Rose(1988)提出商业银行的四种组织模式，即单一银行制、分支行制、持股公司制和连续银行制。格拉迪(1993)指出，金融事业未来的发展关键在于加强战略上的计划性和组织上的灵活性。David. 和 Paul. (1997)提出传统的银行组织结构和业务流程是制约商业银行信息技术效率发挥的关键因素。Janne Tienari 和 Risto Tainio(1999)认为商业银行应建立柔性的组织才能适应剧变的外部环境。

我国学者对商业银行组织创新也进行了系列研究：张杰(1995)对中国金融组织空间结构作了深入的分析，提出金融组织结构的变迁具有内在的机理。王先玉(2000)将商业银行组织创新的过程概括为不确定性、知识密集性、竞争性与争议性、跨组织边界四个特点，并提出组织创新与银行的结构条件、群体条件、社会条件相互作用和促进。陈国进(2002)就信息技术对商业银行组织结构的发展变化进行了研究，提出内部组织结构的设计将成为影响银行运行效率和竞争能力的重要因素。曹飞燕(2007)则认为解决商业银行组织低效的唯一办法就是推动"部门银行"向"流程银行"转变。而王均坦(2008)提出商业银行组织因素主要包括组织流程、组织结构、组织文化、员工因素、领导因素、技术因素、战略因素和外部环境。从以上的研究来看，商业银行组织模式变迁及流程银行建设的发展脉络是随着商业银行组织结构理论及实践的创新发展而发展的。国内外学者的研究为我国商业银行深入理解流程银行组织模式创新打下了基础。

## 二、商业银行组织模式变迁的影响因素

商业银行组织架构体现了组织的战略导向、经营重点和管理模式，是资源配置和激励约束机制发挥作用的前提，同时也是经营计划、绩效考核的依托。由于规模、战略、技术、环境等多方面因素的影响，商业银行原本适应的组织架构可能会变得不再适应，这时就需要选择新的组织模式。原则上讲，最优的组织模式必然是最能适应商业银行发展需要的模式。

### （一）外部环境是组织模式变迁的诱因

现代组织理论认为，组织结构模式是企业对外界环境的反映①。在稳定、变化相对较小的环境中，组织模式往往是僵化的、等级森严的；而在动态、不确定的环境中，组织模式通常是灵活的、扁平的。组织模式的变迁，是各种法令制约因素、外部环境、技术服务、文化约束以及利润动机相互作用的结果。其中，外部环境的变化是组织模式变迁的诱导因素，经济全球化、企业间竞争加剧、技术进步以及客户需求变化等使得原来的组织模式变得不再适用，于是组织创新就变得有必要了。如随着信息技术的广泛应用，组织进行控制和管理的成本大为降低，从而分散化和扁平化的组织模式相对具有更高的效率。

### （二）战略转型必然引起组织模式的相应调整

根据权变理论，商业银行组织架构的建立必须与其发展战略相吻合，实现经营安全、适应市场需要、运作成本更低、组织推动更有效的目的。在商业银行战略转型中，以组织架构调整作为出发点和切入点，会使战略实施和执行更加顺畅、更有效率。客观地说，商业银行实施战略转型都将涉及对旧有组织模式的调整，这种调整既有可能是直接针对组织结构进行自上而下的暴风骤雨般的彻底变革，从内容到形式全然更新，也有可能是对之进行和风细雨、日积月累式的逐步转型，在形式上很长时间内维持原状，而日渐从内容上进行不断的更替与转换。

### （三）流程成为主导组织模式变迁的核心因素

商业银行组织模式变迁就是要解决好如何适应外部环境、战略目标和内部资源变化的影响，进而解决好三者之间的动态平衡问题。当面临的外部环境变化不大时，商业银行一般都在现有技术和运作框架许可的条件下，通过积极的惯性来吸收这些变化，从而解决组织模式与环境之间的矛盾；而当外部环境发生剧变，从而导致战略目标发生重大转变，旧有的组织模式与外部环境之间不可调和时，商业银行就不得不突破常规，通过积极的流程再造对组织模式实行根本的变革。传统的商业银行组织模式一般是由不同层次及部门职能主导的，强调的是以职能控制流程，并提高流程的效率。而流程型组织模式是由流程来决定职能和组织架构，以流程为中心的组织结构除了解决外部环境、战略转型的影响，更为重要的是它能有效解决资源配置的效率问题。因此，流程日渐成为主导现代商业银行组织模式变革的核心因素。

## 三、商业银行组织模式变迁的方向：变"部门银行"为"流程银行"

2005 年 10 月，中国银监会刘明康主席明确指出中资商业银行与国际上管理一流的商业银行之间的差

---

① 胡衍强，高烁，邵建利．流程银行组织创新的诱因与路径选择[J]．金融理论研究，2007，4：21.

距，就是中资银行仍只是"部门银行"而不是"流程银行"。所谓"部门银行"，是指国内银行传统的组织架构以总分行部门原有职责为主导进行设计，资源配置的权限按部门划分。而"流程银行"是以客户和市场需求为起点，以有利于业务流程的完整、顺畅运作为目标来设置组织架构和管理权限。简而言之，部门银行按部门设计流程，流程银行按流程设计部门①。外资银行在优质服务和高效运作的背后，隐藏的是流程银行模式下的控制力和执行力优势，与中资行传统的总分行职能制模式比，它们的管理更有效。从"部门银行"向"流程银行"转变是我国商业银行组织模式变迁的方向。

### (一)基于流程重塑组织架构

变"部门银行"为"流程银行"，对于商业银行来说，首先是流程的优化、再造及提升，确立科学、合理、高效的业务划分和流程模式；然后才是在流程变革的基础上，对"部门银行"组织模式进行变革，确立"流程银行"的组织模式。流程再造强调流程下的专业和技术的组合，强调加快反应速度，减少非增值作业，关注每个活动的效率和效果，将商业银行的各种资源集中于创造价值的流程之中，具备了更快更有效地适应外部市场变化的特点。基于流程的组织架构重塑要求正确处理以下关系：一是以客户为中心设置业务部门，主要包括公司及投资银行业务、零售银行业务和私人银行业务。其中，公司及投资银行业务又可以按照行业类别和资产规模实现专业化和差异化服务。二是建立相对独立的风险管理和预算财务管理体系，实现全面风险管理和全面预算管理，增强总行的宏观管控能力和战略管理功能。三是推动中后台功能分离，实行后台操作集中化处理，尽可能按照区域集中，甚至实现全行后台操作集中化。

### (二)事业部制是全球银行业组织架构的主流模式

银行业组织结构的变革，大体上经历了三个发展阶段。第一阶段：总分行制阶段。总行内部按职能分工设置不同的部门，各分行内部也同样根据职能分工设置不同部门，各级分支行内部职能部门只对直属上级负责。各个分行按地理分布设置，形成许多分级管理、业务和核算独立的利润中心。第二阶段：客户和产品事业部制阶段。此阶段事业部不再依照地理范围进行划分，而是按照客户或产品来进行划分，业务模式由以规模为中心转向以服务(客户)为中心，银行组织架构随之由以规模为导向的总分行制向以客户为中心的事业部制转变。第三阶段：矩阵式阶段。为弥补单一产品(客户)事业部管理半径长、事业分部无法完全贯彻总部经营策略的缺陷，将地区事业部(分行)和客户产品事业部有机结合，以纵向管理模式为主、横向职能管理为辅的矩阵式事业部制应运而生。

20世纪80年代之后，国际先进银行普遍实行了"扁平化、垂直化"的经营管理变革，从总分行制向事业部制转变，实现了"大总行、大部门、小分行"的组织架构布局。国际先进银行引入事业部制，通过改造基层组织，减少管理层次，强化各经营机构的职责和权限，逐步形成扁平化的流程型组织模式。流程型组织模式最重要的贡献是银行战略目标与底层运营流程的距离被拉近，银行可以更加有效地实施基于战略目标的流程管理，从而使发展战略与业务流程的对应直接化，促进资源的有效配置，保证整体战略的落地和执行。与传统的总分行制组织架构相比，事业部制具有产业化和工厂化的特点，具有更高的生产效率，更专业的运营服务能力，更快的市场反应速度，对于实施战略转型的大中型银行具有不可替代的组织优势。

---

① 韩军. 中小商业银行如何从"部门银行"转型到"流程银行"[J]. 经济导刊, 2007, 2：53.

## 四、民生银行事业部制组织模式实践与启示

民生银行成立之初，采取了总分行的职能型组织模式。但是随着业务发展和市场竞争的加剧，这种组织模式显示出难以从全局的角度优化资源配置、总行经营政策和战略目标难以落实、区域和渠道的协同效应难以发挥等弊端。因此，民生银行开始积极探索适合自身的组织管理架构创新之路，努力构建更为灵活的体制和高效的运作模式。

### （一）民生银行事业部制探索与实践

1. 启动公司业务集中经营改革，为推行事业部制奠定基础

2004 年，民生银行开始试点公司银行集中经营改革，并在 2005 年全面推广，至 2006 年底，完成了 22 家分支行的公司业务集中经营改革，公司业务实现了以支行为销售单元向以分行行业金融部为销售单元的经营模式转变，基本解决了经营机构同质化问题。公司业务集中经营后，各分行制定市场开发规划，科学合理地进行市场细分和市场定位，整合和建立专业化销售团队，彻底改变过去客户经理单打独斗的低水平营销方式，改变长期以来以业务规模为中心的传统经营思路。

2. 稳步实施事业部制改革，提升专业化销售和管理能力

2007 年 9 月，民生银行在中资商业银行中率先实施公司金融事业部改革，成立首批公司金融事业部——金融市场部、贸易金融部、中小企业部，2007 年 11 月，成立地产、能源、交通、冶金四个行业金融事业部。各事业部根据目标客户分布，有选择地在各地设立了分部，并实行严格的分层授权管理体制。为巩固事业部改革成果，2009 年，实施了"市场销售体系调整优化"工作，进一步确立了民生银行大客户公司业务、中小企业业务、私人银行业务经营管理模式，强化了公司业务产品统筹管理职能，健全同业客户开发与管理运行体制，建立中小企业业务和私人银行业务矩阵式管理模式。

3. 调整分支行功能定位，经营模式从以块为主转变为条块结合

事业部改革后，民生银行对事业部和分支行的业务分工进行了重新调整，总分支行、事业部各有侧重，经营模式从以块为主向条块结合转变。分行组建适当数量的特色行业部，大力发展特色业务，扩大交叉销售，组织代理销售事业部专营产品，为事业部提供资金调拨、授信放款、行政后勤等落地服务。事业部、分行通过交叉销售、联动营销与收益分享，共同为客户提供一体化、网络化、一站式服务。

4. 优化中后台组织体系，提升全行专业化管理能力和运行效率

2009 年 7 月，民生银行启动中后台组织体系优化项目，此项目是民生银行深化流程型组织模式建设的关键步骤。通过深入研究国内外先进银行实践经验，吸收国际咨询公司成果，运用流程银行的技术和方法，分别从组织体系、活动价值链、管理支持能力维度对各业务单元存在的功能缺失、职责交叉、管控体系不明确、流程不畅等问题进行系统的梳理诊断，并逐一提出解决方案，在此基础上，设计中后台关键职能运行模式及跨部门流程，有效提升全行专业化管理能力和运行效率。

### （二）民生银行组织模式变革取得的成效

实践证明，民生银行组织管理改革与创新的功效正在逐渐发挥作用，对民生银行的经营管理带来了许多积极的变化。

1. 集约化经营稳健推进，资产负债业务良性快速增长

事业部冷静应对宏观经济及行业形势变化的不利影响，分行在部分业务划拨到事业部后，积极开辟特

色业务，全行负债业务、资产业务发展超预期。行业事业部存款余额从成立时的 855 亿元增长到 2010 年 6 月末的 1839 亿元，增幅高达 115%，贷款余额从成立时的 1556 亿元增长到 2010 年 6 月末的 2667 亿元，增长 71%（见表 1）。

表 1 　　　　　　　　　　　　　**2008—2010 年 6 月末事业部业务规模增长情况** 　　　　　　　　　（单位：亿元）

| 经营机构 | 业务规模 | | | |
|---|---|---|---|---|
| | 2010 年 6 月末存款余额 | 比 2008 年增长 | 2010 年 6 月末贷款余额 | 比 2008 年增长 |
| 地产 | 504 | 158.5% | 969 | 75.4% |
| 能源 | 440 | 129.7% | 931 | 53.9% |
| 交通 | 463 | 72.8% | 444 | 97.9% |
| 冶金 | 431 | 114.6% | 323 | 84.1% |
| 事业部合计 | 1839 | 114.9% | 2667 | 71.3% |
| 分行合计 | 7500 | 70.2% | 3337 | 46.2% |

2. 商业模式创新取得突破，收入结构明显改善

事业部在细分市场调研基础上，动态调整制定三年和年度发展规划，保证有限的资本、信贷和财务资源在全国范围内优化配置，捕捉市场机会与营销统筹能力不断增强，商业模式创新与运用取得突破性进展。事业部经济资本收益率提升迅速，净非利息收入全行贡献度稳步提高。2010 年 6 月末，行业事业部净非利息收入全行贡献度达到 33%，比 2008 年高出 11 个百分点（见表 2）。

表 2 　　　　　　　　　　　　　**2008—2010 年 6 月末事业部净非利息收入全行贡献度**

| 经营机构 | 2008 年净非利息收入贡献 | 2009 年净非利息收入贡献 | 2010 年 6 月末净非利息收入贡献 | 2008 年以来累计贡献 |
|---|---|---|---|---|
| 地产 | 10% | 7% | 10% | 9% |
| 能源 | 6% | 5% | 7% | 6% |
| 交通 | 3% | 6% | 8% | 6% |
| 冶金 | 3% | 6% | 7% | 5% |
| 事业部合计 | 22% | 25% | 33% | 27% |

3. 主动经营管理风险，资产质量持续向好

持续推进"垂直领导、专业评审、独立监控、分级管理"的多层次风险管理体系建设，从宏观战略上控制总体风险，风险部门、事业部、分行联手制定并执行业务规划与风险管理策略，主动经营风险，风险调控更贴近市场，风险管理效率不断提高。行业事业部不良贷款余额、不良率分别从 2008 年末的 18.7 亿元和 1.07% 下降至 2010 年 6 月末的 13.6 亿元和 0.51%（见表 3）。

表3

**2008—2010 年 6 月末事业部资产质量** （单位：亿元）

| 经营机构 | 资产质量 | | | |
|---|---|---|---|---|
| | 2010 年 6 月末不良贷款余额 | 比 2008 年末 | 2010 年 6 月末不良贷款率 | 比 2008 年末 |
| 地产 | 11.93 | −3.26 | 1.23% | −1.29% |
| 能源 | 0 | −1.24 | 0.00% | −0.19% |
| 交通 | 0.03 | 0.03 | 0.01% | 0.01% |
| 冶金 | 1.65 | −0.58 | 0.51% | −0.50% |
| 事业部合计 | 13.61 | −5.05 | 0.51% | −0.56% |
| 全行合计 | 75.12 | 0.64 | 0.79% | −0.46% |

4．客户服务效率不断提升，市场影响力巩固扩大

树立"以客户为中心"的理念，通过多产品交叉销售，满足客户多样化需求。同时再造业务流程，建立安全、高效、专业的运营平台，客户服务效率稳步提升，客户满意度明显改善，市场影响力巩固扩大，客户关系更加深入、稳固。行业事业部贷款客户数从 2008 年末的 941 个增加到 2010 年 6 月末的 1180 个，增长 25%（见表 4）。

表4 **2008—2010 年 6 月末事业部客户数增长情况** （单位：个）

| 经营机构 | 贷款客户数 | | |
|---|---|---|---|
| | 2010 年 6 月末客户数 | 2008 年末客户数 | 比 2008 年增长 |
| 地产 | 285 | 229 | 24% |
| 能源 | 374 | 343 | 9% |
| 交通 | 260 | 220 | 18% |
| 冶金 | 261 | 149 | 75% |
| 事业部合计 | 1180 | 941 | 25% |

### （三）民生银行组织模式变革的启示

民生银行作为国内首家全面启动事业部制改革的银行，对国内商业银行流程型组织模式建立有以下启示：

1．事业部制代表着商业银行组织模式变迁的方向

从总分行到事业部制是商业银行面临金融脱媒、资本约束、利率市场化和国际化竞争时，自发进行的调整变革，是为了获得更大获利机会和空间的自组织行为。事业部制有利于产品创新，不断提高差别化综合服务能力；资源在全行范围内有效配置，有利于资产风险定价能力的提高；统一对整体风险进行控制管理，可以克服传统模式下无法管控总体风险暴露的情况。

2．事业部制改革应以清晰的银行发展战略和市场定位为前提

事业部制是围绕市场定位、实现既定战略目标的一种组织模式安排。从传统的总分行职能模式向事业部流程银行模式转变，首先必须解决好银行市场定位问题。民生银行在事业部制改革中注重从战略层面明确自己的定位，对主要行业线和产品线实施事业部制度，并形成一套行之有效的市场开发规划，促进了全

行组织模式变革和业务协调发展。

3. 事业部、职能部门和分行平台三者之间的关系，是组织体系设计的关键所在

清晰界定事业部条线、职能部门和分行平台之间的关系，建立密切合作、合理分工、有机协调的管理机制，是组织体系设计的关键环节。民生银行成立分支行定位小组和中后台配套支持改革小组，研究事业部、职能部门和分行的职能定位、业务变界和管控模式，以有效的组织形式减少摩擦，一揽子解决了三者之间可能出现的磨合问题。

4. 事业部改革是组织架构的全方位、系统性再造，必须统筹设计、协调推进

实施事业部制管理，不是简单的组织架构调整，相关业务流程的梳理、运行机制的设计、运营体系的构建也很重要，必须提前到位，及时跟进，这样才能减少改革的反复和后续磨合调整的难度。尤其是对权责利格局的调整，必须作出周密安排，协调好各方关系。

## 五、商业银行建立流程型组织模式的总体构想

国际银行业事业部制主流模式历经多年演变，并在不同市场环境中加以实践，日趋成熟，是代表商业银行发展方向的典型的现代化模式，无疑也是我国商业银行组织模式改革的方向。我国商业银行应本着循序渐进、分步实施的原则，选择重点行业、客户或产品线率先实施事业部制改革，同时完善配套机制建设。在基础条件成熟、管理水平提高、试点取得经验的基础上再全面迈向流程型组织模式。

### (一)我国商业银行组织架构总体目标模式

结合实际情况，我国商业银行组织架构的总体目标模式应主要包括以下内容：

1. 组织架构按照前、中、后台职责的分工不同，设置相应的业务板块

前台是公司与机构业务板块、零售与私人业务板块和资金市场业务板块，中台是风险管理板块和财务管理板块，后台是行政管理板块和信息技术板块，还有相对独立运作的稽核板块以及业务处理中心等单设机构。前台部门按照权责利一致的原则，赋予相应的资源授权和风险授权。中后台分为事业部中后台和总部中后台，事业部中后台为各事业部提供个性化的服务，总部中后台负责全行范围的风险、财务、人力资源管理等，以及制定统一的政策标准和技术标准。

2. 全行各业务板块自上而下实行垂直化的条线管理和运作

如公司与机构业务板块是银行重要的利润中心之一，总行、事业部、分行分别就不同的目标客户群进行营销管理，总行主要定位是跨区域、跨行业的集团客户，事业部主要定位在特定的行业或产品客户，分行主要定位在区域内客户。总行对全行公司业务进行统一的管理，制定公司业务发展规划和市场营销策略，事业部、分行对边界内业务发展进行统一的规划和协调。

3. 财务、风险和人力资源管理等采用纵向垂直运作为主的模式

财务、风险和人力资源管理等板块采用纵向垂直运作为主的模式，但与其他板块的横向关系则实行"派驻制"的管理模式，如风险管理板块向前台业务板块派出风险经理，实行风险经理派驻制。所有派驻人员实行双线报告制度，即同时向派出部门和派驻部门的上级领导汇报。

4. 分行采用"纵向垂直运作管理为主，横向运作管理为辅"的矩阵式模式

分行的运作和管理采用"纵向垂直运作管理为主，横向运作管理为辅"的矩阵式管理模式。分行前台和中台的部门设置与总行前中台设置基本对应，后台部门相对较为简化一些。分行纵向运作和管理模式主要体现在分行前中后台相应的业务板块直接受总行条线上级的领导，责任利润考核也是以条线为主。

## （二）我国商业银行组织模式变革路径

商业银行组织架构改革，可以考虑以目标模式为目标，循序渐进、突出重点、分段实施，待条件成熟后全面迈向事业部制组织模式。

1. 以客户为中心，优化业务和管理流程

流程再造是商业银行组织模式变革的切入点，流程再造的一般做法是，突出授信审批、业务操作等核心业务流程，剔除低价值的操作环节，将边缘业务流程外包；对分开、重复的多道工序加以合理归并，减少不必要的流程环节；纵向压缩，横向集成，减少部门间、岗位间的交接和协调活动；适应不同客户群和不同性质服务的要求，实现业务流程的多样性和差异化。

2. 在相对成熟板块率先推行事业部制

根据贴近市场、风险可控、效率优先的原则，先行选择产品相对单一、业务流程相对独立、盈利来源清晰的行业、客户或产品部门进行事业部制改革，在此基础上，再对分支机构实施垂直化管理，切实推进机构扁平化和营运集中管理。事业部的选择标准是：目标行业或客户处于经营扩张期，涉及多种商品，覆盖多个区域，有丰富的客户群；目标产品与其他产品线关联度小，相互之间没有明显的替代效应，能够形成单独的市场和市场价格。此外，事业部的规模选择应适度，规模过大，不利于专业化程度的提高，规模过小，则难以实现规模经济效应。事业部也可以选择行业、客户和产品事业部并存的矩阵混合模式，以维系传统的客户资源，充分利用人财物资源配置的优势。

3. 推进与事业部制配套的体制机制建设

事业部制组织架构的调整需要系列配套机制的建设和完善。首先，是数据大集中工程和管理会计建设。必须构建大集中模式的数据处理体系及在此基础上的管理信息系统，推进管理会计系统的运用，实现对客户、部门、产品和区域的有效核算和管理，实现集约化经营。其次，是完备的内部转移定价机制。通过制定科学的内部转移价格，使事业部、分行的成本核算和利润分配公平、合理、有章可循，防范各部门责任不清、相互推诿。最后，建立科学的绩效评价机制。用科学合理的绩效考核，平衡事业部与分支行的利益关系以及事业部间的利益关系，同时有效激励各事业部，达到 $1+1>2$ 的效果①。

4. 全面推行事业部制组织模式

随着相对独立业务板块的事业部制推行，商业银行试点经验相对丰富。同时，以信息技术和管理会计建设为代表的配套工作的完善，具备了实施事业部制组织架构的基础条件，商业银行即可在全国构建统一的事业部制组织模式。充分运用经济资本配置、平衡计分法等先进的管理方法对银行各业务条线进行绩效考核，充分发挥各部门、机构和个人的积极性，确保银行内部组织体系的高效稳健运行。

（作者电子邮箱：ljglpl@163.com）

## 参考文献

[1] 艾尔弗雷德·D. 钱德勒. 战略与架构 [M]. 昆明：云南人民出版社，2002.

[2] 约瑟夫·M. 普蒂，等. 管理学精要 [M]. 北京：机械工业出版社，1999.

[3] 王先玉，等. 现代商业银行组织管理与人才管理 [M]. 北京：中国金融出版社，2001.

[4] 陈国进. 外国银行的进入与新兴市场银行业 [J]. 中国经济问题，2002.

[5] 张杰. 改革中的中国金融组织空间结构分析 [J]. 当代经济科学，1996.

---

① 闫红兵. 商业银行事业部改革中绩效考核方案的探讨. 沿海企业与科技. 2009，10：72.

[6]曹飞燕. 国内商业银行组织结构现状与再造研究[J]. 管理现代化，2007，5.

[7]王均坦. 我国商业银行组织因素的实证分析[J]. 武汉金融，2008，4.

[8]杨丽，孙国辉，Martin J. Eppler. 战略执行影响因素研究[J]. 中央财经大学学报，2009，5.

[9]胡衍强，高烁，邵建利. 流程银行组织创新的诱因与路径选择[J]. 金融理论研究，2007，4.

[10]韩军. 中小商业银行如何从"部门银行"转型到"流程银行"[J]. 经济导刊，2007，2.

[11]施华强. 流程银行和银行流程再造[J]. 银行家，2006，8.

[12]闫红兵. 商业银行事业部改革中绩效考核方案的探讨[J]. 沿海企业与科技，2009，10.

[13]凌轩坤. 跨国银行矩阵式组织结构模式分析——以德意志银行和花旗银行为例[J]. 农村金融研究，2006，4.

[14]束兰根，李正东. 股份制商业银行组织架构改造与扁平化管理[J]. 新金融，2003，3.

[15]张献和，刘杰斌. 我国商业银行的组织结构与流程再造[J]. 东北大学学报(社会科学版)，2005，3.

[16]保罗·H. 艾伦. 银行再造[M]. 北京：中国人民大学出版社，2006.

[17]王璞. 组织结构设计咨询实务[M]. 北京：中信出版社，2003.

[18]D. B. 格拉迪. 商业银行经营管理[M]. 北京：中国金融出版社，1993.

[19]Nohria, N.. Note on organization structure[M]. Boston：Harvard Business School，1991.

[20] Fama, E., and Jensen, M.. Agency problems and residual claims [J]. Journal of Law and Economics. 1983.

[21] Rose, P. S.. Characteristics of merging banks in the United States：Theory, Empirical results, and implications for public policy[J]. Review of Business and Economic Research，1988，24.

[22]Janne Tienari, and Risto Tainio. The myth of flexibility in organizational change[J]. Scandination Journal of Management，1999，15.

# Organization Models Change of Commercial Bank and Establishment of Process Organization
## —Based on the Practice of CMBC Multidivisional Reform

Gong Zhijian[1,2]

(1 Economics and Management school of Wuhan university, Wuhan, 430072; 2 China Minsheng Banking, Beijing, 100031)

**Abstract**：This paper surveys the organization model of commercial bank. Based on the analysis of effect factors to organization model, the author concludes the principles of organization frame and organization evolution. By researching on the multidivision reform practice of CMBC, this thesis indicates the general purpose model of commercial bank organization in China, and illustrates the enforcement path and programme of commercial bank transforming to process organization model.

**Key words**：The organization model of commercial bank；Process organization model；Reform

# 模块化网络组织、共同制造与价值创新：
# 一个组织演化视角

● 于尚艳[1]    张凤超[2]

（1 华南师范大学学报编辑部   广州   510006；2 华南师范大学经济与管理学院   广州   510006）

【摘 要】在解析价值创新内涵的基础上，刻画基于模块化网络组织的价值创新机制。从组织演化视角解构"共同制造"组织模式，提出价值认知、生产系统、价值系统等方面的演化，使"共同制造"组织的价值创新无论在逻辑层面还是创新内容上，均不同于传统的模块化网络组织，进而对"共同制造"组织的结构性价值创新、价值创新主体二元化、空间聚合式创新等特征予以系统性的阐释。

【关键词】模块化网络组织   共同制造   价值创新   组织演化

20世纪90年代以来，受技术进步、信息和知识等资源要素区际自由流动、顾客个性化需求日益彰显等因素的影响，企业赖以生存和发展的竞争环境发生了巨大变化，呈现出更具动态性、复杂性、不可预知性的市场态势。为了克服市场不确定性带来的诸多挑战，促进企业高速成长，Kim和Mauborgne(1997)对大批保持长期持续发展的企业进行了追踪和研究，并将这些企业成功的实践经验总结为：能够以顾客需求为出发点和归宿点，有效实施价值创新战略。

与以获取竞争优势为标识的传统战略逻辑不同，价值创新是一种跳出竞争和模仿陷阱的逻辑理念，它要求企业正视其所属的产业内部供给过剩、需求增长缓慢甚至停滞的危机，突破原有产业边界的限制和资源条件的约束，将企业视线从市场的供给一方转向需求一方，实现从"击败竞争对手"的竞争导向到"超越市场，追求价值飞跃"的需求导向的转变。这种突破"竞争中心"而以"价值中心"构建的创新体系，为企业增强动态竞争能力提供了新的思路，引起了理论界的广泛关注。

## 一、价值创新含义：三层解析

综观价值创新的研究文献，学者们基本上认同价值创新(Value Innovation)是指飞跃式地提升顾客价值感知，是企业基于顾客对企业产品或服务的价值判断过程而给予其心理上的强烈获利感受。尽管学者们关于顾客感知价值的界定莫衷一是，但就其含义基本达成共识，即顾客价值以企业提供的产品与服务为载体，但最终由顾客而不是供应企业决定，代表了"顾客在感知利得与感知利失之间的权衡"(Ravald和Gronroos, 1996；Christopher, 1997；Parasuraman, 1997, 2000)。Sheth, Newman和Gross(1991)认为顾客的选择是多维消费价值(Consumption Value)的函数，依据不同的研究视角和背景，学者们提出的感知价值结构维度模型存在明显差异，并且顾客感知价值的构成维度在不同的消费环境中所起的作用也不尽相同，顾客感知价值的动态性、多维性特征十分显著。

结合国内外研究文献，本文从三个层面对价值创新的含义加以解析。

（1）顾客价值的战略视角。鉴于顾客价值的判断标准和评价结果取决于顾客的需求特征、偏好及满足程度，关注并满足顾客需求的发展变化始终是价值创新战略的内在逻辑。企业与其在已知的以顾客现有需求为中心的"红海"搏击，不如主动地、敏锐地捕捉顾客需求的变化趋势，进而超越现有需求，"以创造和获取新需求为导向开创新的市场空间——'蓝海'"①。可以说，立足于顾客的动态性需求，从企业价值视角转变为顾客价值视角，剖析顾客感知价值构成维度的变化规律及影响因素，是确立价值创新战略逻辑的基石。

（2）突破"价值创造"的边界困境。价值创新不同于增量式的价值创造，"价值创造是在既有方式上的边际增量改变"②，所增价值并不足以使企业跨越现有的产业边界和创造新的市场空间，而"价值创新则是释放有别于竞争对手的新价值"③，"通过将创新与效用、价格、成本整合为一体，彻底摆脱竞争对手，开启新的市场空间"④；另外，价值创新必然伴随着价值创造，不能脱离价值创造系统，因为开启巨大的潜在需求，重建市场和产业边界是一项系统工程，无异于"设计并实施一项崭新的价值创造战略"⑤。

（3）兼顾两种战略目标。价值创新需要企业对不同市场的顾客价值要素进行筛选与重新排序，通过增加和创造现有产业未提供的某些价值要素，并剔除和减少产业现有的某些价值要素，即以顾客价值维度的变化为基点，通过跨产业边界重构顾客价值维度的方式，在关键的、核心的价值维度上取得突破，最终形成超越现有产品或服务，并获得顾客认可且接受的价值新标准，从而达到以较低的成本为顾客提供价值上的突破——同时实现"差异化"和"成本领先"的战略目标。

## 二、价值创新机制刻画：模块化网络组织视角

价值创新战略的核心思想是企业突破现有资源的约束，超越传统的产业边界，满足不断变化的顾客需求与偏好。因而，通过一定的价值传递机制，将处于价值链上不同阶段和具有某种专用性资产的相对固化的企业及利益相关者彼此组合在一起，使共同为顾客创造价值成为必要和可能。模块化网络组织就是这样一种新型价值创造组织形式，它是在特定市场竞争环境下，以价值模块化为起点，通过对内外部资源的有效配置，形成组织的核心能力，进而保证为顾客创造有别于竞争对手的价值，并向客户更好地让渡价值的运营网络，很多学者认为虚拟企业、战略联盟、企业联合体、产业集群等都是模块化网络组织的具体模式。近年来，在诸多价值创新的拓展研究中，模块化网络组织视角下的价值创新机制研究表现得尤为活跃。

Baldwin 和 Kim(1997，2000)认为在复杂的模块化网络组织内，不同模块的研发和改进相对独立，通过分离、替代、去除、增加、归纳、改变等模块化操作，可以实现以较低成本得到较高的差异化价值目标⑥。朱瑞博(2006)强调价值创新不是简单的产品质量改进，其实质是对关键资源、核心要素、专用性资

---

① （韩）W. 钱·金，（美）勒妮·莫博涅. 蓝海战略——超越产业竞争，开创全新市场[M]. 吉宓，译. 北京：商务印书馆，2005：43.

② 徐宏玲. 模块化组织研究[M]. 成都：西南财经大学出版社，2006：78.

③ 芮明杰，刘明宇. 网络状产业链的知识整合研究[J]. 中国工业经济，2006，1：32.

④ Kim W. Chan，and Mauborgne R.. Strategy，Value innovation，and the knowledge economy[J]. Sloan Management Review，1999(Spring)：56.

⑤ 朱瑞博. 模块生产网络价值创新的整合架构研究[J]. 中国工业经济，2006，1：21.

⑥ Baldwin Carliss Y.，and Kim B. Clark. Design rules：The power of modularity[M]. Cambridge，MA：MIT Press，2000：110.

产、特殊知识和技能的再次开发、积累与提升，并提出模块生产网络内部的适应性主体通过组织柔性的专业化分工、互补性合作以实现的协同效应是模块生产网络价值创新的主要来源。徐宏玲（2006）借助瀑布效应原理，从需求导向下协调生产规则的演变、生产控制权追逐下旗舰企业地位的形成，以及迂回生产链加长条件下报酬递增等方面揭示了模块化组织价值创新机制。余东华和芮明杰（2008）提出模块化网络组织能够促进成员企业之间的知识交流，企业之间、企业和顾客之间关系的重新组合，形成价值链横向、纵向交织的、网状形态的、更为复杂的价值创造系统，引导网络组织内部价值的有序流动，推进价值创新。

综观学术界关于模块化网络组织价值创新机制的研究，存在着逻辑线索不够清晰，理论架构缺乏系统性等问题。本文从系统论的角度出发，对模块化网络组织价值的创新机制予以刻画。

1. 以知识创新为基点

信息经济时代，知识已经成为决定企业成长的关键战略性资源。众所周知，知识资源在企业之间的分布表现出非均衡或不连续的特点，这种空间"扭曲"的概念来源于所有企业的成长不平衡的事实，正是这种知识禀赋的差异性催生了知识的流动和整合，构成组织的核心能力。知识在时间与空间上的纵横交错且不间断的运动，总是受到一根隐形指挥棒的引导或规范其方向，并逐渐形成一种秩序，这就是企业追求知识创新的本性。模块化网络组织的知识分为两种：一是各组织成员必须遵循的"看得见的"设计规则，包括结构、界面和标准等内容的显性知识，用以确保各组织成员之间的兼容和系统预定功能的发挥；二是根植于各模块组织成员的内隐知识，作为高度背景化和个性化的知识，它难以言明且不易传播和模仿，是组织成员竞争优势的重要来源。

基于组织成员之间松散的耦合关系，模块化网络组织具有柔性的组织结构、开放的文化联盟、交互的信息技术系统等组织特性，能够在以知识创造、转移、共享和吸收为核心的组织学习机制作用下，将显性和隐性的"组分知识"协调、贯通与融合，使之内化为模块化网络组织新的"结构性知识"，并在传播和凝结中得以自由、持续地创新。

模块化网络组织的价值创新"实际上是以知识创新为基础的"①。具有领导地位的旗舰企业在分析顾客的动态性需求，寻找需求解决方案的过程既是企业内部的生产运营流程改造、产品研发、管理策略调整和技术革新过程，也是企业知识系统的多向度创新过程。在旗舰企业对顾客可感知的使用价值作出关键性的贡献，而市场反馈信息验证了知识创新的示范效果之后，旗舰企业创新的知识通过信息沟通机制呈并行化网络传递，打破了其他组织成员原有知识资源相对稳定的状态，"使各种知识之间不断地发生交流、碰撞等非线性相互作用，产生知识融合和重构，发生放大效应和整体涌现效应，不断促进知识进步和创新"②，从而实现模块化网络组织及时响应市场需求，提升价值链的运营绩效。

2. 以组织协同为路径

协同是指在复杂系统内各要素的联合行为和共同作用，反映了一种非正式契约基础上的协作关系。Igor Ansoff(1965)首次提出企业协同战略的理念，并阐释协同性企业的整体价值有可能大于各部分价值总和。企业协同作为一种资源配置的方式，既不同于市场机制作用下的"随机"协同，又不同于行政机制下的"捏合"协同，而是具有自组织特征的"多元互补"协同，体现了共同利益引导下柔性和互补优化相兼容的组织目标。在建立企业各部门之间的协调关联机制的基础上，通过实施"对资源或业务行为的共享、市场营销和研究开发的扩散效益、企业的相似性以及对企业形象的共享"等企业协同行为，能够使企业各部门利用内部系统网络的集成优势降低不确定性的影响，增强整个系统的开放性、目的性和

---

① 徐宏玲. 模块化组织价值创新：原理、机制及理论挑战[J]. 中国工业经济，2006，3：45.
② 余东华，芮明杰. 基于模块化网络组织的价值流动与创新[J]. 中国工业经济，2008，12：24.

稳定性。

模块化网络组织是在信息技术推动下，为快速有效地满足市场需求，实现价值链整体效益最大化而联动生成的"扩展企业"。由于价值链上各组织成员的职能身份是既定的，模块化网络组织的构建过程也就是各组织成员关系的治理过程，同一层阶的组织成员之间从竞争关系转变为合作关系，上下游组织成员之间从"蝴蝶"型交易关系转变为"钻石"型合作伙伴关系。在新型关系机制作用下，模块化网络组织的协同效应通过三种方式得以实现。

（1）资源共用。其一，模块化网络组织应用 ERP 统一业务系统、SCM 供应链管理软件等集成化的信息系统实现信息共享。在此基础上，充分地整合利用各组织成员的有形资源，确保获得由资源互补优化所创造的相应节约或增值。如原本由组织成员各自建设和维护的采购平台、市场情报系统、库存系统、物流系统可以兼容、合并，提高规模效益，降低成本；重新发掘各组织成员的存货资产的使用价值，提高资源利用率；统筹配置各组织成员闲置的生产线，以提高整个组织承接超负荷的顾客订单的能力；保持人力资源和资金的合理流动，发挥旗舰企业示范带动作用，给予组织成员以扶持和支援。其二，就旗舰企业而言，无论是其核心技术，还是包含质量管理、经营管理、战略规划、资本运营、研发等内容的商誉，抑或文化、品牌等，都能借助模块化网络组织良好的传播渠道和融合机制，沿着可渗透的边界在组织内扩散或延伸，成为整个组织各项业务的黏合剂和发展新业务的引擎，从而全方位提高顾客的价值水平。

（2）战略协作。模块化网络组织是一种以战略合作思维和愿望为先导，并以长期合作契约固化的信任关系为核心的联盟组织。组织运营依托于组织成员群体决策确定的整体发展战略，在达成共同分担投资风险，共同分享投资报酬、共同分享创新经验、共同应对其他组织替代竞争等共识的前提下，从全局角度协同规划和设计业务流程，既保证所有业务环节的目标一致性，也平衡兼顾组织成员的能力约束，以密切的分工协作的方式创造新价值。

（3）同步运行。模块化网络组织遵从面向需求的过程控制机制，在经营上保持协调一致，由组织成员共同参与业务流程的再造活动，确保组织成员之间的业务紧密联动、无缝衔接，降低业务衔接不畅所导致的库存成本和顾客等候成本。组织成员根据旗舰企业的主生产计划，自动生成同步的生产计划及相应的采购计划、物流计划，确保主生产计划所对应的顾客订单能够如约履行，市场反应快速、有效。在各种计划作业过程中，组织成员实时跟踪和控制具体计划的执行进度和节奏，及时地交换各种数据，为具体计划的有效修正和危机处理提供依据，保证高质量地满足顾客需求。

### 三、"共同制造"组织模式解构：模块化网络组织的一种演化

近些年来，体验及其衍生概念被市场传媒和市场渠道竞相使用，顾客参与逐渐成为影响企业运营的重要因素。尽管目前顾客参与的深度和广度较为有限，尚未形成规模效应和产业气候，如有些体验事件只是概念性诉求，缺乏体验的实质内容——顾客参与环节的设计；有些顾客参与项目仅限于流通环节和消费环节，支持在订购、物流、包装、组装上融入顾客个性，顾客参与程度较低；有些零售服务组织以"DIY"为业态特征，向顾客开放简单的模块化生产环节，其适用性受到产品功能、生产技术和周期等诸多因素的制约。但不难判断，提高顾客参与层次，将顾客纳入生产型企业的资源范畴，推动"DIY"从服务业扩展到制造业，依靠顾客力量创造顾客价值，无疑为制造业的成长开辟了新的视野。因此，从促进市场规模化、产业化进程的角度构建"共同制造"组织模式是一项前瞻性的研究。

"共同制造"组织模式从模块化网络组织的演变而来，深深烙印着模块化网络组织的基本特征。其一，以订单定制、包装选择、动手组装等方式实现顾客参与的模块化网络组织，只触及了企业的外围

辅助性业务环节，与企业产品研发、生产计划、进度控制、协调运作等核心业务并无关联。"共同制造"组织则实行开放式运作流程，支持顾客全程参与产品制造。企业与顾客在体验情境下的密切合作、互动协作，无异于构建了一种以松散性耦合关系为特征的动态联盟组织。其二，"共同制造"组织的运营绩效不仅仅依靠员工的劳动投入和管理水平，而且也取决于顾客参与的程度，顾客能否充分融入体验情境自由发挥主动性、创造性，直接影响了顾客对体验消费过程的满意度评价。企业充分动员、协调、引导顾客参与的行为，无疑是超越了原有的组织管理边界，在"动态组织"层面上实现顾客资源的整合和协同。其三，与传统模块化网络组织相比，"共同制造"组织的员工与顾客的角色定位发生了变化，员工除了承担决策、计划、组织、控制、领导、创新等传统管理职责，还需要负责培训技术、指导生产、创造条件、营造体验情境等辅助性工作，而顾客则承担一部分产品研发、生产、控制等职能，双方通过实时的沟通、互动，共同控制生产流程，这种同步性协作行为体现了模块化网络组织群体决策的理念。

"共同制造"组织是企业直接与供应链下游终端节点——顾客之间构建的动态联盟组织，但它不同于客户关系管理系统 CRM，CRM 将顾客信息视为引导企业生产运作的信号，视全力响应顾客需求为核心的战略模式，"共同制造"组织模式则全面开发和利用顾客资源，吸引顾客进入企业管理边界，通过与顾客共同制造的方式实现顾客价值。因此，"共同制造"组织的顾客资源性特征更为鲜明，顾客介入程度更为深刻，使之孕育了与传统模块化网络组织相区别的模式特征。

1. 顾客价值的结构性变革

对传统模块化网络组织而言，体验需求只是顾客需求的结构性要素之一，体验性价值则是一种非主导性的顾客价值诉求。顾客可以参与模块组合，选择自己喜欢的产品装配方案、自己动手组装（DIY），从而增加顾客价值。这种通过顾客参与获得的价值是额外的体验价值。可见，传统模块化网络组织给予顾客的体验价值在顾客价值体系中处于非主要、非核心的地位。与之相反，"共同制造"组织模式认为顾客的体验需求是影响其购买决策的主导性需求，企业所创造的顾客价值随之发生结构性变革，即体验价值成为顾客价值的核心维度。

2. 模块系统的嵌入性重构

与传统模块化网络组织相比，"共同制造"组织模式需要实施模块系统的再造工程，原本分立而联动的生产模块、销售模块和消费模块实现嵌入性集成，形成体验情境下全新的"共同制造"模块。在这一体

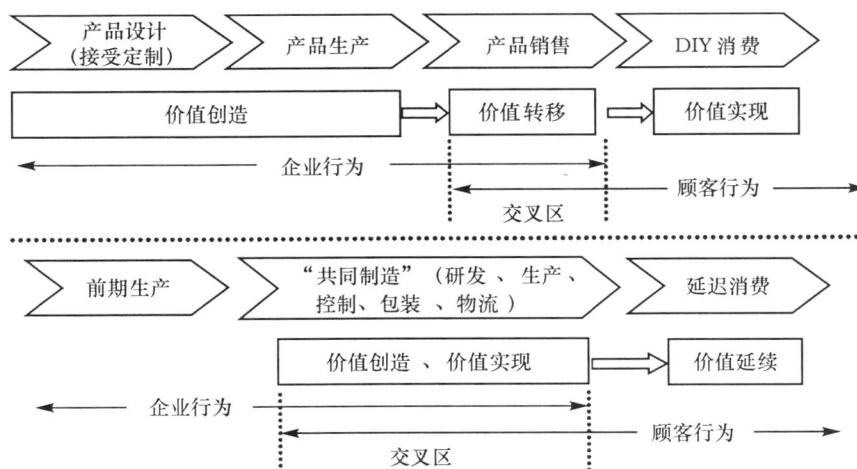

图 1　从传统模块化网络组织到"共同制造"组织模式的系统演变

化式模块中，顾客与企业员工共同承担产品的设计、生产、测试、控制、包装等，见图1。因为在企业与市场相互渗透的交叉地带，由于具有企业与市场双重组织协调的优势，为价值创新提供了更广阔的空间，而"共同制造"组织的"共同制造"模块完全处于企业行为与顾客行为相重叠的交叉区，远远超出了传统模块化网络组织交叉区的边界范围，因而更有利于企业突破边界约束整合顾客资源。

  3. 价值系统的拟合性嬗变

传统模块化网络组织理论认为，价值流动过程依序划分为价值创造、价值转移、价值实现和价值分配四个阶段，然而在顾客价值的逻辑前提下，价值系统则完全可以剔除价值分配子模块。从图1可知，传统模块化网络组织的顾客行为涉入了订购、取货付款、组装消费等具体环节，通过顾客参与直接影响了价值转移和价值实现，而价值创造则完全取决于企业行为。"共同制造"组织的价值系统只含有两个价值子模块：一个是拟合了价值创造和价值实现的子模块，即企业行为和顾客行为的协调并行使价值创造和价值实现同时进行；另一个是价值延续子模块，顾客不仅通过参与生产获得体验性顾客价值，并且在延迟消费时得到功能性和象征性价值满足。

## 四、"共同制造"组织模式的价值创新：演绎逻辑下的比较

从传统模块化网络组织演化而来的"共同制造"组织模式在战略思维、结构关系、运行规律等诸多方面都与前者存在差异，进而导致其价值创新体系也呈现出鲜明的特色。

  1. 体验价值、目标聚集——结构性价值创新

现代竞争理念要求企业必须关注和跟踪顾客需求变化，分析和识别顾客主导性需求特征，"共同制造"组织模式的产生就是企业对顾客体验需求愈发重视和重新定位的结果。对于某些顾客而言，体验需求已成为影响其购买决策和购买评价的敏感性因素，在这些顾客的价值体系中，体验价值也已经从低层次的、辅助的价值维度升级为高层次的、核心的价值维度。虽然受区位、收入水平、教育程度、年龄、企业的行业特征和产品属性的影响，偏好体验需求的顾客群体的规模和容量相对有限，但足以支撑一些中小型制造企业以专一化的业务、更好的服务效果在狭窄的市场空间内建立竞争优势，谋求"目标聚集"战略。

"共同制造"组织的价值创新不是对价值要素进行重新剔除、减少或创造、增加，而是在既有的价值要素基础上，突出体验价值的核心要素地位，重构顾客价值维度结构。因此，这种价值创新不同于传统模块化组织的渐进性创新和跳跃性创新模式，是一种典型的结构性创新，同时创新方向也非常明确，即以体验价值为中心重新设计价值新标准。

  2. 顾客参与、客户联盟——价值创新主体二元化

参与是顾客释放体验需求的基本路径，顾客参与的范围和程度直接关系到体验价值的评定结果。顾客参与的水平受到多种因素的影响，包括顾客的感知技能与感知挑战，企业的授权、情境营造，以及企业与顾客之间的信息分享机制、协调控制机制等，许多网络组织都可以支持和接受顾客参与，但能够充分动员和实现高层次顾客参与的组织却寥寥无几。"共同制造"组织模式下的顾客参与并非只停留于理念设想或浅尝辄止，而是企业经营运作的根本要求，没有顾客的全程涉入就无法实现"共同制造"组织模式的主旨——创造体验价值。

"共同制造"组织的顾客参与属于深度参与，顾客被吸引进入企业开放式的生产流程，享有设计、生产、控制的主导权，顾客行为从外部力量内化为可引导、可激发的企业行为。顾客"临时员工"的身份代表了一种联盟式的客户关系，具有积极的动态关系效应。顾客通过学习、分享、互动能够获取相

关的知识、技能和经验，有助于提升顾客对企业的信任度和情感；反之，企业积极利用顾客的灵感、美感、信息、自律性、主动性等资源，有助于及时响应顾客需求。顾客价值目标与企业利润目标的统一，有力推动了价值创新沿着价值链向下游转移，在终端市场上糅合企业资源和客户资源，增强持续创新的能力。

3. 柔性管理、延迟策略——价值创新"空间聚合"模式

"共同制造"模块的设计和开发是"共同制造"组织生产系统所特有的，即顾客和企业共同商议确定产品概念、生产方案，并由双方集中地、协作地付诸行动。共同制造无疑对企业柔性管理制度的建设提出了更高要求，因为企业需要根据顾客的个人状况、动机、偏好等各种细节性差异，在知识和技术指导、互动方式、情境主题、材料配备等方面采取因人而异的辅助策略，这种灵活多变、群策群力、实时沟通、相互协作的柔性管理贯穿于整个"共同制造"业务流程。

"共同制造"组织的共同制造离不开延迟策略的配合，只有在企业前期生产了相关备料、标准化构件等的基础上，才能将产品生产、物流、销售、消费统统归为延迟启动的"共同制造"业务流程，并在接收顾客订单之后实时开展定制化生产。延迟策略能否获得预期效果取决于两项规则安排：一是所有工序要相对集中，并尽可能地在一个工作地完成产品制造，借以产生空间聚合效应；二是延迟生产区要设置在最大限度地接近终端市场的环节上，以此增强市场反应的敏捷性和适应性。

依前所述，价值创造和价值实现在"共同制造"组织的价值系统内拟合为一个价值子模块，而组建这个价值子模块的最终目的就是为了实现价值创新，即创造和实现以体验价值为核心的顾客价值。鉴于价值系统紧密依存于生产系统，"共同制造"组织价值创新的基本模式如图2所示。

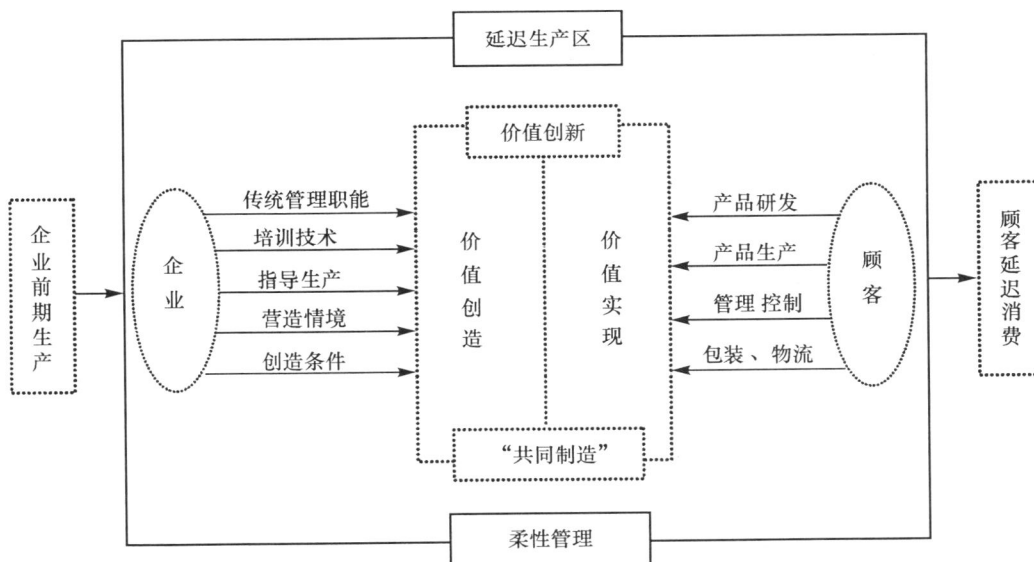

图2 "共同制造"组织模式的价值创新

从组织演化视角的考察发现，"共同制造"组织根植于模块化网络组织，并继承和沉淀了动态联盟、边界扩展、群体决策等模块化网络组织的基本特征。"共同制造"组织的演化效应主要体现在价值认知、生产系统、价值系统的发展和变革上，由此决定了"共同制造"组织的价值创新体系无论是在战略视角、战略逻辑层面，还是在价值创新的主体、类型、途径、方式和机制等创新内容方面，无不具备一些特质，见表1。

表1　　　　　　　　　　"共同制造"组织模式与模块化网络组织的价值创新特征比较

| | 模块化网络组织的价值创新 | "共同制造"组织模式的价值创新 |
|---|---|---|
| 战略视角 | 基于价值飞跃的组织协同战略 | 基于提升体验价值的客户联盟战略 |
| 战略逻辑 | 以顾客强烈关注的共同的潜在需求点为导向，超越现有需求，创造和获取新需求，同时追求"差异化"和"低成本"战略 | 关注顾客主导性需求变化，以满足顾客的体验性需求为导向，实现"目标聚集"战略 |
| 价值创新类型 | 渐进式、跳跃式创新 | 结构性创新 |
| 价值创新方式 | 重新筛选、排序顾客价值元素，并以关键价值要素为突破，形成超越现有产品或服务的价值新标准 | 明确体验价值的核心要素地位，重构顾客价值维度结构 |
| 价值创新主体 | 企业为主，顾客外围参与产品设计、现场定制、组装等环节 | 分工协作，顾客深度参与生产系统和价值系统 |
| 价值创新途径 | ①改进产品或服务功能；②改变提供产品或服务的业务活动方式 | 变革组织模式，构建"共同制造"组织 |
| 价值创新机制 | ①在价值创造环节，企业通过知识创新、技术创新实现价值创新；②在价值实现环节，企业通过为顾客提供便利和满足顾客"共同制造"需求实现价值创新 | 采取柔性管理和延迟生产策略，通过"共同创造"实现价值创新 |

关于"共同制造"组织价值创新的基础性阐释，不仅为企业整合和利用顾客资源，突破资源束缚建立市场竞争优势提供了新思路，而且也为围绕模块化网络组织的不同演化模式，系统开展价值创新能力和治理方式等后续研究工作奠定了基础。

（作者电子邮箱：fengchao9148@163.com）

## 参考文献

[1]徐宏玲. 模块化组织研究[M]. 成都：西南财经大学出版社，2006.

[2]芮明杰，刘明宇. 网络状产业链的知识整合研究[J]. 中国工业经济，2006，1.

[3]朱瑞博. 模块生产网络价值创新的整合架构研究[J]. 中国工业经济，2006，1.

[4]王迎军，曲亚民. 价值创新：利基、途径与风险[J]. 南开管理评论，2002，1.

[5]余东华，芮明杰. 基于模块化网络组织的价值流动与创新[J]. 中国工业经济，2008，12.

[6]徐宏玲. 模块化组织价值创新：原理、机制及理论挑战[J]. 中国工业经济，2006，3.

[7]孙国强. 关系、互动与协同：网络组织的治理逻辑[J]. 中国工业经济，2003，11.

[8]（英）安德鲁·坎贝尔，凯瑟琳·萨姆斯·卢克斯. 战略协同[M]. 任通海，龙大伟，译. 北京：机械工业出版社，2000.

[9]Kim W. Chan, and Mauborgne R.. Value innovation: The strategic logic of high growth[J]. Harvard Business Review, 1997, 1-2.

[10]Sheth Jagdish N., Newman Bruce I., and Gross Barbara L.. Why we buy what we buy: A theory of consumption values[J]. Journal of Business Research, 1991, 22(2).

[11] Kim W. Chan, and Mauborgne R.. Strategy, Value innovation, and the knowledge economy[J]. Sloan Management Review, 1999(Spring).

[12] Gulati, R., Nohria, N., and Zaheer, A. Strategic networks[J]. Strategic Management Journal, 2000, 21.

[13] Baldwin Carliss Y., and Kim B. Clark. Design rules: The power of modularity[M]. Cambridge, MA: MIT Press, 2000.

[14] Grant, R. M.. Prospering in dynamically-competitive environments: Organizational capability as knowledge integration. Organization Science, 1996, 4 375 – 387.

[15] Igor Ansoff. Corporate strategy, An analytic approach to business policy for growth and expansion[M]. New York: Mcgraw Hill, 1965.

# Modularized Network Organization, Joint Manufacture and Value Innovation: A View of Organization Evolution

Yu Shangyan[1]    Zhang Fengchao[2]

(1 Journal of South China Normal University, guangzhou, 510006;

2 Economics and Management School of South China Normal University, guangzhou, 510006)

**Abstract**: Based on analyzing the concept of value innovation, the paper portrays the value innovation mechanism of modularized network organization. Deconstructing the joint manufacture organization pattern from the view of organization evolution, the paper presents the evolutions on value cognition, production system and value system, which make the value innovation of joint manufacture organization differs from traditional modularized network organization either its logic or substance. Then it systematically explains the characters of value innovation of joint manufacture organization, such as the structural value innovation, the dualization of value innovation objects and the space-integration-based innovation.

**Key words**: Modularized network organization; Joint manufacture; Value innovation; Organization evolution

# 《珞珈管理评论》投稿体例要求

一、来稿请用 A4 纸单面打印，打印稿邮寄至湖北省武汉市武昌珞珈山武汉大学经济与管理学院《珞珈管理评论》编辑部；邮编：430072。相应的电子稿请发至我们为投稿所设的电子邮箱：ljglpl@163.com。

二、在第 1 页只需写出论文的中文标题和英文标题、作者姓名、单位、通信地址、邮编电话及电子信箱地址；第 2 页及以后的内容是文章标题、摘要、关键词、正文、注释和参考文献。

三、来稿以 8 000 字左右为宜。限于财力和人力，来稿一律不退。

四、投稿者来稿时提供：100～200 字的论文摘要（浓缩基本观点），不需要译为英文。

五、来稿注释一律用脚注，请勿用尾注。注释采用实注，详细标出引文页码；不要采用国外的虚注（即括号中人名加年代的注释法）；参考文献则一律放在文后，不必标注引文页码。请遵照"参考文献著录规则"将正文中的脚注与文后的参考文献规范化。

## 附录：参考文献著录规则

### 1. 脚注在正文中的标注格式

1.1 按正文中引用的文献出现的先后顺序用阿拉伯数字连续编码，并将序号用右上标①、②、③标示。

1.2 同一处引用多篇文献时，将各篇文献序号间用","间隔。如遇连续序号，可标注在一起。

1.3 中国著者姓名的汉语拼音按 GB/T 16159—1996 的规定书写，名字不能缩写。

欧美著者采用名在前姓在后的著录形式，欧美著者的名也可以缩写，不能省略缩写点；如用中译名，可以只著录其姓。

1.4 作者在 3 人以下全部著录，3 人以上可只著录前 3 人，后加"，等"，外文用"，et al."，"et al."不必用斜体。责任者之间用","分隔。

1.5 版本的著录采用缩略的形式。

1.6 正确著录期刊文献的年、卷、期

1.7 脚注中各部分的顺序为：

作者. 题名(或加其他题名信息). 版本项. 出版地：出版者，出版年：引文页码(报纸需标注日期及版面).

1.8 对于电子出版物除按照此著录规则外，还需在最后增加［引用日期］. 获取和访问路径。

1.9 正文采用脚注，脚注信息详细到页码。

### 2. 参考文献的标注

参考文献的标注与注释(即脚注)方式基本一致，只是不需要标注页码。注释(即脚注)放在正文中，参考文献放在正文后。

特别声明：本集刊已经在武汉大学经济与管理学院网站《珞珈管理评论》栏目中将所有过刊全文录入，以飨读者查找及阅览之需！

本集刊的网络链接：http://jer.whu.edu.cn/ljglpl/CN/volumn/home.shtml

投稿地址：武汉市武昌珞珈山 武汉大学经济与管理学院《珞珈管理评论》编辑部
邮编：430072        投稿信箱：ljglpl@163.com
电话、传真：027－68755911